本书由中央民族大学国际汉语教学学科建设经费资助

汉语人体词汇语义多视角研究

The Multiple-perspective Study of Chinese Human-body Word Semantic

◎ 冯凌宇 著

By Feng Lingyu

中央民族大学出版社

China Minzu University Press

图书在版编目（CIP）数据

汉语人体词汇语义多视角研究/冯凌宇著．—北京：中央民族大学出版社，2014.9（2021.7重印）

ISBN 978－7－5660－0824－4

Ⅰ.①汉…　Ⅱ.①冯…　Ⅲ.①汉语—人体—词汇—语义—研究　Ⅳ.①H136

中国版本图书馆CIP数据核字（2014）第224500号

汉语人体词汇语义多视角研究

作　　者	冯凌宇
责任编辑	戴佩丽
封面设计	布拉格
出版发行	中央民族大学出版社
	北京市海淀区中关村南大街27号　邮编：100081
	电话：68472815（发行部）传真：68932751（发行部）
	68932218（总编室）　　68932447（办公室）
经 销 者	全国各地新华书店
印 刷 厂	北京鑫宇图源印刷科技有限公司
开　　本	710×1000　1/16　印张：17.75
字　　数	230千字
版　　次	2014年9月第1版　2021年7月第3次印刷
书　　号	ISBN 978－7－5660－0824－4
定　　价	70.00元

汉语国际传播与国际汉语教学研究丛书总序

吴应辉

目前来华学习汉语人数不到全球学习汉语人数的1%，而在中国境外学习汉语的人数达99%以上。国际汉语教学已成为学术界关注的一个热点，然而从目前出版和发表的有关论著来看，研究对外汉语教学的很多，但研究国际汉语教学的很少。汉语国际传播及国际汉语教学的实践已经超前于理论，或者说我们的汉语国际传播及国际汉语教学理论滞后于实践。作为国际汉语教学的从业者，大家都应肩负起历史使命，对汉语国际传播及国际汉语教学进行研究，深入探讨相关的理论和实践问题。

中央民族大学在20世纪50年代就开始了对越南学生的汉语教学，成为当时中国最早接收外国留学生的八所院校之一，但在对外汉语教学学科建设方面起步较晚。近年来，中央民族大学国际教育学院调整了学科建设方向，将研究力量集中于汉语国际传播和国际汉语教学。在学校的大力支持下，我们的国际汉语教学学科建设已经取得初步成果。我们在全国高校中率先在语言学及应用语言学专业博士研究生培养中设立汉语国际传播研究方向；我们是全国第一个明确把"国际汉语教学"列为重点培育学科加以建设的汉语教学机构；我们创新性地设计并组织实施了"汉语国际教育硕士"的"1+2+X"培养模式；我院绝大部分专职教师和20多位中外博士生都把研究方向集中到了国际汉语教学及其重要组成部分汉语国际传播上，研究领域包括泰国、马来西亚、缅甸、韩国、美国、越南等国家的汉语传播问题，内容涵盖国际汉语教学宏观和微观层次的诸多问题；我们已承担了包括两项国家社科基金课题、教育部新世纪优秀人才支持计划项目和教育部人文社会科学项目在内的多项汉语国际传播纵向和横向课题；我们正在进行国际汉语教学案例库和汉语国际传播数据库建设……

我们才刚刚起步，我们愿不断努力，与兄弟院校一起在汉语国际传播和国际汉语教学领域拓荒、播种，并愿意与国内外同行分享我们的收获。我们将以全球化的视野、国际化的思维和创新务实的行动，努力开展汉语国际传播和国际汉语教学研究，推动国际汉语教学学科建设，为汉语和中华文化走向世界尽一份绵薄之力。

经过中央民族大学国际教育学院两年多的策划和研究，汉语国际传播与国际汉语教学研究丛书陆续开始出版了。希望这套丛书能从各个侧面对国际汉语教学学科的形成和建设起到支撑作用，能为国际汉语教学的专家学者带来另一种清新的学术空气，给青年学者和博士、硕士研究生选择未来的研究领域提供新的视野，并为汉语国际传播有关机构提供决策参考。这套丛书虽为中央民族大学国际教育学院策划，但我们的作者并不限于本院师生，我们热忱欢迎国内外有志于汉语国际传播和国际汉语教学研究的专家学者加盟我们的队伍，我们愿意将符合丛书主题的学术成果列入丛书出版。

鉴于广大读者甚至很多业内学者和学生对汉语国际传播与国际汉语教学的认识尚不够深入，谨以本人在《语言文字应用》2010 年第 3 期上发表的论文“国际汉语教学学科建设及汉语国际传播研究探讨”作为代序，对汉语国际传播与国际汉语教学做一些学术探讨，以增进学界对国际汉语教学学科的认识。

国际汉语教学学科建设及汉语国际传播研究探讨[①]（代序）

随着汉语快速走向世界，对外汉语教学时代正在转型为国际汉语教学时代，传统的对外汉语教学正在转型为国际汉语教学，因此，有必要努力建立与之相适应的国际汉语教学学科。国际汉语教学学科应该包括传统的对外汉语教学和汉语国际传播两大部分。汉语国际传播是指建立在世界各国对汉语需求的基础之上，汉语遵循语言传播规律，从中国走向世界的语言传播现象。汉语国际传播研究是国际汉语教学研究的重要组成部分。鉴于此前很少有人讨论过相关问题，本文将探讨建立国际汉语教学学科的必要性，国际汉语教学与传统的对外汉语教学、汉语国际传播研究的关系，对外汉语教学向国际汉语教学的转型，国际汉语教学研究的理论基础和研究内容，国际汉语教学的学科建设，当前汉语国际传播研究的领域等问题，以期抛砖引玉，并希望有更多的同行参与到国际汉语教学及汉语国际传播的研究中来，不仅可以推动转型后的国际汉语教学学科建设，而且通过汉语国际传播研究可以为汉语国际推广工作提供更多的智力支持和决策参考。

---

① 吴应辉：国际汉语教学学科建设及汉语国际传播研究探讨，《语言文字应用》2010年第3期，作者对文章进行了部分删节和小的改动。本文获“新世纪优秀人才支持计划资助”（Supported by Program for New Century Excellent Talents in University，“NCET”）。

一、国际汉语教学时代已经到来

随着中国综合国力的迅速增强，尤其是经过金融危机的洗礼，中国与世界发达国家的经济实力对比发生了很大的改变，差距正日益缩小。不久前，世界银行副行长兼首席经济学家林毅夫甚至指出，到2020年中国可能成为世界第一大经济体。[①] 中国国际地位的快速上升，使世界各国人民了解中国的需要快速增强，汉语热正在世界各地悄然兴起，汉语国际传播的新时代已经到来。国家汉办主任、孔子学院总部总干事许琳说，世界学习汉语的人数也远超中方预期。据介绍，目前全世界有109个国家、3000多所高等学校开设了汉语课程。特别是中小学开设汉语课的热情越来越高。世界各国学习汉语的人数，很多国家以50%甚至翻番的速度增长。全世界现在学习汉语的人数已经超过了4000万。[②] 世界范围的汉语需求增长迅速，从2004年到2009年，应世界各国有关机构的要求，国家汉办派出汉语教学志愿者达6000多人。仅2008年一年，国家汉办就派出汉语教学志愿者1700多人，分布在46个国家。2008年全国共派出汉语教师2000余人，分布在105个国家。截至2008年底，应世界各地有关机构的请求，全球已建立孔子学院249所，孔子课堂56个。[③] 周边国家的汉语热尤为突出，“日本有200万人在学习汉语。韩国学习汉语的人数超过100万，现有的142所大学全部开设了汉语课程。韩国教育部计划在全国中

---

① 中国新闻网3月22日：http：//www. chinanews. com. cn/cj/gncj/news/2009/03－19/1608221. shtml

② 新华网：世界“汉语热”远超预期，学习人数已超4000万。2009－03－13。http：//news. xinhuanet. com/edu/2009－03/13/content_ 11002421. htm

③ 以上数字引自前教育部部长周济“在2008年孔子学院大会上的工作报告”。

小学普遍开设汉语课。印尼目前有1000所中学正式开设汉语课”。[1]“泰国作为汉语热的新兴国家，开设汉语课的中小学已达千所以上，学习汉语的人数10年间增长了20多倍，2007年泰国学习汉语的中小学生超过20万人（206134人）。泰国接收中国汉语教学志愿者人数列各国之首”[2]，2008年接收了870名来自中国的汉语教学志愿者，2009年仅新派志愿者就达800人[3]，加上留任的志愿者，在泰国的汉语教学志愿者人数已达上千人。泰国孔子学院建设也卓有成效，一个只有6000万人口的国家建立了11所孔子学院和孔子课堂。在泰国，学习汉语已经成为一种时尚，泰国汉语传播速度在当今汉语国际传播中是一个奇迹。在美国、欧洲，汉语教学的发展势头也非常好，美国大学理事会的调查结果显示，全美有2400多所中小学有意向在近几年开设汉语课，[4] 美国出于国家安全的考虑，投入巨资开展“关键语言”（Critical Languages）教学，而汉语就是六种关键语言之一。在英国、法国、德国、俄罗斯等国家，开设汉语课的学校也在快速增加。这些事实说明，国际汉语教学的时代已经到来。

二、国际汉语教学时代需要有与之相适应的国际汉语教学学科

对外汉语教学正快速向国际汉语教学转变，对外汉语教学学

① 中国网：孔子学院影响力独特：4000万洋人学习汉语，2007－03－20。http://www.china.com.cn/international/txt/2007－03/20/content_7987819.htm

② 吴应辉、杨吉春：泰国汉语快速传播模式研究，《世界汉语教学》2008年第4期。

③ 国家汉办志愿者中心提供数据。

④ 新华网：国外学中文成时尚，美2400学校愿开中文课，2006－07－06。http://news.xinhuanet.com/edu/2006－07/06/content_4800553.htm

科也应该与时俱进，转型为国际汉语教学学科。自20世纪80年代对外汉语教学学科建立以来，我国对外汉语教学学科取得了快速发展，已形成一套自己的理论体系、研究方法，推出了大批研究成果，建立起了本科、硕士和博士三个层次完整的人才培养体系，为中国的对外汉语教学事业做出了应有的贡献。2003年国家汉办推出的“汉语桥工程”① 开始实施，对外汉语教学开始向国际汉语教学转型。2004年，“国务院批准了国家对外汉语教学领导小组制定的对外汉语教学事业2003年至2007年发展规划——《汉语桥工程》，明确提出了‘集成、创新、跨越’作为对外汉语教学和汉语国际推广工作的发展战略，也就是：集成一切资源要素，采取创新的举措，实现对外汉语教学事业的跨越式发展”。② 2005年7月在北京举办的首届世界汉语大会实为汉语国际推广的首次动员大会，来自五大洲66个国家的300多位代表出席了这次大会。此次大会之后，汉语国际推广工作进入了高速发展阶段。

“六大转变”的推出，进一步加快了从对外汉语教学向国际汉语教学的转型。2006年，对外汉语教学向国际汉语教学的转变得到国家汉办等有关部门在政策层面的推动，“针对我国多年来对外汉语教学的主战场在国内，以来华留学生为主要教学对象的传统汉语教学模式不适应国外对汉语的需求状况，提出了转变观念和工作重点，实施六大转变：一是发展战略从对外汉语教学向全方位的汉语国际推广转变；二是工作重心从将外国人‘请进来’学汉语向汉语加快‘走出去’转变；三是推广理念从专业汉语教学向大众化、普及型、应用型转变；四是推广机制从教育系统内推

① 汉语桥工程主要包括孔子学院，中美网络语言教学、教材、音像和多媒体制作，国内外汉语教师队伍建设，对外汉语教学基地建设，汉语水平考试，世界汉语大会和“汉语桥比赛”，“汉语桥”基金与援助国外中文图书馆和基本建设九个方面的内容。

② 章新胜：加强汉语的国际传播，促进多样文化的共同发展，《求是》2005年第16期。

进向系统内外、政府民间、国内国外共同推进转变；五是推广模式从政府行政主导为主向政府推动的市场运作转变；六是教学方法从纸制教材面授为主向充分利用现代信息技术、多媒体网络教学为主转变。六个转变实际包含了三个层面：体制和机制，对象和教学类型，教材和教法。换言之，从过去的‘请进来’、对有一定学历的成年人进行面对面教学，发展到‘走出去’、对社会上各式各样的人进行多种方式的教学，需要全方位的改进和改革。”① 这一政策的推出，更加快了传统的对外汉语教学向国际汉语教学的转型。

目前的汉语教学除了我国国内的对外汉语教学之外，还有100多个国家都在开展汉语教学。据教育部公布的数据，2008年共有来自189个国家和地区的22万多（223499）名各类来华留学人员②，与世界各国学习汉语人数相比，仅占不足1%（0.56%，按全世界4000万人学汉语的数字计算）。我国2008年派出的汉语教学志愿者和汉语教师达3000多人，但他们只占世界各国汉语教师中的极小的一部分。这些数据已经充分说明，汉语教学的主体不在国内而在国外。国际汉语教学时代已经到来。因此，我们有必要在传统的对外汉语教学学科的基础上扩充改造，形成与汉语国际传播形势相适应、更有利于学科发展的国际汉语教学学科。对外汉语教学的内涵是“对外国人的汉语教学”，隐含着“老师是中国人，中国老师教外国学生”之意。但进入国际汉语教学时代，当千千万万的外国人就在自己的国度学习汉语的时候，教授他们汉语的老师可能绝大多数都是本国人，对外汉语教学这一名称在中国以外的其他国家就显得不太合适。作为一个学科，其内涵已

① 许琳：汉语国际推广的形势和任务，《世界汉语教学》2007年第2期。

② 教育部2009年第6次新闻发布会：介绍2008年中国教育对外开放总体情况及出国留学、来华留学事业发展情况。见教育部网站：http：//www.moe.gov.cn/edoas/website18/02/info1237941653766102.htm

发生了巨大变化，甚至已变化到原有的学科名称不能涵盖的程度，因此，非常有必要用“国际汉语教学”替代“对外汉语教学”。这样，国际汉语教学学科就能很好地涵盖国际汉语教学时代的学科内涵发展需要。尽管形式上对外汉语教学这一名称的使用仍然居主导地位，但现实中对外汉语教学学科已进入了国际汉语教学学科时代。从这个意义上讲，国际汉语教学这一能够充分反映此变化的新的学科名称替代“对外汉语教学”这一传统学科名称实属必然。

此外，现实中，“国际汉语教学”这一术语已在汉语教学界广泛使用，如由世界汉语教学学会定期召开的学术会议的名称确定为“第×届国际汉语教学讨论会”，由美国中文教师协会与中国大学联合定期举办的学术会议的名称确定为“第×届国际汉语教学学术研讨会”，国家汉办 2009 年 4 月与北京语言大学合作建立了“国际汉语教学研究基地”，其中使用的都是“国际汉语教学”，北京外国语大学出版的学术辑刊叫“国际汉语教学动态与研究”(2009 年开始更名为“国际汉语教育”)，国家汉办制定的一套汉语课程大纲叫“国际汉语教学通用课程大纲”，其他使用较多的还有“国际汉语教学创新奖”、“国际汉语教学资源展”、“国际汉语教学图书展”等。总之，“国际汉语教学”这一术语在没有任何人刻意把它作为学科名称推出的情况下，在现实中已被无声无息地广为接受了。

当然，也有专家认为，应该使用“国际汉语教育”、“汉语外语教学”、“汉语作为外语教学”、“汉语作为第二语言教学”等名称，但笔者认为，“教育”有既教书又育人之意，隐含道德说教之嫌，中国教育特色太明显，毕竟这一学科名称是要涵盖全球汉语教学的，主要任务是“教书”，“育人”之功能宜弱化为佳。而“汉语外语教学”实为“汉语作为外语教学”的缩写，在人们对“汉语作为外语教学”和“汉语作为第二语言教学”两个术语争论不休的今天，“汉语作为外语教学”强调的是汉语在非汉语环境中作为外语的教学，也就是汉语在中国以外的其他国家自己的语言环境下的汉语教学，而“汉语作为第二语言教学”这一术语的内涵存在两种主要争议，一种意见认为，主要指在汉语环境下对外国人或母语不是汉语的其他人的汉语教学，其中也包括对母语非汉语的少数民族的汉语教学，如在中国对外国人进行的汉语教学或对母语为某种民族语言的少数民族的汉语教学；另一种意见认为，“第二语言是根据习得先后顺序来定义的。因此，对那些汉语为非母语者，无论是在美国还是在中国学习汉语，按照时间顺序，汉语都是他的第二语言，只是学习的环境不同。在中国，汉语是在“第二语言环境”（second language context）习得的，在美国，汉语是在“外语环境”（foreign language context）习得的。换句话说，第二语言与习得环境无关。”① 由此可见，汉语作为第二语言教学不仅存在其内涵方面的争议，而且还存在把“对中国国内少数民族的汉语教学”包括进去的情况，将其作为国际汉语教学时代的反映国际汉语教学现实的学科名称显然不太恰当。综上所述，“国际汉语教育”、“汉语外语教学”、“汉语作为外语教学”、“汉语作为第二语言教学”等名称均存在明显的不足，相比之下，“国际汉语教学”这一名称既能反映汉语走向世界的现实，又能充分反映学科的内涵，而且不带任何道德说教之嫌，显得比较中性，兼顾到了各个方面，作为一个学科名称，应该是最佳选择。当然，也有意见认为，这个学科名称国际接轨程度不够，主要理由是，以英语为例，就没有“国际英语教学”之说。但是，中国应该有自己的创新，中国人应该有勇气创造出一个响亮的学科名称“国际汉语教学”，难说“国际汉语教学”这一名称使用后，世界各国

---

① 王建勤：汉语国际传播标准的学术竞争力与战略规划，《云南师范大学学报》（对外汉语教学与研究版）2010 年第 1 期。

会效仿创造出“国际××语教学”等一批学科名称。

三、汉语国际传播研究是国际汉语教学学科的两大组成部分之一

（1）汉语国际推广、汉语国际传播、国际汉语教学的区别与联系

汉语国际推广、汉语国际传播和国际汉语教学是一组既有联系又有区别的概念。三个概念的共同点是，都与汉语走向世界有关。汉语国际推广主要是作为一项事业的名称来使用，反映汉语的母语国中国努力把自己国家的语言汉语推广到世界的主动行为。这一术语曾一度被官方广泛使用，它能充分反映有关机构要把汉语推向世界的主动性、积极性和美好愿望，但会带来“文化侵略”之嫌的负面效应。本人注意到，此术语在正式重要场合，尤其是国际性重大活动中的正式讲话或报告很少使用。汉语国际传播是一个较为中性的学术术语，它能反映汉语走向世界的时代特征，同时也能涵盖与其相关研究领域当前和未来相当长一个时期的学科内涵，同时能为学科发展拓展更广阔的学术空间，是学术界普遍公认并广泛使用的一个国际汉语教学分支学科的学术术语。教育部副部长、国家语委主任郝平2009年5月指出，“当前，要优先发展当代社会急需的分支学科，如语言规划学、语言教学、计算机语言学、法律语言学、播音语言学、汉语国际传播等等。”① 汉语国际传播被国家语委主任列入当前应该优先发展的分支学科，说明发展这个分支学科的必要性和紧迫性。国际汉语教学则是反

① 郝平：大力促进应用语言学发展，为国家的繁荣昌盛做贡献，中国语言文字网：http：//www. china - language. gov. cn/

映全球汉语教学与研究的学科名称，在学科目录中至少应该列为二级学科，是汉语国际传播的上位学科，汉语国际传播是其分支学科，也是国际汉语教学最重要的组成部分。

(2) 国际汉语教学与对外汉语教学的关系

国际汉语教学应包括传统的对外汉语教学和汉语国际传播两大部分。之所以把对外汉语教学列为国际汉语教学的两大部分之一，是因为对外汉语教学不论过去、现在还是未来，都是汉语走向世界的重要途径，只不过开展汉语教学的地域不在国外而在国内，开展汉语教学的语言环境是目的语环境而已。国际汉语教学和传统的对外汉语教学的关系是：对外汉语教学是国际汉语教学的前身和重要组成部分，国际汉语教学是对外汉语教学的继承和发展，它拓宽了对外汉语教学的研究视野，使对外汉语教学的交叉性特征更加明显，研究方法更加多样化。国际汉语教学和对外汉语教学是同一个学科，是一脉相承的，但国际汉语教学具有更强的多学科交叉性。之所以使用"国际汉语教学"这个名称，是因为它更能反映汉语国际传播的现实、当前和未来相当长一个时期的学科内涵，同时能为学科发展拓展更广阔的学术空间，总之，更有利于学科的持续健康发展。

从学科归属的角度说，对外汉语教学和国际汉语教学都应该属于语言学及应用语言学，都是一个以汉语言文字教学为基础、关涉到其他许多学科的交叉性学科；对外汉语教学作为国际汉语教学的前身和重要组成部分，经过20多年的努力，已经建立起了一套初具规模的理论体系，这些理论体系也是国际汉语教学的重要支撑，但国际汉语教学除传统的对外汉语教学理论体系部分外，汉语国际传播方面的理论体系尚处于草创阶段。也有观点认为，对外汉语教学应该属于教育学科，但笔者认为，该学科的基础、主干课程和教学内容均属于语言学，教育学相关内容仅为其中的很小部分，所以，还是应该归入语言学及应用语言学。

从理论基础来看，传统的对外汉语教学以语言学、教育学、心理学、文化学等学科理论为基础，但国际汉语教学除以上学科外，由于汉语国际传播还涉及外交、项目管理、国别文化等方方面面，因此其理论基础还应该包括管理学、文化人类学、传播学、外交学、社会学、历史学、地理学、统计学、计算机科学与技术等。

从研究内容来看，国际汉语教学比对外汉语教学更宽、更广。传统的对外汉语教学，主要研究中国的汉语教师对到中国来学习汉语的外国留学生的汉语教学相关的各种问题，主要侧重于“汉语语言学、汉语习得理论、汉语教学理论和研究方法学等基础理论和总体设计、教材编写、课堂教学、测试评估、教学管理和教师培养等应用研究”。①但国际汉语教学则不仅要研究上述问题，还要研究汉语国际传播相关的各种问题，如世界各国的汉语需求，本土化教材研发，国别化汉语教师的培养，国别化教学理论与方法，孔子学院管理机制、办学模式、布局、评估体系及个案，汉语教学志愿者项目和外派汉语教师项目相关的标准、程序、大纲、教材、管理机制、文化适应等问题，国别语言政策与汉语传播、国别文化与汉语传播、国别政治经济与汉语传播、地缘政治与汉语传播、国际关系与汉语传播、汉语国际传播史等研究领域。由此可见，国际汉语教学的研究内容主要包括两个部分，一是传统的对外汉语教学的研究内容；二是汉语国际传播相关的各种问题。

国际汉语教学主要包括中国国内的对外汉语教学和主要研究汉语走向世界相关问题的汉语国际传播两大组成部分，而国别汉语教学是汉语国际传播的一部分。

国际汉语教学学科建设应该主要抓好以下几个方面：一是学

① 刘珣：对外汉语教育学引论，北京语言大学出版社，2001 年 1 月第 1 版第 396 页。

科理论建设，二是学科队伍建设，三是学科人才培养。学科理论建设是最为重要的方面，在继续重视汉语教学研究的同时，要特别重视汉语国际传播理论体系建设和汉语国际传播实践研究，它是国际汉语教学不可或缺的研究领域，可以说，没有汉语国际传播研究，国际汉语教学学科就不完整。因此，开展汉语国际传播研究是国际汉语教学学科建设的需要。目前发表汉语国际传播研究成果的期刊寥寥无几，我们应该努力创办新的专业期刊，或在更多的学术期刊上开辟汉语国际传播研究专栏，以推动这一领域的研究。此外，学科队伍建设是学科建设的另一重要方面。目前研究对外汉语教学的队伍已初具规模，但研究汉语国际传播方面的学者却屈指可数，因此，有必要吸引更多的业内人士参与到汉语国际传播研究的工作中来，力争五到十年内形成一支汉语国际传播研究队伍。人才培养对于一个基础薄弱的学科来说十分重要，除继续加大力度培养对外汉语教学硕士、博士研究生和汉语国际教育专业硕士以外，有必要在硕士和博士层次开设汉语国际传播研究方向，以培养高层次汉语国际传播方面的教学、研究和管理人才，确保国际汉语教学学科后继有人，并能持续健康稳步发展。

四、汉语国际传播研究的主要领域

实践需要理论指导，目前汉语国际传播研究严重滞后于汉语国际推广实践①。汉语国际传播对于国际汉语教学工作者来说，既是艰巨而光荣的任务，也是难得的机遇。既然时代呼唤理论，我们就有责任、有义务研究汉语国际传播相关的各种问题，让汉语

① 吴应辉：加强研究，指导实践，让汉语又好又快地走向世界——汉语国际传播笔谈前言，《云南师范大学学报》（对外汉语教学与研究版）2007 年第 5 期。

又好又快地走向世界。可以预言，未来很长一个时期内，世界范围的汉语学习需求将持续快速增长并拉动汉语持续快速走向世界。汉语国际传播实践亟须汉语国际传播研究的支撑，汉语国际传播研究将具有广阔的空间。鉴于汉语国际传播蓬勃发展的形势，笔者认为汉语国际传播研究的主要领域应该包括以下几个方面：

一是汉语国际推广战略研究，包括对中国汉语国际推广的总体战略、国别战略、孔子学院布局战略等方面的研究，同时还应包括各国关于自己国家汉语推广战略的研究。汉语国际推广的总体战略应该成为国家战略的重要组成部分，尤其要配合国家的整体外交战略和国际经贸战略，最好有一定的超前性，因此，汉语国际推广战略研究对汉语国际推广实践具有重要指导意义。

二是汉语国际传播国别问题研究，包括国别教育体制、国别语言政策、国别文化与汉语国际传播等相关问题以及国别汉语教学需求研究。汉语国际传播的成功程度，主要体现在汉语进入国民教育体系的程度，因此，我们应该加强汉语国际传播与不同国家教育体制相关问题的研究，努力促成汉语教学进入所在国的国民教育体系。汉语国际传播必须与所在国的语言政策和当地文化相协调。我们应该把所在国语言政策和文化研究透彻，才能做到知己知彼，顺利传播。各国汉语需求的调查研究对于制定汉语国际传播战略十分重要，我们应该加强各国汉语教学需求的调查研究，定性与定量相结合，为制定长期战略提供科学依据。

三是汉语国际传播体制、机制与科学发展研究。汉语国际传播是新生事物，其管理体制与这项事业的整体可持续发展密切相关，项目的运行机制也直接关系到具体项目的可持续发展，如孔子学院及孔子课堂的发展问题研究，汉语教学志愿者项目、公派汉语教师项目的管理机制研究等，因此，有必要及时研究体制和运行机制面临的新情况和新问题。

四是汉语教学的本土化问题研究。在各国汉语教学中，本土化教材、教师、教学法相关问题的研究制约着日常汉语教学的各个方面。国别语言和文化的不同决定了对汉语教材、教师和教学法的不同要求。随着不同国家汉语需求的增长，本土化汉语教材、教师、相关教学法及教学模式等领域的研究必将成为汉语国际传播研究的重要领域。

五是汉语国际传播与国家软实力建设研究。语言传播对提升国家软实力会起到积极作用，但是，通过什么途径、影响力如何测定等都是十分值得探讨的问题。这一领域的量化研究成果对争取国家对汉语国际传播事业的投入将产生积极作用。

六是汉语国际传播典型个案研究。汉语在世界各国的传播模式各具特色，传播效果有所不同，及时总结不同个案的经验与教训，对其他国家和地区的汉语传播有借鉴意义。

七是汉语国际传播的有关标准研究。标准对一个国家或地区的汉语传播来说十分重要，没有标准，无所适从，要制定标准，就必须科学规范。因此，有必要开展适合不同国家和地区的各种汉语教学相关标准研究，如汉语教师标准、不同阶段的汉语课程标准和汉语能力标准、汉语教学大纲、汉语水平测试等方面的研究。

八是汉语国际传播的项目评估体系研究。项目评估有利于确保项目效益，汉语国际传播项目众多，有必要研发相应的指标体系，用于有关项目的评估，以确保汉语国际传播项目的效益。如孔子学院评估指标体系，志愿者及公派汉语教师的离任考评指标体系等。

九是现代教育技术与汉语国际传播研究。汉语国际传播必须与现代教育技术紧密结合，汉语和中华文化教学的多媒体化已非常普及，中国汉语教学技术产品的本土化、网络汉语教学、广播汉语教学、电视汉语教学等相关课题非常有研究和应用价值，对汉语国际传播将产生巨大的推动作用。

十是汉语国际传播史的研究。据张西平教授的观点，汉语和汉字在域外的传播始于商末周初[①]，对几千年的汉语国际传播史的研究既具有很好的学术价值，同时将为我们揭开一幅汉语走向世界的历史画卷，将激励更多的汉语教学工作者投身到汉语国际传播事业，并增强其自豪感和使命感。

结　　语

汉语走向世界既是中国发展的必然结果，同时也是中国和世界的共同需要。在汉语教学的主要场所已经从中国国内转到世界各地的今天，建立国际汉语教学学科已显得非常迫切。然而，长期以来，由于汉语教学主要在国内开展，人们的研究主要集中在对外汉语教学领域，甚至相当一部分研究属于汉语本体研究，与目前国际汉语教学需求和汉语国际传播形势存在较大差距。在对外汉语教学时代快速转型为国际汉语教学时代的今天，我们的学科需要与时俱进，更多地研究世界各地与汉语教学相关的各种问题，"国际汉语教学"这一名称既能反映汉语走向世界的时代特征，又能涵盖当前和未来相当长一个时期的学科内涵，同时还能为学科发展拓展更广阔的学术空间，且学术界已普遍习惯并广泛使用。我们应该顺应时代的要求，使用"国际汉语教学"这一新的学科名称替代"对外汉语教学"这一传统的学科名称。全面启动国际汉语教学学科建设，加强汉语国际传播研究，推动汉语又好又快地走向世界。

---

① 张西平：在世界范围内书写中国学术与文化，《世界主要国家语言推广政策概览》，外语教学与研究出版社 2008 年 8 月版。

序

汉语言内部有许多系统，语法系统、语音系统很是显明，而词汇系统也渐明，唯语义系统复杂而难以描写。词汇语义学作为现代语义学的一个分支，是在词汇的层面上进行的语义研究，即便在词的层面，想要按系统描写也非易事。语义的复杂性决定了语义单位不可能像语法单位、语音单位的划分那么清晰，虽然国内外学者有关义素、义位和语义场的分析对描写语义产生过很大的影响。

一个词语的意义系统怎么建构，一个范畴的词汇语义系统又该如何分析？从哲学的意义使用论上讲，意义就是使用。在维特根斯坦看来，词语的言语意义正是其动态系统表现的一部分，是静态系统的延伸，这种阐释为语言研究开启了新的意义空间。虽然语义学与语用学之间难以划界，但静态意义是动态意义的固化，同时也是动态意义产生的基础，这一点已成为共识。

词语的意义是有系统性的，但是个开放、动态的系统。凌宇以人体词语语义系统的描写分析为例，力图构建一个“基本语义系统——非本义系统”的人体词汇语义系统，而这一语义系统又有着“静态——动态”的内在逻辑。在具体写作中，该书以系统的语义观为指导，从性质论、结构论、演变论和语用论等多角度对汉语人体词汇语义系统做了描述和分析，这是一种有益的尝试，颇具创新意义。虽然语义包括词汇语义难以系统描写，但我们应该尽量从各个方面挖掘语义的关联现象，以此来识得其庐山真面目。

如不专门探究，还不知人体词汇语义在汉语语言中的重要性和参与度到底有多大，本书大量的用例，让读者可以看到人体词汇语义是何其丰富，其对汉语构词（包括成语等）又是何其活跃。

凌宇从武汉大学博士业成后，来首都师范大学博士后流动站从事研究工作，期间刻苦钻研，在词汇语义学领域用力甚深。转眼出站已有多年，出站后她主要从事对外汉语教学研究工作，现阅其书稿，发现在出站报告的基础上多有充实与创见，极其难能可贵。

最后，将“路漫漫其修远兮，吾将上下而求索”送给凌宇，希望她能在学术的道路上能孜孜不倦，继续探寻下去，不断取得重要成就！

周建设

2014 年 3 月

目　录

绪　论

一、人体词语的界定和本书的研究对象

身体是人类经验中独特的对象，它在理解和认知上引发了一个特殊的问题：一方面，它是我们自身的一部分；另一方面，又是我们与世界交互作用的对象中的一种。与普通事物相反的是，身体提供了双重的路径，与其他事物一样，它能被看到和触摸到，它也能通过自体输入这些感受和感觉（proprioception and somesthetic）。不同语言中，对身体分割形成的基本概念，用语言表达出来就形成指称人体基本概念的词语。本书所谓人体词语，指的是表示人体器官部位的词语，或者说是表示人体组成的词语，如“脸（面）”“头（首）”“眼睛（目）”“眉毛”等。从词语结构上，人体词语可分为两类：一是单纯词，即由一个语素构成的人体部位词，古汉语中多为这种，如面、目、眉等；一是复合词，人体复合词可分为合成词和派生词，前者如“眉毛”，后者如“鼻子”。其中人体合成词又包括两种情况：1. 全由人体语素构成的表示人体器官部位的词语，如“牙齿”“眼睛”等；2. 由人体语素和非人体语素构成的表示人体器官部位的词语，如“大腿”“眼珠”等。人体词语是一个特殊的词汇类别，本书基于本义表示人体的人体词语，全面深入探讨其语义的各项问题。

同一对象，从词语的使用领域讲，通常有专门术语和一般词语的不同区分，人体词语也不例外，如“臂”通常指胳膊，而人体解剖学上多指上臂。需要说明的是，我们涉及的人体词语是已经进入生活领域的一般词语，而非上述医学上的术语，因此不会

把人体的“器官”与“部位”严格分开，当然，作为一般词语的人体词语，其所指多与医学或生理学上的所指是一致的。而从语言内部来说，表示人体组成部位的词语古今不尽相同，无论是词汇系统还是意义系统都有变化，因此在名称和部位的分析上不可能像人体生理学和解剖学那样细致，也很难包罗古今人体词语的全部，所以本书只是从语言角度选择汉语中基本的、通用的核心人体词语作为典型研究对象。

二、人体词汇语义的研究意义及研究现状

（一）研究意义

关于语义的研究，汉语大致经历了训诂学、传统语义学、现代语义学三个时期。“随着转换生成语法的逐渐兴起，语义问题越来越成为语法研究中的突出问题，她制约着语法研究的细致化，是计算机理解自然研究的一个瓶颈，国内外对语义研究也越来越重视。”① “当今的语言学，已经进入语义学时代。”② 王宁先生也曾说过，任何语言研究最终都要回归到语义的研究上来。③ 现代语义学是以语义为坐标进行静态和动态双轴研究的，它既研究语义的共时系统，又研究语义的历时演变，它更讲究系统性和科学性。国内已有一些对现代语义学理论进行介绍和结合汉语进行研究的著作，如贾彦德《语义学导论》（1986）、《汉语语义学》（1992）、伍谦光《语义学导论》（1988）、徐烈炯《语义学》（1990）、石安石《语义论》（1993）、詹人凤《现代汉语语义学》（1997）、张志毅和张庆云《词汇语义学》（1997）等。从汉语研究的现状来看，在语音、语义、语法三者中，对语义系统的科学研究还相对薄弱，

① 徐通锵、陈保亚《二十世纪的中国历史语言学》，载《二十世纪的中国语言学》，北京大学出版社，1998 年，第 287 页。

② 张志毅、张庆云《词汇语义学》，商务印书馆，2001 年，第 11 页。

③ 引自王宁先生 2002 年 6 月 6 日在武汉大学中文系所做的学术报告。

加强对薄弱环节的研究无疑是非常必要的。词汇及语义，经过Bloomfield、Chomsky的附属地位时代后，今天是受到了相当的重视。当今的语言研究者普遍认识到，语法研究必须和语义研究结合起来，才能使语言研究更进一步。

现代语义学是在词汇和句子层面进行研究的，在词汇层面的语义学就是词汇语义学。“80年代以来，世界语言学发展的潮流，从句法学方面转移到语义学和语用学，而语义学是重点，词一级语言单位的语义研究又是重中之重。实践证明，只进行句法规则的描写是不够的，语言描写要落实到词这一级语言单位上来。因此，词汇语义学的研究成了当前语言学发展新潮流中的急迫需要。”① 就词汇语义研究而言，已有的研究成果都是比较宏观的汉语词义系统建构研究，对比较微观的具体词汇语义事实的研究，如对以概念义为基础形成的类聚词汇语义进行的系统研究则很少，这不能不说是很大的缺憾。

词汇语义又是句法语义的基础，词语既是语法单位也是词汇单位，是研究语法和词汇的一个很好的接口。而人体词汇是基本词汇且具有语法上的特点，因此本书选择人体词汇语义作为研究对象，并试图在这个相对封闭的小类中将语言内的系统因素与语言外的认知因素结合起来研究。

人类身体领域是语义类型学关注的理想焦点。因为身体具有生理共性，并且所有的语言都有特定的术语指称身体各部位。人体词语是词汇系统的重要组成部分，我们是通过身体来体验这个世界，且经常通过身体执行的行动来体验的，从某种意义上说，人体词汇语义是人类其他词汇语义的重要基础。古今普方中外的义类性辞书多设有“身（人）体”一类。如《释名》有“释形体”类，清·厉荃《事物异名录》有“形貌部”，梅家驹等《同

① 林杏光《语言学发展新潮流散议》，《汉语学习》，1997年，第3期。

义词词林》有“全身”类，周方等《汉语异名辞典》有“身体”类，侯精一《平遥方言民俗语汇》有“身体”类，《Cobuild 英语语法系列》之七《隐喻》第一类就是“人体”。可见，词汇不论分成多少语义大类，表人体的词汇总是其中一个必不可少的类。

就目前的情况看，关于汉语词汇语义的义类研究工作似乎还主要限于给词典分别词目，而对各基本义类内部进行系统研究的还很少见，这显然与实现对汉语词汇语义整体系统进行描写的目标还有相当大的差距。人体词汇作为汉语的基本词汇，无论是从历时角度看，还是从共时平面看都具有代表性和典型性，因此对人体词汇系统进行全面研究，无疑具有普遍意义。它可为全面研究汉语语义系统积累经验，提供借鉴，为科学准确地描写和阐释汉语语义系统奠定基础。

（二）研究现状

近年来随着认知语言学的兴起，中外学者对人体词产生了浓厚的兴趣，而这是由其极重要的认知地位所决定的，“一切都是从人自身出发，引申到外界事物，再引申到空间、时间、性质等等”①。由此可见，人体及其器官是人类认知的基础和出发点。

国外已经有一些相关研究，主要是从认知隐喻等视角研究人体词语的。例如，有的从认知心理的角度探讨人体部位划分的依据，如认为视觉的中断是人类将身体划分为不同部分的重要参数等，像 N. J. Enfield（2006）等就写了这方面的文章。Ungerer&Schimid（2001）则总结了有关人体的常规隐喻，主要考察了英语人体词的常规隐喻意义已经成为人体词部分含义的现象。可见，外国学者们关注的侧重点是人体概念化过程中隐喻的作用、特征和方式，主要是从认知科学的角度，说明了人体词的隐喻性意义，这一点对于我们考察汉语人体词语的基本意义有重要的借

① 沈家煊《“语法化”研究综观》，《外语教学与研究》，1994 年，第 4 期。

鉴意义，但这只是我们研究人体词语的一个方面，总的看还不充分。我们还需要从词汇语义系统的角度，对人体词汇义位的演变、引申和组合等方面进行研究。

国内对人体词语的关注和探究，主要集中在20世纪八九十年代，而且基本上是对个别问题的研究。就我们搜集的资料来看，主要有以下几个方面的研究：1. 探讨人体某个器官部位词语语义场的历史演变。如解海江、张志毅的《汉语“面”部语义场的历史演变》（见《古汉语研究》1994年第3期），吕传峰的《“嘴”的词义演变及其与“口”的历时更替》（见《语言研究》2006年第1期）等。2. 从词义引申和文化学的角度来研究。如戴耀晶的《人体词语的引申用法》（见《修辞学习》1992年第5期），龚群虎的《人体器官名词普遍性的意义变化及相关问题》（见《语文研究》1994年第4期），赵永新《反映人体器官的词语及其文化因素》（见《语言文字应用》1993年第2期），钱进的《说“脚”构词语系列及其文化内涵》（见《语文学刊》1996年第5期），李树新《论人体词语的文化意蕴》《人体词语的认知模式与语义类推》（分别见《内蒙古大学学报》2002年第5期、《汉字文化》2004年第4期），徐越《现代汉语的“—头”》（见《语言教学与研究》2001年第4期）。3. 从语用角度作考察。史锡尧《“心”族词语的语义语用考察》（见《中国语文》1994年第2期）和《“口”、“嘴”语义语用分析》（见《汉语学习》1994年第1期），何平《你知道“心”在汉语中的用法吗》（见《学汉语》1994年第4期）等。4. 从人体部位字做偏旁部首的汉字形体入手做字族的意义和文化学研究。如王希杰《“心”话》（见《汉语知识》1994年第2期），孙雍长《汉字构形的心智特征（上、下）》（见《古汉语研究》1994年第2期、第3期）等。5. 从隐喻的角度对汉语人体词语做认知考察的。如程淑贞《人体部位特征的隐喻研究》（见《语文教学与研究》2000年第1期），王文斌《论汉语“心”的空间隐喻的结构化》（见《解放军外国语学院学报》2001 年第 1 期），王彩丽《通过名词性人体隐喻透析人的认知过程》（见《山东外语教学》2002 年第 4 期），卢卫中《人体隐喻化的认知特点》（《外语教学》2003 年第 11 期），吴恩锋《论汉语“心”的隐喻认知系统》（《语言教学与研究》2004 年第 6 期）等。6. 进行比较研究。如邬桂明《汉泰语同源比较——以人体器官名词为例》。以上所举都是论文，而专著目前只见到从文化学角度作研究的古敬恒先生所著《人体词与人的秘密》（团结出版社 2000 年版），另外有些著作涉及人体词语的某方面的问题，如马清华先生《文化语义学》（江西人民出版社 2000 年 6 月版）等。7. 从语言的语义系统角度探讨人体词语的还不多见，如赵倩、张博（2007）的《汉语人体名词词义演变及其认知动因》和李树新（2004）的《人体词语的认知模式与语义类推》都以人体词语为中心，从认知的角度探讨了人体词语语义演变或类推的动因或模式。

综上所述，这些著述虽从不同的角度对部分人体词语作了很好的研究，但都是个别的、局部的、某些方面的研究，未对人体词语系统做全面系统的描写和解释。学者们关注的侧重点也是人体概念化过程中隐喻的作用、特征和方式，主要是从认知科学的角度，也就是如何概念化人体的角度对人体词进行了研究，而不是从词汇语义学的角度对人体词词义演变进行研究，对人体词义等问题的研究也较少是从词汇语义系统整体出发。

据我们初步考察，汉语主要人体词语多发生转义用法，本书以系统的语义观为指导，从性质、结构、演变和语用等多角度对汉语人体词汇语义做系统描述和分析。本人曾在博士论文《汉语人体词语研究》（2003 年 5 月武汉大学博士论文）及在此基础上出版的《汉语人词汇研究》一书中涉及这方面的内容，但限于时间精力，在词汇语义的研究方面仍留下许多遗憾，因此借博士后工作的机会，对此问题做了进一步研究。

三、本研究目标、内容和方法

本课题是在博士论文《汉语人体词语研究》的基础上，对其中语义部分进行的拓展和深化研究。原来的研究基本上局限于词汇层面，主要采用结构主义方法，对人体词语的意义主要是基于传统词义观，从语素义——词义、本义——引申义以及其静态义——动态义三个方面做了一些简略的分析。本课题的研究目标是从词汇层面深入到语义层面，试图构建系统的语义观并以之为指导，从语义的整体出发，多视角多层面地深入考察人体词汇的语义系统，以期完整勾勒人体词汇的语义面貌，深入阐释人体词汇语义系统发生发展的动因和规律，系统揭示人体词汇的语义组合特征，全面探究人体词汇语义在共时动态下的表现样态。

人体词汇语义是本书研究的主要内容。人体词汇义位的演变、人体词汇义位的结构（包括其微观和宏观结构）以及人体词汇义位的语用组合都是本文研究的内容。具体来说，主要探讨如下几个重要层面的问题：

（一）汉语人体词汇的基本语义系统

这是对人体词汇语义系统的静态考察。我们将突破过去仅仅局限于词汇层面探讨人体词语的做法，深入到语义层面，探讨人体词汇内部的有机联系，揭示汉语人体词汇语义系统。这对于我们深刻把握汉语人体词汇的整体面貌具有重要作用。

（二）汉语人体词汇语义的跨域发展

这是在对人体词汇基本语义系统进行静态考察的基础上进行的历时动态研究。汉语人体词汇语义，不仅其自身是汉语语义系统的重要组成部分，更为重要的是，它又是汉语基本语义系统的主要生长点，大量的基本语义成分都是由人体意义以不同的方式、经过不同的途径转化而来的。因此，系统探讨人体词汇语义的运动轨迹、发展规律、演变机制及其动因，尤其是探究它的跨域发展，不仅能使我们摸清人体词汇语义系统面貌，而且有利于我们把握人体词汇语义对汉语词汇系统和语义系统的深刻影响，进而深刻认识整个汉语词汇语义系统。

（三）汉语人体词汇的义位组合和语用特征

词汇语义靠着义位聚合和组合两条纵横轴的联系而成为一个完整立体的系统（在基本语义系统中我们会涉及义位的聚合描写）。义位组合分内部组合和外部组合，从义位内部组合的探讨中可以看到人体语素构词组合的一些制约因素，而从义位外部组合的分析中，则可以看到句法组合选择和隐现机制反映的人体词语语义特征。另外，人体词语在语用组合中的一些义位变体分析，无疑有助于我们全面掌握和了解汉语人体词语的意义系统，也为我们在具体的言语活动中准确地运用、深刻地理解人体词语提供借鉴。

本书的研究理论方法，包括：（1）在聚合和组合两个坐标上进行动态和静态双向研究；（2）运用语义场理论，建立汉语典型人体词群，进行部分封闭域的分析；（3）进行跨语言的义位比较、分类分析，推进汉语人体词汇语义系统的研究；（4）运用语境理论，探索人体词语的临时意义；（5）运用认知语言学的理论，探索人类人体词汇语义的共性特征和汉语的个性特征。

此外，我们试图以人体词语为例，进一步证明汉语词汇系统的可描写性，汉语词汇系统构建的可分析性。

本书所采用的例句来源有《十三经注疏》（上下二册，中华书局，1980 年）、《辞源》（合订本，商务印书馆，1988 年）、《汉语大词典》（缩印本，汉语大词典出版社，1997 年）、《汉语大字典》（缩印本，湖北辞书出版社、四川辞书出版社，1992 年）、《现代汉语词典》（商务印书馆，2002 年增补本及 2005 年第 5 版）、《应用汉语词典》（商务印书馆，2000 年）、《日语人体惯用语词典》（商务印书馆，1999 年）、《朗文当代英汉双解词典》（朗文出版有限公司，1988 年）等文献辞书，还有北京大学汉语研究中心电子语料库。

四、本研究相关的一些基本理论

词义和句义是现代语义学研究核心。这里我们介绍一些与本书研究密切相关的意义理论、词义分析解释理论以及本书会涉及的词汇语义单位类型。

（一）相关的“意义”理论

以语言交际原理为依据，周建设先生认为语义学研究包含的具体内容有三：语义生成——语义传递——语义理解。[①] 在语义生成这个环节中，词义的生成是基本内容，这就涉及意义是什么的问题。我们这里简单介绍与词汇意义相关的一些重要理论问题。

1. 什么是意义

意义是语言的核心问题，也是语言哲学的核心问题。哲学里关于“什么是意义”的理论，大致有如下几种：

一是指称论。这一理论最有代表性的人物为罗素（Russel）和弗雷格（Frege）。罗素（Russel）等认为指称就是意义，语言符号（名称）由形式和内容构成，名称的形式是通过指称或指示外界事物或事实而具有了意义。弗雷格（Frege）等对这种原始二元指称论做了修正，认为指称只是语词意义的一部分，他把语词的意义分为符号（sign）、观念（idea）、含义（sense）和指称（reference），符号、含义和指称之间的正常联系是：“指号，它的含义和它的指称之间的正常联系是这样的：与某个指号相对应的特定的含义，与特定的涵义相对应的是特定的指称，而与一个指称

① 周建设《语义学的研究对象与学科体系》，《首都师范大学学报》，2000 年，第 2 期。

(对象) 相对应的可能不是只有一个指号。"[①] 虽然是以静态事物为基础提出的，未能包括抽象事物、可能世界和想象世界的事物，但指称论在解释专名和具体事物上还是值得我们注意的。

一是使用论。意义即使用，意义使用论的创始人是维特根斯坦 (Wittgenstein)，他认为语言活动就像是游戏，若知道了“游戏规则”，就知道如何使用一个词，也就知道了一个词的含义，他说“一个词的意义就是它在语言中的使用”[②]。使用论的另一个代表人物是奥斯汀 (Austin，J. L.)。他认为言语就是行为论，还将言语行为划分为表义、行事和取效三类。与指称论的静态考察相比较，使用论更加注意到语言动态情况下的非语言因素，但使用论似乎过于强调使用决定意义的一面，而忽视了语词积累下来的固有语言意义，即片面否认了语词与所指对象间的对应关系。

一是情景论。这是近年美国哲学家 Barwise 和 Perry 创立的一种新理论。在这个理论中，语词的意义被看作是“情景与 (所指) 内容之间的关系”。也就是，词义不是语义特征的浓缩，而是情景特征的浓缩。情景论告诉我们，意义不仅是语词本身的含义，也包括非语词的外部意义。这个理论指出语境是影响和解释语义的重要因素，这有助我们认识动态词义。

此外，与词语意义相关的意义理论还有从心理学角度探讨意义的观念论等。而上述三种意义理论中，第一种属于静态意义论，第二、三种都属于动态意义论。我们认为一个词语的意义，必须有静态基础，又有动态使用才能真正生成。

追寻各派“意义”理论的哲学基础，则不外乎两种：一是以客体为中心的客观主义哲学；一是以主体为中心的体验主义哲学。对于词语意义的揭示，我们认为将客体与主体结合起来会更好。

---

① 弗雷格：“论含义和指称”，载于涂纪亮主编：《语言哲学名著选辑》，生活·读书·新知三联书店，1988 年，第 3 页。

② 转引自周建设《西方逻辑语义研究》，武汉大学出版社，1996 第 176 页。

因为意义不会独立于这两个世界之外，而是存在于这两个世界的相互作用相互交流之中。语词意义的主体是“人”——语言意义的承载符号是文字，而符号的创造者和使用者都是“人”，所以意义的讨论和存在离不开“人”这个主体。意义在交流中有“所指”和“能指”内容，这些内容有的是对客观事物静态或动态的反映，所以说意义也绝对离不开“人”之外的外在客观世界。意义就像一种能量，人与外在世界的互动中，意义总和就像能量总和一样应该保持不变，所以在一定的语境下语言信息残缺或冗余的表象都能在总量的恒定中得到补足或消减，从而保证了正常情况下沟通交流的通畅，而不会词不达意。

可见，意义问题是当代西方语言哲学的核心，主要探讨话语表达什么意思，怎么表达意义，意思与所指是什么关系，以及意义与使用是什么关系等。

2. 什么是词义

20世纪中期以来，基于不同哲学流派，各种语言学流派的意义理论也是纷纭繁杂。“整体论”和“原子论”作为两大对立的理论，颇具影响。原子论认为，语言系统的语义是由句子语义所决定的，而句子语义又依赖于词的语义。词是语言系统中语义的最小承载单位。这一理论可以用数学公式形象地表示为：$1+1=2$。而整体论则认为，词和句子并不能决定语言系统的意义。词和句子只是置于语言系统整体中才具有意义，语义不是各个词语的语义总和，语句的意义大于构成语句各词的意义总和，只有在语句的语境中才能寻求词的所指，用数学公式可以形象地表示为：$1+1>2$。

虽然“整体论”“原子论”及一些中间流派各执一说，但总的来说，大多数语言学家都主张要通过一个纵向的“语义场”或横向的语境来研究词义问题，并由此把握词的本义、转义及引申的脉络，进而把握其意义。从众多意义理论中，我们介绍了前述的三种意义论，正是因为我们认为作为意义的系统探讨，要兼顾物和人的因素，兼顾“静”和“动”，兼顾原子论和整体论。

联系本书研究的词语，以上几种意义论中，我们特别注意的是词义与所指内容的关系。徐烈炯先生就此介绍了三种观点[①]：一是指称就是意义；二是意义不仅是指称，还有非指称意义；三是指称为指称，意义为意义，二者无关。英国语言学家莱昂斯（Lyons）给“词义”所下定义则为[②]：一个词的词义是这个词在与语言词汇中其他词所构成的系列关系中所占的位置，这纯粹是一种只限于语言词汇系统中词与词之间的语义关系，与客观世界中的事物不发生直接的联系。英国另一语言学家帕尔默认为[③]系统意义和指称意义是语言意义的两个方面，指称意义表明词和句子等语言成分与外部世界的联系；系统意义则属于语言成分本身之间的关系所形成的，仅涉及语言内部关系。我们认为，相对实词，其完整的词义内容应该是包含与指称对象相联系的指称意义和不与指称对象直接联系的非指称意义。就人体词语而言，指称意义是其词义的最基本内容，人们常区分的概念和意义在汉语人体词语本义的呈现上也是一致的，也就是说汉语人体词语的概念意义就是其指称意义。

张联荣先生指出[④]，在讨论词义和所指对象的关系时，应分清词义变化和所指的变化，并举“眼”为例，他认为“其于人也，为寡发，为广颡，为多白眼”（《易·说卦》）、“子胥抉眼”（《庄子·盗跖》）、“露眼赤睛，大声而嘶”（《汉书·王莽传》）等例中，“露眼”“抉眼”“白眼”的“眼”，就所指讲是眼珠子，但就词义讲还是眼睛，如同我们现在说“蓝眼睛”“黑眼睛”等一样，就所指讲，是指眼珠的颜色，但不能说该“眼睛”的词义是眼珠。

---

① 徐烈炯《语义学》，语文出版社，1990年，第11－12页。

② 转引自伍谦光《语义学导论》，湖南教育出版社，1997年第2版，第131页。

③ F. R. Palmer《语义学》，周绍珩译述，《国外语言学》，1984年，第1期。

④ 张联荣《古汉语词义论》，北京大学出版社，2000年，第12－13页。

张先生的例子说明“眼”和“目”都既可专指“眼珠子”，又可泛称“眼睛”。我们认为人体词语不同于其他事物类名词，如“车”“灯”等，虽然词义未变，但所指古今有别，“车”“灯”的词义主要是其概念意义，他们分别从功能和主要特征方面揭示了的车和灯的类概念特征，“车”有多种，车的古今制作材料、外形也发生了很大的变化，但其［交通工具］［陆地上］［带轮子］的根本语义成分没有改变，“灯”也一样，无论是用电还是用油，其［照明工具］的根本语义成分未变，而且“车”下又可以分为自行车、汽车、火车等种类，“灯”下又可分为电灯、油灯等。但人体部位词语所表示的人体部位范围和功能特征是唯一的，眼珠就是眼珠，眼睛就是眼睛，他们所指部位范围的改变必然导致词义的改变，两个词语所指对象的范围不同，词语的意义当然就不同。至于“目”和“眼睛”在具体上下文中有时指“眼珠”，那是具体语境中的偏指，即用整体偏指部分，这种情况在人体词语的使用中较常见。如“她左手戴着一支翡翠镯”“他的腿摔断了”等中，前者“手”应该是指“手腕”，后者“腿”应该指“小腿”或“大腿”。而“眼”到底有无指“眼珠”的词义，则要将它放在相关词汇系统中考察而定，从“整体——部分”的替代情况看，“目——眼/瞳”到“眼——眼珠子”的对应，“眼”应该有过指“眼珠子”的词义。

（二）词义的分析解释理论

目前对词义的分析和解释主要是从结构语义学和认知语义学角度所做出的。

1. 结构语义学的词义分析和解释

结构语义学主要是分析语义的结构，它要研究义素及义素的结合，研究义位、意义集合、义域等。对语义结构进行分析时常采用的方法是成分分析法（或称义素分析法）。如何分析词义与所持的意义论是相联系的。传统的意义观认为理性思维是大脑对抽象符号的操作，这些符号通过与真实世界的联系而获得意义，这个真实的世界是独立于人的大脑理解而客观存在的。世界事物最基本的表述是概念，最初的概念分类源于亚里士多德哲学理论中的“充分必要条件”，也就是用语言符号所指的集合特征来描述其概念范畴。我们词典对实词的解释、传统语法书中的各级单位概念（比如词类）都是这种理论指导的结果。

使用语义成分分析法对概念进行解析的过程，同时也是对词义进行分析的过程。语义成分分析法能很好地分析并描述词义的更小的单位语义成分，使我们能更清楚地了解词语的概念意义，对词语所表示事物的各个方面的本质特征有更清晰的把握。但是，成分分析法的局限性也是显而易见的，因为最小语义成分不一定具有普遍性，不具备普遍的解释力。首先，文化模式不同，对同一事物人们从不同的认识角度，归纳出来的语义成分难免不一致；其次，语义成分的数量是无限的，我们不能穷尽各种语言词义的所有语义成分；再次，语义成分是动态变化的，随着人们认识的深化，语义成分会随着变化，难以做到稳定一致。因此，目前语义成分分析法能有效分析的只是亲属、动物、家具、颜色等几类词语，对其他词语的分析有较大主观性等。如果仍试图用成分分析法来揭示一个词语意义的全貌，显然是不理想的。

本书中采取语义成分分析法对人体词语的基本意义进行分析，也不能穷尽人体器官部位的所有特征或统一人们多方面的认知，只是对人体词语词义的引申扩展和组合的变化分析有一定的帮助。

2. 认知语义学的词义分析和解释

人的记忆是有限的，那么人们又是怎样认知世界万物的呢？认知心理学的研究表明这主要是靠概念的范畴化，即人们是将客观世界的事物按类或范畴进行排列、认识和记忆的，这种概念范畴化的认知方法是我们认识世界、解释世界的重要方法。近年兴起的认知语义学主要将语义研究同认知科学结合起来，从认知角度来解释语义，其解释力非常强。

认知语义学的基本观点之一就是反对把语言知识和世界知识分离开来，认为词语意义和人类大脑百科知识网络相关，“词汇意义与人类大脑中的其他知识有关”[①]。“形式语义学家认为，知道一个话语的意义就是（部分地）知道对于真实世界应该或必须有什么样的真实条件，以便使话语也是真实的。”“与形式语言学不同，认知语言学以心理实体来标定一个语言表达的意义。”[②] 卢植总结了认知语言学关于意义的六种主要原则[③]：（1）意义是存在于认知模式（不是可能世界中的真实条件）中的概念；（2）认知模式主要是通过知觉决定的（意义并不独立于知觉）；（3）语义成分以空间或拓扑对象为基础（不是可以根据某些规则系统而组成的符号）；（4）认知模式主要是意象—图式，通过隐喻和转喻方式而转换；（5）语义学基本服务于句法且在一定程度上决定于句法，句法不能独立于语义而被描写；（6）概念体现原型效应。

认知语义学的研究表明，“多义现象是通过人类的认知手段（如隐喻和转喻）由一个词的中心意义或基本意义向其他意义伸展的过程”[④]。按照认知语义学的观点，词语意义的发展是通过人的认知手段，如隐喻和转喻不断从基本义向引申义扩展的过程。本书在探讨人体词语的非本义扩展时会借鉴此理论，分析非本义跨域投射的类型。

我们这里还要提一下家族相似性与原型理论。维特根斯坦在1953年发表了著名的“哲学考察”，对亚里士多德的“充分必要条件”提出了质疑，指出一个词的若干所指对象在一种语言中的正常应用和理解，并不需要有共同的元素，他以“games”为例，说明是

---

① 束定芳《现代语义学》，上海外语教育出版社，2000年，第8页。

② 卢植《论认知语言学对意义与认知的研究》，《外语研究》，2003年，第4期。

③ 同上。

④ 赵艳芳《认知语言学概论》，上海外语教育出版社，2001年，第36页。

家族相似性（family resemblance）把各种 games 归入一个概念范畴的。20 世纪 70 年代，罗素等发展了家族相似性理论，建立了“原型（Prototype）”理论，其主导思想是同一个概念范畴中的成员不需要有共享的必要条件，但需要有一个能反映本范畴基本特征的典型成员作为原型，特征与原型接近的成员称为典型成员，缺少原型特征的成员称为非典型成员。家族相似性理论可以直接用于词义的描写，原型理论是建立在家族相似性理论基础之上，也是意义理论的一部分。而以“家族相似性”为特征的概念范畴，是通过“隐喻”认知的思维方式形成的。这些分析解释理论有助于我们描写和解释词义的扩展特点，比如以“心”为原型的一系列同素词之间意义为什么具有相似性和模糊性。

语言是个复杂的符号系统，我们有必要从各相关方面多角度地进行研究。就本书研究对象来说，指称论告诉我们，指称实体器官部位是人体词语的基本意义。语用论告诉我们，词的意义是在使用中得到实现的，因此考察人体词语义位的组合使用规则也是非常必要的。情景语义论则告诉我们语境是在考察词义时需要加以考虑的重要因素。认知语义学的原型理论则为我们提供了系联人体词语语义和解释词义的方法。成分分析法为我们尽量精确词义，弄清所指人体部位范围及词义发展变化理据提供了一定帮助。

（三）本书采取的词汇语义单位及其类型

1. 词汇语义研究的单位

张志毅、张庆云先生指出，[①] 词汇语义研究的单位有四个：义位、义素、语素义、义丛，四个单位中以义位为主；语素、词、短语、句子、句群则是语义的五种载体，而词是最基本的载体。在实际研究过程中，“义位”为单位研究词汇的语义特征时较方便，而“语素义”为单位研究同族词时更方便。因此，本研究中虽然以

① 张志毅、张庆云《词汇语义学》，商务印书馆，2001 年，第 13、17 页。

“义位”为基本单位，但是这两种语义单位都会用到。另外，我们认为义素可分为“显性义素”和“隐性义素”，所谓“显性义素”就是概括义位内涵的、本质的和主要的义素，这些义素是词通常使用的本义成分，多可从静态的词义定义中分析出来，因而是显性的；而“隐性义素”是属于义位外延的、非本质和次要的义素，这些义素很少出现在词本义使用成分中，但常在义位扩展引申或组合变异中的浮现出来，因而相对词义的静态是隐性的。文章分析中，我们会用到不同类型的义素名称。

2. 义位的类型

研究词汇语义的基本单位是义位，而义位有两种类型①：一种是着眼于两个以上义位之间的关系，进行历时的分类和共时的分类；一种是着眼于一个义位内部两个以上语义特征的结构关系，划分出多种义位内部的关系特征，得出几束语义特征的类型。前一种又包括历时类型（如本义和转义、古义和今义等）和共时类型（如基本义和非基本义、具体义和抽象义、中心义和修辞义等）。而后一种分类最初多分为两种，如爱德华·萨丕尔把一个词义分为“概念内容（实在内容）”和“情调”，布龙菲尔德把词义分为“指示意义（显义）”和“附带意义（内涵意义或隐义）”。而基于句法、语义、语用三个视角的三分说则很受重视。张志毅、张庆云先生三分的结果是：语义的意义、语用的意义和语法的意义。这种分法与胡裕树、范晓先生提出的“三个平面”理论不谋而合。本书研究人体词汇语义则是以共时基本义为中心，力图从其变化和组合等几方面进行考察。

① 张志毅、张庆云《词汇语义学》，商务印书馆，2001年，第124－131页。

第一章　汉语人体词汇概况

词语是词义的载体，要研究汉语人体词语的意义，还需先了解一下人体词汇古今的大致情况。

第一节　上古汉语人体词汇系统

人体词汇是汉语的基本词汇，人体从古至今都没变，但各个时期的人体词汇却不完全一样，要揭示其历时发展的整体状况，首先就需要理清上古人体词汇系统及其特点。

一、上古汉语人体词汇的发展

上古时期，随着人们对身体各器官部位认识的深入，汉语人体词汇不断丰富，战国时期已经基本形成完备的人体词汇系统。

（一）殷商和西周时期

从甲骨卜辞看，殷商时期已有很多人体词，如头部词汇：首、天（指头顶）、面、目、眉、耳、自（指鼻子）、口、齿、舌等，“首”“元”都指人头，“天”指人的头顶。躯体词汇：身、腹等。四肢词汇：厷（指手臂）、足、止（即脚）等。脏腑词汇：心等。此外还有表示人体组织和附属物的词如“发”“骨”等。

“天”本义为人的头顶，在卜辞中只用本义，如：“王弗疾朕天?”（乙9067），“自”的本义是鼻子，如“贞：之疾自。”（乙6385）“齿”在商代统称为门牙和臼齿，“厷”即手臂上部，“疾厷。”（乙7488）。“身”既指人怀孕，又指人的身体，如“勿于父乙告疾身。”（乙5839）“足”包括腿和脚，“止”，只指脚。卜辞中未出现“手”，金文中才有“手”。（参见徐朝华，2003）

周朝时，人体词汇有进一步发展，出现了一些新词和新的词形。词形发生变化的如自→鼻，厷→肱，止→趾。

新增加的头部词汇有：顶、辅（指腮）、颊（指脸两旁）、眼（指眼珠子）、鼻、牙、喉（即咽喉）、领（指脖子）、颡（指额头）等。如《周易·大过》：“上六，过涉灭顶，凶。”《周易·咸》：“咸其辅颊舌，滕口说也。”《周易·说卦》：“其于人也，为寡发，为广颡，为多白眼。”《周易·噬嗑》：“六二，噬肤，灭鼻，无咎。”《诗经·召南·行露》：“谁谓鼠无牙？”《诗经·大雅·烝民》：“王之喉舌，赋政于外，四方爰发。”（此处“喉舌”为比喻用法）《诗经·小雅·节南山》：“驾彼四牡，四牡项领。”（此句中“项”非人体名称，毛传：“项，大也。”）

新增加的躯体词汇有：肩、背、臀等，如《诗经·齐风·还》：“并驱从两肩兮，揖我谓我儇兮。”《诗经·鲁颂·閟宫》：“黄发台背，寿胥与试。”《周易·乾下兑上》：“九四，臀无肤，其行次且。”

新增加的四肢词汇有：肱（指手臂）、股（指大腿）、手、趾（指脚）、拇（指手拇指）、腓（指小腿肚）等，如《尚书·益稷》：“帝曰：臣作朕股肱耳目，予欲左右有民，汝翼。”《尚书·召诰》：“曰：拜手稽首旅王若公。”《诗经·邶风·击鼓》：“执子之手，与子偕老。”《周易·噬嗑》：“初九，屦校灭趾，无咎。”《周易·咸》：“初六，咸其拇。”《周易·咸》：“六二，咸其腓，凶。”其中“手”是象形字，金文中“手”的字形上部像五个手指，下面像手臂的形状。

新增加的脏腑词汇有：肾、肺、脾、肠等。如《尚书·盘庚》：“今予其敷心腹肾肠，历告尔百姓于朕志。”《诗经·大雅·行苇》：“嘉殽脾臄，或歌或咢。”《诗经·大雅·桑柔》：“自有肺肠，俾民卒狂。”这些词中，还出现了一些人体词连用的比喻用法，如“喉舌、股肱、耳目、心腹、肾肠”等。

此时，表示人体组织和附属物的词语如“血”“肤”（指人的皮）“脢”（指背脊肉）等也出现了。如《周易·坤》：“龙战于野，其血玄黄。”《诗经·卫风·硕人》：“手如柔荑，肤如凝脂，领如蝤蛴，齿如瓠犀，螓首蛾眉。”《周易·咸》：“咸其脢，无悔。”

（二）春秋战国时期

这一时期新出现了很多人体词语。

头部词汇有：头、颠（指头顶）、题（指额头）、项（指颈的后部）、颜（指额头）、眸子（指眼珠子）、眶、颐（指面颊）、唇、吻（也指唇）、腮、额、颔（指下巴）、睫、瞳、颈、脰、颌（口腔上下的骨骼和肌肉组织）、頞等。《左传·襄公十九年》：“荀偃瘅疽，生疡於头。”《墨子·亲士》：“华发隳颠，而犹弗舍者，其唯圣人乎！”《说文·页部》：“颠，顶也。”《楚辞·招魂》：“雕题黑齿得人肉以祀，以其骨为醢些。”《荀子》：“行而供冀，非渍淖也；行而俯项，非击戾也；偶视而先俯，非恐惧也。”《吴越春秋·勾践归国外传第八》：“群臣拜舞天颜舒，我王何忧能不移？”《孟子·离娄》：“胸中正，则眸子了焉；胸中不正，则眸子眊焉。”《庄子·大宗师》：“曲偻发背，上有五管，颐隐於齐，肩高于顶，句赘指天。”《黄帝内经·素问·玉机真藏论篇》：“心中不便，肩项身热，破䐃脱肉，目眶陷。”《楚辞·大招》：“朱唇皓齿，嫭以姱只。”《吕氏春秋·观表》：“非神也，夫唯能使人之耳目助己视听，使人之吻助己言谈。”《说文·口部》：“吻，口边也。”《孔子家语》第六卷：“八月生齿，然後能食，三年腮合，然後能言。”《黄帝内经·素问·骨空论》：“与太阳起于目内眦，上额交巅，上入络脑。”《公羊传·宣公六年》：“祁弥明逆而踆之，绝其颔。”《韩非子·喻老》：“智如目也，能见百步之外而不能自见其睫。”《庄子·知北游》：“汝瞳焉如新生之犊而无求其故。”《楚辞·大招章句》：“小腰秀颈，若鲜卑只。”《庄子·德充符》：“闉跂支离无脤说卫灵公，灵公说之；而视全人，其脰肩肩。”《黄帝内经·灵枢·经别》：“贯心以上挟咽，出颐颔中，散於面。”《孟子·梁惠王下》：“百姓闻王钟鼓之声，管籥之音，举疾首蹙頞而相告曰。”《说文·页部》：“頞，鼻茎也。”

四肢词汇有：指（手指）、腕、拳、肘、腋（指胳肢窝）、臂、胫（指人的小腿）、踝、跗（脚背）、跟/踵、掌、擘（指大拇指）、膝、膊（指上肢近肩处）等。如《墨子·大取》：“断指与断腕，利于天下相若，无择也。”《管子·匡君小匡》：“於子之乡，有拳勇股肱之力，筋骨秀出於众者，有则以告。”《左传·成公二年》：“张侯曰：‘自始合，而矢贯余手及肘，余折以御。’”《管子·轻重甲》：“怀而不见於抱，挟而不见於腋。”《左传·襄公十四年》：“公孙丁授公辔而射之，贯臂。”《论语》：“以杖叩其胫。”《礼记·深衣》：“制：十有二幅以应十有二月；袂圜以应规；曲袷如矩以应方；负绳及踝以应直；下齐如权衡以应平。”《庄子·秋水》：“赴水则接掖持颐，蹶泥则没足灭跗。”《难经·二十八难》：“阳蹻脉者，起於跟中，循外踝上行，入风池。”《庄子·大宗师》：“真人之息以踵，众之息以喉。”《战国策·秦一》：“见说赵王於华屋之下，抵掌而谈。”《孟子·滕文公下》：“于齐国之士，吾必以仲子为巨擘焉。”（比喻杰出人物）《仪礼·士相见礼》：“立则视足，坐则视膝。”《黄帝内经·灵枢·终始》：“膺俞中膺，背俞中背，肩膊虚者，取之上。”

躯体词汇有：躯、胸（身体前面颈与腹之间的部分）、要（指腰）、腰、胁（胸部两旁）、膺（指脯胸）、胛、脊、脐等。如《楚辞·九辩》：“愿赐不肖之躯而别离兮，放游志乎云中。”《左传·僖公二十八年》：“魏犨伤于胸。”《墨子·兼爱》：“昔者，楚灵王好士细要，故灵王之臣，皆以一饭为节。”《楚辞·大招》：

“小腰秀颈，若鲜卑只。”《黄帝内经·素问·藏气法时论篇》：“心病者，胸中痛，胁支满，胁下痛，膺背肩胛间痛，两臂内痛。”《左传·昭公二十一年》：“大败华氏，围诸南里，华亥搏膺而呼。”《韩非子·外储说右上》：“遂斩颠颉之脊，以徇百姓，以明法之信也。”（其实，“脊”在周朝已经出现，但主要用于动物）《庄子·人间世》：“支离疏者，颐隐于脐，肩高於顶。”

脏腑词汇有：腑、脏、胃、肝、胆等。如《难经·三十五难》：“论诸腑之功能与五脏之相配。”《吕氏春秋·重己》：“味众珍则胃充，胃充则中大鞔。”《礼记·问丧》：“恻怛之心，痛疾之意，伤肾，干肝，焦肺。”《庄子·大宗师》：“忘其肝胆，遗其耳目。”

表示附属物的词语也增加了很多：须（面毛总称）、髯（指两颊毛）、髭（指颐下毛）、脉、肋（指肋骨）、骸（小腿骨）、肌（指人肉）、肤（指人皮）、筋、膜（指体内像薄皮的组织）、膈（指胸腔和腹腔之间的膜状肌肉）、脊（背中间的骨肉）、膏（指心尖脂肪）、肓（指心脏与隔膜之间）等。如《楚辞·九思》：“须发薴悴兮顠鬓白，思灵泽兮一膏沐。”《黄帝内经·灵枢·五音五味》：“通髯极须者，少阳多血，美须者阳明多血，此其时然也。”《左传·昭公二十六年》：“至于灵王，生而有髭。”《国语·楚语》：“且夫制城邑若体性焉，有首领股肱，至于手拇毛脉，大能掉小，故变而不勤。”《黄帝内经·素问·气穴论篇》：“积寒留舍，荣卫不居，卷肉缩筋，肋肘不得伸。”《左传·哀公二年》：“敢告无绝筋，无折骨，无面伤。”《黄帝内经·素问·太阴阳明论篇》：“脾与肾以膜相连耳，而能为之行其津液何也？”《黄帝内经·素问·气厥论篇》：“心移热於肺，传为膈消。”《韩非子·外储说右上》：“遂斩颠颉之脊，以徇百姓，以明法之信也。”《左传·成公十年》：“在肓之上，膏之下，攻之不可。”

此时，人们对人体内外器官已经有系统的认知，因而也出现了一些概称。如对人体外部器官有“四体”“五官”之称，对内部器官则有“五脏”“六腑（府）”之称。“四体”指四肢，“五官”指耳、眼、鼻、口、舌，“五脏”指心、肝、脾、肾、肺，“六腑”中医指胆、胃、大肠、小肠、三焦、膀胱。如《论语》：“丈人曰：‘四体不勤，五谷不分，孰为夫子？’”《墨子》：“五官六府。”《荀子·天论》：“心居中虚，以治五官，夫是之谓天君。”《鬼谷子》：“无为而求，安静五脏，和通六腑。”

（三）秦汉时期

这一时期新出现的主要为头部词汇，有脸（指眼睑、眼皮）、眦或眥（指眼角）、瞳（指瞳孔）、頣（指下巴）、准（指鼻）等。如《伤寒论·辨脉法》：“若脉和，其人大烦，目重，脸内际黄者，此为欲解也。”《汉书·杜周列传》：“又无恐惧之心，反因时信其邪辟，报睚眦怨。颜师古曰：“眦即眥字，谓目匡也。”《史记·项羽本纪》：“（哙）瞋目视项王，头发上指，目眥尽裂。”《淮南子·脩务训》：“舜二瞳子，是谓重明，做事成法，出言成章。”《汉书·王莽列传》：“莽为人侈口蹶頣，露眼赤精，大声而嘶。”颜师古注：“侈，大也。蹶，短也。頣，颐也。”《汉书·高祖帝纪》：“高祖为人，隆准而龙颜。”李斐曰：“准，鼻也。”

新出现的四肢词汇有：胯（指两大腿之间）。如《后汉书·郑太孔融荀彧列传》：“性既迟缓，与人无伤，虽出胯下之负，榆次之辱，不知贬毁之于己，犹蚊虻之一过也。”

此外，秦汉时期人们延续了春秋时期对人体的认识，主要将内部器官分脏、腹（府）系统，如《韩诗外传》：“人有五藏六腹。何谓五藏？精藏于肾，神藏于心，魂藏于肝，魄藏于肺，志藏于脾，此之谓五藏也。何谓六府？喉咽者，量肠之府也；胃者，五谷之府也；大肠者，转输之府也；小肠者，受成之府也；胆者，积精之府也；旁光者，湊液之府也。”“旁光”即今“膀胱”。

二、上古人体词汇系统及特点

（一）上古人体词汇系统

上古时期表示人体各部位的词语都出现了，并按人体结构形成了基本的词汇语义系统。根据人体器官部位构成，这一时期的人体词汇按照“整体——部分”的语义关系可梳理如下：

第一级：人体——首/页/元/头、领（指脖子）、身/躯、脏、腑、四体（即四肢）

第二级：

首/页/元/头——天/顶/颠（指头顶）、面

领——喉（即咽喉）、颈/脰、项（指颈的后部）

身/躯——腹、肩、背、臀、胸（身体前面颈与腹之间的部分）、要或腰

脏、腑——心、肾、肺、脾、肠、胃、肝、胆

四肢——臂/厷或肱（指手臂）、拳/手（指腕以下能拿东西的部分）、足

第三级：

面——目、眉、耳、自或鼻/准（指鼻子）、口、腮/辅（指腮）、颐/颊（指脸两旁）、额/颡/题/颜（指额头）、颔/颌/頣（指下巴）、

腹——脐

背——胛、脊

胸——胁（胸部两旁）、膺（指脯胸）

臂/厷或肱（指手臂）——腕、肘、腋（指胳肢窝）、膊（指上肢近肩处）

足——胯（指两大腿之间）、股/髀（指大腿）、胫（指人的小腿）、膝、止或趾（指脚）

第四级：

口——齿、舌、牙、唇/吻（指唇）、颔（口腔上下的骨骼和肌肉组织）

目——眼/眸子（指眼珠子）、眦或眥（眼角）、匡或眶/（指眼眶）、睫、脸（指眼睑）

鼻——頞（指鼻梁）

手/拳——指、掌、腕

胫——腓（指小腿肚）

止（趾）——跗（脚背）、踝、跟/踵

第五级：

眼/眸子——瞳（瞳孔）

指——擘（指大拇指）/拇（指手拇指）

颔——车、辅

此外，表示人体附属物的有：须（面毛）——鬚（指颐下毛、即下巴上的毛）、髯（指两颊毛）、髭（指嘴上毛）；表示人体组织的有：骨——肋（指肋骨）、骸（小腿骨）

（二）上古人体词汇系统的特点

1. 从以上词汇系统中，我们看到上古时期细致区分部位的词汇以“头部”和“四肢”的为最多。而表示同一部位的往往有几个词语，从而形成了不少同义词，如：首/页/元/头，眼/眸子（指眼珠子），擘/拇（指大拇指），臂/肱（指手臂）、颐/颊（指脸两旁）、额/颡/题/颜（指额头）、天/顶/颠（指头顶）、颔/颐（指下巴）、股/髀（指大腿）。这些同义词之间，或存在语体分布差异或存在通用与非通用的差异。

2. 词义上，一些词语有了简单引申，义位开始变得多起来。如卜辞中“天”为头顶，至周则引申为天空、天神，如《周易·系辞下》：“仰则观象於天。”《尚书·胤征》：“尔众士同力王室，尚弼予钦承天子威命。”“顶”也开始指山顶，如《尔雅·释山》：

“山顶，冢。”还有一些人体词语的意义缩小或转移了，如“齿”意义缩小，卜辞中“齿”统称牙齿，至春秋出现“牙”以后，“齿”“牙”就分别成为专指门牙和臼齿的词语，因而“齿”的意义缩小了。“颐”从春秋时的“面颊”转指秦汉时的“下巴”，如《孙子·九地篇》：“士卒坐者涕沾襟，偃卧者涕交颐。”（颐，指面颊）《后汉书·周燮黄宪徐稚姜肱申屠蟠列传》：“燮生而钦颐折頞，丑状骇人。”（颐，指下巴）

3. 少数非人体词语的引申义也表示人体部位。如“车”象形字，本指车子，后引申指牙床骨，“辅”本指车轮外夹毂的两条直木，后引申指面颊，《左传·僖公五年》：“辅车相依，唇亡齿寒。”“辅”还可指胫骨、小腿骨，如《黄帝内经·素问·骨空论》：“骸下为辅，辅上为腘。”“左”“右”甲骨文中都表示“有”“祐”或分别表示左边、右边，周以后引申出“左手”“右手”的意义，如《尚书·牧誓》：“王左杖黄钺，右秉白旄以麾。”“准”本义为平，后引申出“鼻子”的意义，如《汉书·高祖帝纪》：“高祖为人，隆准而龙颜。”

4. 人体词语的双音组合大量出现。从结构看，这些双音组合有联合式，如“头须”，《左传·僖公二十四年》：“初，晋侯之竖头须。”类似的有“须发”“头颅”“膏肓”等。也有定中式，如“目眶”，《黄帝内经·素问·玉机真藏论篇》：“大骨枯槁，大肉陷下，胸中气满，腹内痛，心中不便，肩项身热，破䐃脱肉，目眶陷。”类似的有“目眥（即眼眶）”“颜色”（即脸色）等。

第二节　汉语人体词汇系统后世变化

人体范畴或人体各器官部位古今一样，但不同时期指称这些人体器官部位的词汇并不一样，这主要表现在人体词汇的演变和更替上。

一、后世主要更替的词语[①]

人体范畴或人体各器官部位古今一样，但不同时期指称这些人体器官部位的词汇并不一样，这主要表现在人体词汇的演变和更替上。

更替是词汇发展过程中竞争的表现和结果，人体词语更替是指表示同一人体部位的不同名称词语在历时发展中经过竞争，某一个词语成为表示这一部位的主要词语，而其他词语则很少或不用于单独指称该人体部位。人体词汇是基本词汇，因此也较稳定，汉语人体词汇在上古形成成熟的系统后，经过中古和近代，到现代汉语中，发生更替的词语不太多。更替的主要有以下几组指称人体部位的词语："头"代替"首/元"、"脸"代替"面"、"颊"代替"辅"、"眼"代替"目"、"颈项"代替"领"、"嘴"代替"口"、"脚"代替"足"、"脚后跟"代替"踵"、"涕"代替"泗"、"泪"代替"涕"（以上几组在近代以前都已完成更替）、"大腿"代替"股"、"脖子"代替"领"、"手臂/胳膊"代替"肱"（这几组应在近现代完成更替）等成为常用词。

（1）"头"代替"首/元"。王力先生认为金文和《诗经》、《尚书》、《周易》里都没有"頭"，有很多"首"，到战国时代"头（頭）"才出现，[②]据我们考证的确如此。经过上古汉语到近代汉语的演变，它们的地位有了很大不同，这主要体现在它们表示"头部"义时使用频率的差异上。我们统计了几个时期的有代表性的典籍，可以看出"首"、"元"、"头"的使用情况具有明显的变化，见下表一。

---

① 其中有些更替，参见了本人博士论文（2003）有关论述，如"元/首→头"、"目→眼"、"面→脸"、"趾（止）/足→脚"的更替考察。

② 王力《汉语史稿》（下），中华书局，1980年新1版，第497页。

表一

词目＼典籍用例	《尚书》		《世说新语》		《水浒传》	
	总用例	表示人头例	总用例	表示人头例	总用例	表示人头例
首	26	24	11	7	128	16
元	32	3	81	0	16	0
头	0	0	54	21	1159	250

可见，“头”代替“首/元”表示人头部也经过了从上古呈弱势到中古与“首”相当到近代呈强势的历程。“首”虽在汉代就被“头”所代替，但它的“头部”义仍顽强地保留在复合词语里，至今我们还常用“回首”一词表示抽象的意义。

（2）“脸”代替“面”。古汉语中的“面”和“脸”大致算作近义词，但有明显差异。《说文·面部》：“面，颜前也。”段玉裁注：“颜者，两眉之中间也。颜前者，谓自此而前则为目、为鼻、为目下、为颊之间，乃正向人者。”即指人的整个面部。“脸”是在6世纪前后才出现的，最初指眼睑，也可指“目下颊上”（《正字通·肉部》），即面颊的上部（颧骨突出处），还可泛指面颊（《集韵·琰韵》“颊也”），“脸”的“面颊”义一直沿用于唐宋诗词及变文中，“两脸”尤为明显地表明“脸”依然是指“颊”。“脸”出现表示整个面部的用法大约从唐开始，“脸”的“颊”义和“面部”义并行了较长的一个时期，同时在称代“面部”义上也与词语“面”交叉并存了一段时期，但表面部的“脸”仍处于明显的弱势。至迟到了明代，“脸”指整个面部的意义已较为普遍，不过还没有表现出明显的优势。在《水浒传》中“脸”使用共115次，“面”使用共97次。[①] 二者的使用频率基本相当，可见

① “脸”的数据参考唐莉《近代汉语词语发展的更替现象》文中的统计，《古汉语研究》，2001年，第4期。

明代“脸”和“面”在表示人面部的争夺中还处在相持阶段。到了清末，从二者的使用频率上可以明显看出“脸”的优势地位了，如《儿女英雄传》中，“面”独用48次，“脸”独用211次，“脸”的使用频率远远超过“面”，且“面部”义是其主要义位。

到现代汉语中，指称人整个面部的词语只有“脸”独占鳌头，表示人面部义的“面”一般作为一个语素在复合词或成语、固定语中出现，基本上不再作为词单独使用了，少数单独使用的多见于书面语里，为古代用法的。后来“脸”逐渐获得表示人面部的意义并取代了“面”。

(3)“眼”代替“目”。《广雅·释亲》：“目谓之眼。”《说文·目部》：“眼，目也。”“目，人眼也。”其实，“目”见于甲骨文，“眼”始见于战国文献，它们最初并不是同义词。

关于“眼”与“目”的区别及它们是什么时候成为同义词的，王力先生曾多次论及：“古时讲的‘眼’，比‘目’的范围小，‘眼’是指的眼珠子。”[①]“‘眼’字在先秦指眼珠子，直到晋代阮籍为亲白眼，仍是指眼珠子。到了唐代就不同了。‘眼’与‘目’是同义词了。”[②]“‘眼’与‘目’在上古不同义。‘目’是今所谓眼睛，‘眼’是今所谓眼珠。……大约到唐代以后，‘眼’才变为‘目’的同义词。”[③]但方一新先生曾列举了17条书例证明“眼”字在汉魏六朝文献中就常作“目”讲，而并非如王力先生所说到唐代“眼”才变为“目”的同义词。[④]据张永言、汪维辉先生考察，“眼”在先秦用例不多，包括王力先生所举三例，在先秦典籍中共5见，“眼”当“目”讲的用例在汉代就有了，[⑤]因而他们认

① 王力《谈谈学习古代汉语》，山东教育出版社，1984年版，第168页。

② 王力《谈谈学习古代汉语·序》，山东教育出版社，1984年。

③ 王力《<古汉语字典>序》，《语文研究》，1986年，第2期。

④ 方一新《“眼”当“目”讲始于唐代吗?》，《语文研究》，1987年，第3期。

⑤ 张永言、汪维辉《关于汉语词汇史研究的一点思考》，《中国语文》，1995年，第6期。

为，汉末起“眼”就逐步取代“目”。从适用范围看，“‘眼’不仅大量出现在口语色彩较强的小说、民歌、翻译佛典等文体中，而且进入了诗文、史书等高文典册。……史书人名有‘傅竖眼’‘杨大眼’等，这些都是当时口语的实录。”①而且“‘眼’表现出强大的构词能力，这正是基本词汇最显著的特征之一。……其中有许多是不能用‘目’来代替的，如：肉眼、青白眼、懒眼、晃眼、明媚眼、眼镜、眼界、眼根、眼医、眼花、眼膜、眼耳、眼角等。”② 这都表明了“眼”和“目”由不同义到同义的变化。我们选取了几部典籍，对“眼”和“目”的使用更替情况进行了进一步考察，具体结果见下表二：

表二

典籍 词目	《诗经》	《史记》	《六祖坛经》	《儿女英雄传》
目	4	81	1	21
眼	0	7	4	133

从上表的数据看，“眼”代替“目”是逐渐推进的。“目”的“眼睛”义通贯了整个古代，但到清代使用频率变低了，由此可见，“眼”代替“目”是一步步显明了。

除了张永言、汪维辉先生所指出的不同外，从构词法和搭配方式，也可探知“眼”代替“目”的轨迹，二者在构词法上表现出极大的不同③。从汉末至魏晋，随着双音节词语的发展，“目”也参与了大量的构词，但仅限于双音节的语法构词，到近代汉语里，随着口语中出现词缀构词法，“眼”也同步发展，而“目”就

① 张永言、汪维辉《关于汉语词汇史研究的一点思考》，《中国语文》1995 年，第 6 期。

② 同上。

③ 唐莉《近代汉语词语发展的更替现象》，《古汉语研究》，2001 年，第 4 期。

不行。如“眼”添加“子”尾、“儿”尾，构成“眼子”、“眼儿”、“心眼儿”、“眼神儿”等，还可以构成ABB式不完全重叠词语，如“眼睁睁”、“眼巴巴”等。与“眼”同义的“目”到近代汉语里却落伍了，没有随着新的构词法发展，仍然停留在早期状态的复合词和固定词语中。

从搭配方式上看，“眼”也是随着“数+量+名”的语法搭配式的普遍使用，新生出一些搭配组合，如“眼”能与数量结构“一双”等搭配，如“双眼”、“一双眼”，但无“一双目”的搭配，有“代+量+名”结构的“这双眼”而无“这双目”。可见至少明代时指称眼部的“眼”已经完全取代了“目”。

(4)“颈”代替“领”。上古汉语通常称连接人头和身躯的部分（即脖子）为“领”，“颈”可专门指称“领”前面的部分，后来也较多指称整个脖子。“领”周朝就出现了，如《诗经·卫风·硕人》：“手如柔荑，肤如凝脂，领如蝤蛴，齿如瓠犀，螓首蛾眉。”《诗经·小雅·节南山》：“驾彼四牡，四牡项领。我瞻四方，蹙蹙靡所骋。”“颈”则是春秋战国时出现的，如《庄子·马蹄》：“夫马，陆居则食草饮水，喜则交颈相靡，怒则分背相踶。”因为“领”在战国和汉代就有了引申，如“首领”“引领”，所以其表示“脖子”的主要地位被削弱，而“颈”则获得表示“脖子”的意义，如《淮南子·地形训》：“其人翕形短颈，大肩下尻，窍通于阴，骨于属焉。”考察我们的语料库，从二者用法数量的增减上可见其更替轨迹，见表三：

表三

		战国	两汉	六朝	隋唐五代	两宋
领(“脖子”义)		18	10	12	1	0
颈	“脖子”义	15	37	42	45	42
	“前脖”义	17	14	13	3	13

唐宋以后，“领”基本上表示动词“接受”“领导”“带领”的意思，或者作为衣物名量词使用，很少见到“领”再作脖子讲。而“颈”从两汉起，就较多地用来表示整个脖子，六朝以后，它组成的双音节词，如“颈项”“颈子”也常表示脖子。

（5）“脚”代替“足”。“足”是一个合体象形字，从“止”从“口”，杨树达先生谓“足从〇者，像股胫周围之形”[①]。可见，“足”的本义是指整个下肢。“脚”本义是小腿，《说文·肉部》：“脚，胫也。”《释名·释形体》：“脚，却也。以其坐时却在后也。”古人坐时双膝着地，小腿垫后，可见，“脚”最开始是指称人的小腿。张永言、汪维辉先生则认为“脚”从指称“胫”到指称“足”的过程中，存在一个指称“整个膝盖以下部分”的过渡阶段，汉末魏晋南北朝时期正处在过渡阶段中，到隋末似乎尚未完成。[②] 从他们所举例子的具体上下文看，“脚”的指称的确有这样一个过程。王力先生指出：“……到了中古，‘脚’在基本词汇中已经代替了‘足’”。[③] 而董志翘、吴金华等先生考察，“脚”有“足”义始见时代大概在三国。[④]“脚”指称“足”的用法在魏晋以后多起来是毫无疑问的。单音词“脚”成为指称“足”的常用词，大约在唐代。例如韩愈《寄卢仝》：“一奴长须不裹头，一婢赤脚老无齿。”唐诗中这样的例子屡见不鲜。不过据观察，在“足”与“脚”同用并存的阶段，二者有着文白色彩的差异。到现代汉语中，“脚”完全取代了“足”，“足”基本上下降为语素了。

（6）“嘴”代替“口”。据吕传峰考察[⑤]，“嘴”原指鸟嘴，东

① 杨树达《积微居小学述林·释足》，中华书局，1983 年，第 82 页。

② 张永言、汪维辉《关于汉语词汇史研究的一点思考》，《中国语文》，1995 年，第 6 期

③ 王力《汉语史稿》，中华书局，1980 年 6 月新 1 版，第 491 页。

④ 董志翘《“脚”有“足”义始于何时?》、吴金华《“脚”有“足”义始于汉末》，分别见《中国语文》1985 年，第 5 期；1986 年，第 6 期 。

⑤ 详见吕传峰《“嘴”的词义演变及其与“口”的历时更替》，2006 年，第 1 期。

汉始有见例，中古主要用于鸟类，从东汉以后也开始用来指称虫、蚊、蜂类的饮食器官。唐朝时，“嘴”也可以用来指称其他动物和人，中唐变为“口”的同义词，但与“口”比，使用频率还较低，处于劣势，两宋时，“嘴”指称非鸟类嘴部的用例多起来，元末明初至清朝中叶，“嘴”与“口”展开全面竞争，并呈现出频率高、数量多、用法活、构词能力强的特点。通过竞争，单用时，“嘴”已经取得绝对优势，尽管“口”组成的复合词仍大量存在。

（7）“牙”代替“齿”。上古“齿”既表示动物的牙齿，也表示人的牙齿。《说文》：“齿，口断骨也。”甲骨文是口中门牙之形。《说文》“牙，壮齿也。像上下交错之形。”金文是臼齿上下交错之形。可见，“牙”“齿”各自又可专指臼齿和门牙，成语“咬牙切齿”中的“牙”“齿”正是这个意义。而从通名，也就是通称牙齿的名称来看，据我们初步考察，六朝以前应是以“齿”为主，以后除了双音节“牙齿”以外，则以“牙”为主。我们可以上古、中古、近代的几部典籍中出现的用例来作证，具体考察结果如下表：

表四

	《诗经》	《世说新语》	《西厢记杂剧》
齿（“牙齿”义）	3	9	1
牙（“牙齿”义）	4	2	5
齿：牙（比例）	3：4	9：2	1：5

可见，“牙”代替“齿”通称牙齿的完成主要在近代，现代汉语中“牙”可通称动物和人的牙齿，而口语中则主要用单音节词“牙”，细称，当口的牙齿称为“门牙”。而今一些方言中则常以“牙”为中心语素把臼齿称为“大牙”、“板牙”等。从成语“红口白牙”“虎口拔牙”“笑掉大牙”等也可看出“牙”是通称牙齿，这些成语没有用“齿”，也反映了“牙”对“齿”地位的

取代。

（8）“（脚）跟”代替“踵”。“跟”和“踵”上古都表示人的脚后跟，但后以“踵”为主，如《庄子》：“三日不举火，十年不制衣，正冠而缨绝，捉衿而肘见，纳屦而踵决。”《荀子》：“身死而名弥白，小人莫不延颈举踵而愿曰：‘知虑材性，固有以贤人矣。’”双音节词“脚跟”最早约出现于六朝，又写作“脚跟”，如晋代郭璞为《山海经海外北经》中“跂踵国”作注为：“其人行，脚跟不着地也。”《魏书·列传第六三》：“又曰：‘头去项，脚跟齐，驱上树，不须梯。’”《北齐书·列传第二五》：“有人患脚跟肿痛，诸医莫能识。”唐、五代“脚跟（根）”主要出现在口语性较强的禅宗语录里，但数量还是很少。如唐·义玄《镇州临济慧照禅师语录》：“首座云，老和尚脚跟不点地，却证据个后生。”《祖堂集》：“有僧辞，师问：‘脚根未跨门限，四目相睹，一生更休去。’”到两宋时，“脚跟”在禅宗语录类文献里出现的频率大大增加，如《古尊宿语录》《五灯会元》里就出现得很多。从我们的语料检索情况看，这一时期“脚跟”有 78 见，作“脚跟”讲的名词“踵”有 14 见，从使用频率看，“脚跟”已经大大超过“踵”，不过这种差异主要体现在口语性较强的文献里，其实“踵”的使用频率一直到清代都较高，但多为动词“跟随、到”讲，作名词“脚跟”讲时，也仅限于“接踵”“旋踵”“自/摩顶至踵”的组合中，且意义也随组合发生了引申，很少再有单用表示脚跟的。相反，“脚跟（根）”的组合较自由，可与方位词“下”、介词“从”结合，也能与动词“随、站、立定、立稳”等搭配。

（9）“涕”代替“泗（洟）”。鼻液上古称为洟，《说文·水部》：“洟，鼻液也。”“洟”的这个意义又写作“泗”。[①] 而大约在汉代，“涕”也开始有了鼻涕的意义，出现“鼻涕”连用的例子，

---

① 张联荣《汉语词汇的流变》，大象出版社，1997 年，第 42 页。

如王褒《僮约》:“咋索仡仡，扣头两手自敷，目泪下落，鼻涕长一尺。”初唐也有见例，如《北齐书·列传第四十一方伎皇甫玉》:“世宗自颍川振旅而还，显祖从後，玉於道旁纵观，谓人曰：‘大将军不作物，会是道北垂鼻涕者。’”《王梵志诗》:“眼中双泪流，鼻涕垂入口。”但从我们的检索情况看，一直到两宋，“涕”指“眼泪”和指“鼻涕”的见例仍差距较大，如在我们检索的两宋语料库中，“涕”共96见，仅13见表鼻涕，其他绝大多数表示眼泪。而“泗”虽仍见于中古（如《世说新语》中3见）、近代汉语（如唐宋散文有见例）中，但都是“涕泗”连用的形式出现，且在表示鼻涕时，“泗”与“涕”的见例数差距不断扩大，统计本文所用北大语料库中的材料，他们的这种使用差异见下表：

表五

	六朝	隋唐	两宋	元明	清
涕(“鼻涕”义)	6	20	16	15	11
泗(“鼻涕”义)	4	7	5	2	0

可见，从六朝始，“涕”与“泗”在竞相表示鼻涕的过程中，“涕”逐渐占了绝对优势，至明清，一般都用“涕”表示鼻涕。

(10)“泪”代替“涕”。上古代称眼泪为“涕”，如《诗经·陈风·泽陂》:“寤寐无为，涕泗滂沱。”《诗经·邶风·燕燕》:“瞻望弗及，泣涕如雨。”“涕”的同义词“泪”至少在战国末西汉初期就出现了，如《楚辞·九章·悲回风》:“孤子吟而擦泪兮，放子出而不还。”《韩非子·和氏》:“和乃抱其璞而哭於楚山之下，三日三夜，泪尽而继之以血。”宋玉《高唐赋》:“愁思无已，叹息垂泪。”《战国策·燕二》:“高渐离击筑，荆轲和而歌，为变徵之声，士皆垂泪涕泣。”大约到隋唐，“涕”成为表示鼻涕的主要名称，而从六朝至隋唐，“泪”的见例不断增多，至元明，“泪”成为表示眼泪的主要词语，因为“泪”主要表示眼泪，而“涕”从汉起至隋唐一直以表示“眼泪”为主，兼表“鼻涕”等，还是以我们的语料库中“涕”“泪”表示眼泪的见例数来找寻他们更替的大致轨迹：

表六

	战国	两汉	六朝	隋唐	两宋	元明	清
泪（“眼泪”义）	3	17	30	319	167	390	442
涕（“眼泪”义）	78	82	238	83	81	52	13

由上可见，“泪”“涕”竞争表示“眼泪”的情势在隋唐时发生了根本转变，“眼”大约从隋唐始就代替“涕”的主要地位了。这种更替不仅表现于使用数量和使用频率上，在词语搭配等方面也有体现，如“涕”当眼泪讲时，常构成并列结构的“涕泗”、状中结构的“涕泣”、动宾结构的“垂涕”“掩涕”“出涕”“流涕”等搭配，而“泪”当眼泪讲时，则构成并列结构的“涕泪”（鼻涕和眼泪）、定中结构的“眼泪”“血泪”“情泪”“泪痕”“泪眼”“泪珠”等，还有ABB式结构的“泪盈盈”“泪涟涟”等。而除了与动词“垂、掩、出、流”搭配外，还与动词“拭、擦、抹、揩、洒、抛、落、滴、淌、弹、含”等动词搭配，可见随着“泪”代替“涕”，其功能随着整个语言的发展而扩大，但“涕”即使到清代仍有见例，但都局限于原来的词语搭配中，并未随着发展。

（11）“脖子”代替“颈”。在我们的语料中，“脖子”到明朝才出现，如《水浒传》：“连耳根带脖子只一拳。”明朝时，“脖子”主要在口语中出现，而“颈”则不限，但它多沿用前代用法，形成双音节组合，如“延颈”“缩颈”等，单用“颈子”或“颈项”的见例较少。从出现频率看，“脖子”17例，“颈”（表示“脖子”义）43例，还是“颈”占主要地位。至清代，“脖子”出现的频率比“颈”大得多，“脖子”34例，“颈”（表示“脖子”

义）7 例。“脖子”的搭配也更自由，可直接做宾语或主语，与“搬、扬、伸、扯、搂、缩”等动词搭配，也可直接与介词“在”、方位词“上”等组合。可见，“脖子”在清代已经完全取代“颈（颈子、颈项）”表示整个脖子了。

（12）“肚（子）”代替“腹”。在我们检索的语料中，“肚”出现较早，大约春秋战国时期就有，如《金匮要略·腹满寒疝宿食病脉证治第十》：“中寒，其人下利，以里虚也，欲嚏不能，此人肚中寒。”“肚（子）”则到元朝始出现，如关汉卿《包待制三勘蝴蝶梦》第三折：“（王三云）哥哥，你丢我时放仔细些，我肚子上有个疖子哩!”从唐代开始，“肚（子）”开始用得多起来，元明两代已经基本与“腹”出现频率相当。“腹”可用于动物，如“鱼腹”“马腹”“牛腹”，“肚”出现后也用于动物，如“牛肚”“鱼肚”“驴肚”“螳螂肚”等，但明显地，“肚（子）”多出现于口语色彩重的文献中，而“腹”较多出现于书面语色彩中的文献中。我们仍以北大语料库中“肚”“腹”的见例数来考察他们更替的大致轨迹，具体见下表：

表七

	战国	两汉	六朝	隋唐	两宋	元明	清
肚（子）	0	0	1	33	100	179	97
腹	85	228	180	96	127	242	47

由此可见，大约在清朝“肚（子）”取代“腹”成为常用词，并沿用至今。

总结一下，上古时期的人体词汇系统发展到后世，其变化可以从下面各层级的一些词语：

第一级：人体——头、身躯、脏、腑、四肢

第二级：

头——头顶、后脑、脸

身躯——胸、腹、肩、背、腰、臀

脏腑——心、肾、肺、脾、肠、胃、肝、胆

四肢——手臂、手、腿、脚、胯

第三级：

脸——眼睛、眉毛、耳朵、鼻子、口/嘴、脸颊、额头、下巴、脖子

腹——脐

背——肩胛、背脊

胸——胸胁、胸脯

手臂——肘、腋（指胳肢窝）、膊（指上肢近肩处）

手——腕、手指、手掌、手背

腿——胯（指两大腿之间）、大腿、小腿、膝盖

脚——脚掌、脚趾、脚踝、脚背

第四级：

口/嘴——牙齿、舌头、嘴唇、腮帮

脖子——咽喉、颈

眼睛——眼珠子、眼眶、眼睫毛、眼睑

鼻子——鼻梁、鼻孔

小腿——小腿肚

第五级：

眼珠子——瞳孔、眼白

手指——大拇指、食指、中指、无名指、小指

二、词汇系统演变的特点

汉语人体词汇虽是基本词汇，但从古至今，还是有不少人体词语发生了变化，这里我们总结了汉语人体词汇演变更替的主要特点。

（1）演变更替往往在语法、语用等方面有所表现

演变更替是渐变而非突变，在名称更替过程中，往往存在新旧名称所指义域交叉、新旧名称并存的现象和阶段，如“首”代替“头”、“眼”代替“目”、“脸”代替“面”等，都存在过渡阶段，或曰新旧名称的竞争阶段，而不是前者一下消失或一下被后者替代。而新名称取代旧名称时，往往会在语法、语用等方面有所表现。如在词语搭配、构词法和构词功能等方面，新出现的名称词往往要比旧的名称词更有能力，更能跟上语言的发展。这些特点从上面几组词语的更替中都能看到。这种新旧词语竞争主词位的过程或手段相当于基本词与一般词竞争的过程，常通过扩展和延伸的方式获取最终胜利。扩展即“通过运用单音的基本词汇语素合成双音词”，延伸即“运用已有的‘词’组成‘语’——仂语、成语、惯用语或成句的谚语、俗语。”①

（2）主词位的演变带动整个词汇系统的演变

“在一个同义义场中，由于各词位间的价值关系的不同，其中必有一个词位较其他词位在言语中出现频率高，并作为通称，我们把这个词位叫主导词位。”② 简称为主词位。如古汉语里表示今天脸部的同义词语有面、颜、面孔、面皮、颜面等，其中“面”是主词位。古汉语中的“面”和“脸”大致算作近义词，但有明显差异，后来“脸”逐渐获得表示人面部的意义并取代了“面”的主词位地位。人体词语主词位的演变，往往带动复合词的连锁演变和相关语义场的连动演变。如“脸”取代“面”，带动了整个以“面”为中心的同义义场的变动，例如“面儿”被“脸儿”替代，“面皮”被“脸皮”替代，此外，还有面庞→脸庞，面颊→脸

① 李如龙《词汇系统在竞争中发展》，载《词汇学理论与应用》（三），商务印书馆，2006 年。

② 解海江、张志毅《汉语面部语义场历史演变——兼论汉语词汇史研究方法论的转折》，《古汉语研究》，1993 年，第 4 期。

颊，面汤→脸汤，头面→头脸，面布→脸布，面弹→脸弹（蛋），面子→脸子，面孔→脸孔，面儿→脸儿，面皮→脸皮，面型→脸型，面色→脸色，面盆→脸盆，面巾→脸巾，面急→脸急等双音节词也随着发生了更替。

又如随着“眼”代替“目”，原“目—眼”为中心的系统变成“眼—眼珠子”为中心的系统，而随之子系统也产生了新的词语，如：睚、眦→眼角，眸（牟）/睛（精）/→眼珠子/眼球，瞳（童）→瞳仁，眹→眼缝。

（3）演变方式多样而复杂

从某种角度看，人体词语的演变也是指称人体部位的名称发生了变化，这种人体名称变化主要表现为两种方式：一是完全易名，如首→头（頭），目→眼睛，口→嘴，面→脸，足→脚（腳），涕→泪，辅→面颊，领→脖子，踵→脚后跟等，它们属于名称的完全改变，与其意义相对应的词在词根上古今根本不同；二是部分易名，即演变的结果可能是词根或部分词素相同，一般是从单音节词演变为双音节词，如鼻→鼻子、舌→舌头、骨→骨头、面→面儿、牙→牙齿、齿→牙齿、耳→耳朵、眉→眉毛、唇→嘴唇、肤→皮肤、肉→肌肉、发→头发、节→骨节、爪→脚爪、膝→膝盖、臂→手臂、掌→手掌、身→身体等。从这些词语看，它们变成双音节词的方式主要有两种，一是加词缀“子、儿、头”，二是同义语素连用。此外，部分易名还有少数原词为双音节更替后仍为双音节的，如颜色→脸色等。

人体词语的演变也可通过词形（主要是书写形式）的变化得以实现，有些人体词语是在原来书写形式的基础上通过增减部件进行变化的，如自→鼻、北→背、童→瞳、牟→眸、朕→眹、精→睛、要→腰、亦→腋、止→趾、须→鬚、觜→嘴等。它们有的是因本字久借不归后加形旁或声旁以示区别，如“自”，甲骨文为鼻子形，本义指鼻子，后“自”被借作他用，就在其下加声旁

“畀”表示鼻子，又如“须”古指颐下之毛，本义为胡须，后被借为“必须”义，就在被借字上部加形旁“髟”（长发也）以彰显其本义；有的是因本字意义引申而加形旁以区别引申义，如“止”本义为足，“足”是着地的，就产生了引申义“下基也”，该引申义的使用后盖过其本义，就在本字上另加形旁“足”成“趾”以示其本义，又如“要，身中也”（《说文》），后来引申为事物的中间或关键部分，为示区别就加形旁“肉”成“腰”以显其本义；有的是因词本义不表示人体部位，但后来词义引申分化出表示人体部位义的新词，也加形旁以明其新义，如“觜”本指猫头鹰头上的毛角，引申为鸟喙，大约自宋代借指人口并加形旁“口”成“嘴”，带有口语色彩，又如“童”本指小孩，后因眼珠中能映出大人缩影，好似童子，而称眼珠为眼瞳，于是原字上也加形旁“目”示新义。

（4）词汇系统呈“简→繁→简”地发展

人体范畴词汇表达系统的发展是由简单到复杂，由粗疏到细致，然后又变得简单、粗疏。

A、通用主词位的变化

据统计，甲骨文里有 22 个表示人体的词语[①]，《说文》540 个部首中有 40 个直接表示人体部位的，宋・戴侗《六书故》则把“人”共分为九部分进行解释，《通雅》卷十八释“身体”更为细致。可见，随着古人对人体认识的深入，相关的人体词汇也随着丰富起来。总的看来，古汉语里人体词汇基本可以分为身/首/（/面/颈/是其子场）/肢干/脏腑/毛发等几个主要词汇范畴，以它们为基本词，又产生了相应的同义义场和子场词语。同义义场的词语在古汉语里既有交叉又有分工，到现代汉语中通用的主词位则减少了。

---

① 许威汉《二十世纪的汉语词汇学》，书海出版社，2000 年，第 117 页。

如“身”，甲骨文是人凸肚怀孕的形象，本意是身孕，文献常用义则指除去头和四肢的人身胴体。例如《楚辞·九歌·国殇》：“带长剑兮挟秦弓，首身离兮心不惩。”古汉语中“身”的同义义场词有“躳”、“躬”、“躯”、“体”等。《说文》中“躳、身”互训，《身部》：“身，躳也。”《吕部》：“躳，身也。”又《尔雅·释诂下》：“躬，身也。”《说文·身部》：“躯，体也。”《广雅·释亲》：“体，身也。”发展到现代汉语里，表示人/身/（即不包括头和四肢的胴体）范畴的词语则只有从古汉语沿用下来的作为主词位的单音节词“身”以及以“躯”为中心语素的三个词“身躯、躯体、躯干”，这三个词表示人的胴体，多用于书面语，带有书面语色彩。而“体”一般只指人的四肢。

又如古汉语中表“首”的有“首”、“皃”、“元”、“頁”、“头”等词。清．孙星衍《问字堂集》卷二：“人头谓之首，首谓之首亦谓之頁亦谓之皃。”现代汉语中则以“头”为主词位，还有“脑”，不过它仅在“脑袋”等复合词中表示头。

B、子场词语的变化

人体词语词汇系统的变化，还表现在子场词语的变化上。古代汉语中有很多人体细分部位是用专门词语来表示，至现代汉语这些子场部位名称则多用主词位加区别语素来表示。

如表胡须的词语古有“而”、“髯”、“髭”、“须”四个词，“而”曾是胡须的总称，“髯”是面颊耳旁的胡须，“髭”是口上鼻下的胡须，“须”是下巴上的胡须。《说文·须部》：“髯，颊须也。”“頿，口上须也。”“须，颐下毛也。”段玉裁注：“各本讹作‘面毛也’三字，今正。……须在颐下，頿在口上，髯在颊，其名分别有定。”到现代汉语中，总称各类面毛的通用词位是“胡须”（胡子），脸上各部位的毛则是在通用语素“胡”的前面加其他限定性语素，如用“八字胡”指称原“髭”，用“络腮胡”指称原“髯”，用“山羊胡”指称原“须”，而古汉语中的那些指称这种种胡须的词语已很少见用了。

再如，古代上肢分为“肱”和“臂”，腋下分为“胳”和“胠”，下肢分作“股”和“胫”（或“脚”），“胫”的部分又有一个“腓”，“腓”只是小腿的一部分。现代汉语中无“胠”，“肱”、“胫”和“腓”只用于书面语，它们通常分别为“上臂”、“小腿”和“小腿肚子”等词语所替代。

(5)“代替”或“更替”是相对而非绝对的

“代替”或“更替”是就其通用和强势地位而言，新旧词语的更替，并非新词语产生后，旧词语就即刻消亡了，特别是单音节核心人体词语在历时更替后，往往保留在复音节词语或成语、固定语中，成为较为活跃的非自由构词语素。这样在现代汉语中就形成了这样一种局面：同一概念的古代人体词多作为构词成分存在而不具有或很少具有独立使用的功能，同时具有与之相对应的现代汉语成词语素或词。

虽然人体词语被更替，但其古语素仍然作为语素大量存留下来。这些存留下来的一般是在具有书面语色彩的词语或成语中，也就是说它们的存留是有规律的，存留所在的词语整体应该具有很强的书面语语体色彩，毕竟历史的继承性是后世更替词语无法替代的。所以，即便是替代了，由同一概念的古今人体词作语素构成的同义词还是有其存在的空间。如“足、脚”更替后，由“足”构成的词语，比如“平足、足癣、足心、足步”等多具有书面语语体色彩，而由“脚”构成的同义词语，如“平脚、脚癣、脚心、脚步”等则多具有口语体色彩。

三、词汇系统演变的原因

词汇是语言中最活跃、对社会发展最敏感的部分，其发展演变的动力是什么呢？总的来讲，是李如龙先生所说的竞争[①]，而竞争的前提是同一个客体有不同的语言符号来表达。为什么一个客体已经存在某个表达符号的情况下，还要产生新的词语呢？我们认为这与语言自身系统以及人类认知、社会发展有关。

（1）语音节律要求

双音化的语言内部发展趋势，是影响大部分单音节人体词向双音节更替的主要原因。从两汉开始词语双音化节律的趋势增强，并产生大量双音词，人体词汇当然也会受到影响，而汉语韵律构词是影响汉语词汇向双音节发展的一种内在机制。关于双音化的影响，应该是普遍为大家所接受的原因，并且谈得也很多，我们这里就不赘述了。语音因素对社会交际的影响也会促使词语更替，如“头”代替“首”，可能就是为避免人体两个重要器官“手”“首”同音，在听说中相互混淆，从而促使“头”代替“首”的原因之一。

（2）语义扩张压力

这主要是语义容量与词形冲突而导致的词语更替或改变。人体词语从古至今的变化在词形上主要表现为三种结果：一是词形全部改变，二是局部改变，三是不变。这种变化与词形包含的语义数量呈现出一定的正比关系。马清华先生[②]参考《古汉语常用字字典》，对上古汉语身体部位词所做的调查发现：词形全部改变的词其原平均义项数最多；词形局部改变的词其原平均义项数次之；词形不变化的词其原平均义项数最少（隐喻义除外）。人体词语从古至今的变化在词形上主要表现为三种结果：一是词形全部改变，二是局部改变，三是不变。这种变化与词形包含的语义数量呈现出一定的正比关系，可见语义扩张到一定程度，就会迫使一个词

① 李如龙《词汇系统在竞争中发展》，载《词汇学理论与应用》（三），商务印书馆，2006 年。

② 马清华《词义变化的动因》，《松辽学刊》，2000 年，第 5 期。

分化成多个词，进而改变词汇系统。

（3）语言接触竞争

这主要表现为口语或方言对通语的影响。如“脖子”代替“颈（子）”、“脚跟”代替“踵”，从我们的语料检索情况看，代替词开始多出现在口语性较强的文献中，后来才与被代替词形成全面的竞争，可见这是口语词对通语的影响（进入通语）。汪维辉先生①认为汉语新词的一个主要来源是方言，他认为“眼、泪、脚”等都来自某种方言，并说：“从某种意义上说，汉语常用词在历史上的新旧更替，就是方言词跟方言词或方言词跟通语词之间此消彼长的结果”。古汉语中表示眼睛的“目”现在南方粤方言中仍然使用，说明当时“眼”在官话竞争中获胜后，原来官话中的“目”就只能存留于方言中了。人们认知上有喜新厌旧的心理，新词语往往带有更多的信息，因而促使语言使用集团积极吸收本语言外的同义词语。

（4）文字系统介入

如果说主要由于语言内部的因素导致了一些单音节人体词语像其他单音节词汇一样发生了双音化，那么另一部分单音节人体词语更替的可能原因又是什么呢？如“眼”代“目”、“脚”代“足”、“嘴”代“口”等，我们初步认为这种情况既有语言内部的发展规律起作用也有语言外部的语用因素起作用，一方面词语语义的转移使得同一人体部位需要寻找新的名称，如“脚”和“脸”；另一方面也是人们使用语言的惯性或经济原则使然。首先，在讲求符号的经济节省中，汉语字词中的表义形旁使人们对已有的某些词语做了重新分工，如大量产生以“面”“目”“足”“口”为偏旁的字词后，“面”“目”“足”“口”的主词位地位就遭到削

① 汪维辉《东汉—隋常用词语演变研究》，南京大学出版社，2000 年，第 400－－401 页。

弱，人们更倾向把它当作一个表义偏旁或义符来看待，而带该偏旁的字词就会成为通用的主词位。如当“面”的其他非人体部位语义和用法削弱了它的主词地位后，原本为“面”一部分的“脸”就上升为表示整个脸部的整体部位词。再如“页（頁）”的本义是人头，后来作了偏旁，“作为构件的‘页’显然与单用的量词义无关，但从系列字例归纳，它形成一个义类，仍然能表示头或与头部有关的意义，如‘颜颀顶额颊颈项领頷题顿颇’等，其中的构件‘页’都是类义符”，[①] 这也促使以“页（頁）”为偏旁的“頭”成为表示头的代表字和通用词语。

那为什么“心”“手”等单音节词语能够古今保持一致呢？从语言外部看，这些单音词没有发生更替，至少有部分认知原因。因为最重要、最常用的词语，往往也是最稳定少变的词语，不然会影响语言的交际性和继承性。“心”是最重要的内脏功能器官，而“手”是最重要的外部肢体部位，所以两个极端的人体器官部位在形式上未有变化，而其内容即语义上，二者却是引申变化最为丰富的。

第三节　汉语表示人体概念的核心词汇

一、汉语人体概念的核心词汇

汉语人体词汇是基本词汇。汉语词汇学中，基本词汇、常用词汇与核心词汇界限比较模糊，基本词汇和核心词汇是从词汇系统的性质和地位界定的，核心词汇似乎又是基本词汇中最重要最基本的词汇，常用词汇是从使用频率来界定的，三者有交叉重叠。

---

① 李运富《现代形声字的判定及类义符和类声符》，载《古汉语论集》第三辑，岳麓书社，2002 年。

关于基本词汇，人们从斯大林的论述中总结出三条标准：稳固性、能产性和全民常用性，符淮清则提出“普遍性、稳固性和构词基础”三条标准[①]，周荐则提出“历史悠久和使用范围广泛”两条标准[②]。人们说的常用词，是着眼于使用频率，属于基本词汇中具有突出“常用性”特点的那部分词。汪维辉说：“我们所说的常用词，主要是指那些自古以来在人们的日常生活中都经常会用到、跟人类活动关系密切的词，其核心就是基本词。”[③] 而“核心词是基本词汇中的基本词，每个语言都应该包括这部分词。”[④] 看来，常用词与核心词范围基本相当，二者都是基本词汇中的基本部分。表示人体器官部位的词语是基本词汇，如前所述，汉语人体词汇很多，形成了很多细部名称词和同一部位不同的名称词，但并非每个人体词语都有语言研究的价值，真正给人们的思维和汉语词汇语义带来巨大影响的还是那些表示核心人体概念而且生命力强大的词语，这些词语表达的人体部位概念在人体中是重要的、处核心地位的词语，如头部，尽管在上古“首”为表示头的常用词，后来被“头”取代，但在表示头部概念上他们都是不同时期表示人体核心部位的常用（或占主导地位的）词语，而且“首”还以语素的形式构成了大量的词语，与“头”在现代汉语中共存。因此，我们说，“首”和“头”都是表示人体概念的核心词语（当然“首”在现代共时平面只是人体语素）。

斯瓦迪士二十世纪50年代在多种语言的基础首先编制了二百词的核心词表，后又在此基础上编定了一百核心词表，人们多以这两个表为参照来确定自己语言中的核心词。该表也是我们确定

① 符淮清《现代汉语词汇》，北京大学出版社，1985年。

② 周荐《基本词汇与一般词汇划分刍议》，《南开大学学报》（哲社版）1987年，第3期。

③ 汪维辉《东汉——隋常用词演变研究》，南京大学出版社，2000年。

④ 黄树先《说“手”》，《语言研究》，2004年，第3期。

汉语人体概念核心词的一个重要参考。除了参考核心词表以外，人体概念核心词的确定，我们这里还考虑了三个因素：一是在人体词汇内部的地位高——这主要看其是否表示的是重要部位等，如“膝盖”“腋窝”等不重要，我们就不作为核心人体基本词汇；二是生命力强——这主要看其是否作为人体词语沿用至今，转义的不算，如“血”“肉”等；三是在构词、表意方面对后世的影响大——包括转义、转用的在内，如“目”“首”等。只有这些因素中的某一个方面突出的，研究起来才有价值。有些身体部位，具代表性的如头、胳膊、手、腿、脚、背和胸，在世界各种语言里都有专门名称。无疑，表示这些人体部位通称的词汇应该属于核心词汇，当然，不同时代，表示同一人体器官部位的词汇不一定相同，因此我们确定人体核心词时，有些包括了古今不同的词，他们是经历历史淘汰和共时磨炼所留存和突显的一些词。

按照斯瓦迪士核心词表，汉语核心人体词有（按：我们将一百词表中的标示为“一”，二百词表中的标示为“二”，阿拉伯数字则是该词在词表中所居的地位）：皮肤（一28）、肉（一29）、血（一30）、骨头（一31）、头发（一37）、头（一38）、耳朵（一39）、眼睛（一40）、鼻子（一41）、嘴（一42）、牙齿（一43）、舌头（一44）、脚（一46）、膝（一47）、手（一48）、腹（一49）、脖子（一50）、乳房（一51）、心（脏）（一52）、肝（一53）、背（二3）、肠子（二64）、腿（二88）。除了这23个共时的人体核心词以外，表中没有，但按我们的确定原则，结合前面人体词汇演变的情况看，汉语人体概念核心词应该还包括脸、胸、肩、臂（胳膊）、肺、胆、指、掌等8个，这些人体词语的构词能力都很强，也属于我们的人体概念核心词汇。人体概念核心词，早期（或古代）很多是用单音节词语符号表示的，如：肤（即皮肤）、骨（即骨头）、首（即头）、发（即头发）、耳（即耳朵）、目（即眼睛）、鼻（即鼻子）、口（即嘴）、牙和齿（即牙齿)、舌（即舌头)、足（即脚)、膝（即膝盖)、腹（即肚子)、颈（即脖子)、乳（即乳房)、肠（即肠子）等。本文将主要围绕表示人体概念的现代汉语共时核心词汇做多角度的语义考察。

二、古今同一人体概念核心词汇

在人体概念核心词汇中，虽然表示人体部位的通用主词位已经有了古今替换，但现代汉语中仍有一些表示同一人体部位概念的古今词语并用，如：嘴——口、臂——胳臂、腹（部）——肚子等。

（一）同一人体部位概念的古今并用词语

为了探究同一人体概念古今并用词语的使用差别，我们以现代作家老舍的小说作品为调查小样，随机抽取其某部作品进行了穷尽性地检索统计。从相关检索和调查结果中，我们大概可以窥见一斑了。

嘴——口

《现汉》（2005 版)：“嘴，名①口的通称”。二者关系已然明了。

我们随机对老舍小说《老张的哲学》进行了穷尽性的检索，发现“嘴”共有 79 例，“口”72 例，二者使用频率相当，但具体使用情况有别。

(1）根据“嘴”具体出现的见例，其用法可以分为以下几类：

1. 主要作为语素用于固定词语中，共有 17 例。如嘴唇（8 例)、多嘴、嘴巴、亲嘴、插嘴（3 例)、驴唇不对马嘴、顶嘴、嘴巴等。

老张摇着蓄满哲理的脑袋，一字一珠的从薄嘴唇往外蹦。(第二)

不是我多嘴，按理说“中华”这个字眼比“商务”好听。(第三)

此刻我不愿意你插嘴，等我说完，你再说。（第七）

他转转眼珠又把她的笑话改编一回，说给她听，有时编的驴唇不对马嘴。（第十二）

姑娘你今天要跟我顶嘴，好！（第十二）

2. 作名词单独充当句子成分，主要是作主语、宾语。共有59 例。

A. 充当主语。如：

我虽然说老张的鼻子像鸣蝉，嘴似烧饼，然而决不敢说他不好看。（第一）

王德的嘴还满塞着冰碴。（第四）

王德立起来，嘴里嘟嘟囔囔的向西走去。（第六）

（一个妇人）嘴里哼哼唧唧地唱着曲儿，奶着一个瘦小孩。（第十一）

B. 充当宾语。如“擦嘴、努嘴、遮嘴、掩嘴”等：

拿出小手巾擦了擦嘴，又顺手擦擦鼻凹的汗。（第三）

瞪着眼，努着嘴，挺着脖子，直着腿。（第三）

一个中部高峙的鹰鼻，鼻下挂着些干黄的穗子，遮住了嘴。（第三）

大人咳嗽了两声，把手巾掩着嘴像要打哈欠，不幸却没打成。（第三）

C. 用在介词后构成介词短语，整个短语在句中充当补语或状语。如：

不是我有意，是树上落下来的，我一抬头，正落在我嘴里。（第二）

学务大人把一支铅笔插在嘴里，随着老张的讲授，一一记在小笔记本上。（第三）

人要把鼻子倒长着，下雨的时候往嘴里灌水，难道不可笑？（第四）

（2）根据“口”具体出现的见例，其用法可以分为以下几类：

1. 主要作为语素，用在固定词语或专有名词中，不能用“嘴”替代。共有 24 例。如，口味、口疮、嗽（漱）口（4 例）、口气（2 例）、胃口、口口声声、血口喷人、闭口无言、异口同声、人口（2 例）、适口、借口、（等他）开口、张口、小两口、口边、新街口等。如：

自然惯于吃酒吊丧的亲友们，也可以借此换一换口味。（第一）

加以孙八口口声声非给龙军官压惊不可，于是他喝了三瓶五星啤酒。（第十）

至于票匦有无弊病，以龙君的人格说，似乎不应当这样血口喷人。（第十六）

蓝小山告诉王德，他每天到饭馆吃饭至少要用一块半钱，而吃的不能适口。（第三十一）

可是他们还不能不来，因为礼拜天多数人不上衙门办事，无何借口不到。（第三十六）

2. 作类词缀，表示事物的进入边界，共有 13 例。如入口、门口（5 例）、炉口、巷口、西口、勃海口、出口、东口（2 例）等。如：

一所红楼，门口绿色的铁栅栏悬着一面铜牌，刻着“张宅”。（第十一）

王德出了护国寺西口，又犹豫了。（第十一）

3. 作量词，共有 25 例。

“口”或作动量词或作名量词。如一口痰、一口茶（3 例）、（喘了、叹了、换了、吸了、争/这）一口气（11 例）、一口唾沫（2 例）、一口水、几口烟、一口点心、一口鲜血等。如：

老张一点也不明白，只乘着大家不留神又拿了一块点心 把牛奶茶闭着气一口灌下去。（第十九）

因为吃几口说几句话，胃中有了休息的时候，于是越吃越饿。(第二十六)

蓝小山把将吸尽的烟头，猛地吸了一口，又看了看不能再吸，才照定痰盂掷去。(第二十七)

把一口痰用舌尖卷成一个滑腻的圆弹，好似由小唧筒喷出来的唾在杏树底下。(第三)

大人呷了一口茶，咕噜咕噜的漱口。(第三)

4. 作名词，单独用作句子成分，可充当宾语，也可作主语，共有 14 例。

A. 充当主语。如：

可是他早饭吃得过多，路上口渴无处去寻茶喝。(第十五)

口也没漱，脸也没洗，把刺刀放在怀内往城里走。(第三十八)

B. 充当宾语。如：

老张端了端肩头，含了一口凉水漱了漱口，走过孙八的宅院来。(第十四)

有是有，只是不好出口，你们妇人不许男人说真话。(第三十三)

C. 用在介词后构成介词短语，整个短语在句中充当补语或状语。如：

把一块放在口中含着，把那一块放在手心里 象银号老板看银子成色的样子。(第三十一)

把铅笔含在口内，像想起什么事似的。(第三)

(3) “嘴” 与 “口” 的区别

根据检索和分析结果，我们可以对二者在《老张的哲学》中的用法做一个统计对比，具体见下表：

表八

用法 / 词语	单独或与介词组合充当句子成分	用作量词	用于构成固定词语	用作类词缀
嘴（共79例）	62例（78%）	0例（0%）	17例（22%）	0例（0%）
口（共72例）	10例（14%）	25例（35%）	24例（33%）	13例（18%）

由上表，我们可以看到，“嘴”与“口”虽然在现代汉语中的使用频率差不多，但“嘴”使用的自由度更大，多在句中单独充当句子成分，而“口”的自由度较小，多用于构成固定词语和作量词。

单独使用时，“口”多用作量词，“嘴”很少用作量词。“嘴”多与方位词“里”等搭配，“口”多与方位词“中、内”搭配。《老张的哲学》中，共有20例“嘴里”，1例“嘴中”，0例“嘴内”，而“口”则与之相反，0例“口里”，“口中”2例，“口内”1例。作为语素构成固定词语时，“口”“嘴”不能互换。

此外，“嘴”构成的词语多带有贬义的感情色彩，多用于描述人不当的言语，如“嘴脸、嘴碎、顶嘴、卖嘴、多嘴、说嘴、贪嘴、偷嘴、走嘴、驴唇不对马嘴”等；而“口”构成的词语多是中性色彩，较多用于客观描述与人嘴部有关的动作，如“口味、口疮、嗽（漱）口、口气、胃口、适口、开口、张口”等。

臂——胳臂（bei）

《现汉》（2005版）：“臂，名胳膊”。“【胳臂】gē · bei 名胳膊。”“【胳膊】gē · bo 名肩膀以下手腕以上的部分。”前面我们没有详述，这里略略补述其大概使用的时间。

“臂”应该在两汉期间就用来表示人的胳膊，如：“公孙丁授公辔而射之，贯臂。”（左传．襄公十四年），一直沿用至近代和现代汉语中，如：“余捉蟋蟀，汝奋臂出其间”（清．袁枚《祭妹

文》）“等他们进到适当距离，调皮骡子才抓起一个大个儿飞雷，一扬臂，嗖地投了出去。”（魏巍《东方》第五部第六章）

“胳臂”则在叶圣陶、老舍、柳青等现代作家的作品中均有出现，如：“蒋冰如站在学校水后门外，举起一条胳臂招动着。”（叶圣陶《倪焕之》四）“砰的一响放出去，那知道这就差了准儿，中在男的胳臂上。”（叶圣陶《夜》）

也就是说，古代汉语中主要用“臂”。而至现代汉语中，“臂”与“胳臂（bei）”是并存的，这从下文老舍的作品中我们就可以看到。

“臂”在《老张的哲学》中共有2例，1例用于组成词语“臂膀”，1例用在短语“右臂”中，“胳臂（bei）”则有0例。具体用例如下：

屋中的火烧的红红的，赵四把小棉袍脱下来，赤着背，露着铁铸的臂膀。（第三十）

赵四说完 两只大手拍着胸膛，又把右臂一抡，从腋下挤出“瓜”的一声。（第三十）

我们对老舍另一部作品《离婚》进行穷尽检索，发现有8例“胳膊”，2例“右臂”。如：

一双前后顶着棉花的改造脚，走路只见胳膊摆动，不见身体往前挪。（第四）

一生没打过架，胳膊抬也抬不起，净剩了哆嗦了。（第十七）

快到了堂子胡同，他的右臂被人抓住。（第十六）

为了得到更多用例进行考察，我们又检索了书面语语体成分较重的《四世同堂》（一）。在这部作品中，我们共发现8例“胳臂”，除了1例是在熟语“胳臂拧不过大腿”中以外，均单独充当各句子成分。如：

你要是把她的嫩胳臂嫩腿摔坏了，可怎么办？（十）

她的抓牌与打牌几乎不是胳臂与手指的运动，而像牌由她的

手中蹦出或被她的有磁性的肉吸了来似的。（十六）

在《四世同堂》（一）中，我们发现7例作为词语而非语素用的“臂”，其中，3例短语“两臂”（“两臂左右的伸开”、“两臂像赶鸡似的抡动着”、“伸着两臂”），此外的4例“臂”则都是单独充当句子成分。如：

她拉住丈夫的臂，想一样一样的细问。（十三）

她紧紧地握住丈夫的臂。（十三）

他摸到一条臂，还软和，可是湿漉漉的很凉。（二十）

女的一手抓着男的臂，一手按着自己的膝盖，眼睛——很美的一对眼睛——一劲儿眨巴，像受了最大的惊恐似的。（三十三）

我们可以对二者在《老张的哲学》、《离婚》和《四世同堂》（一）中的具体用法做一个对比，具体见下表：

表九

用法 词语	单独或与其他词组合充当句子成分	构成固定词语	
臂（共2例）	1例（右臂）	1例（臂膀）	《老张的哲学》
胳臂 （共0例）	0例（约占42%）	0例	
臂（共2例）	2例（右臂）	0例	《离婚》
胳臂 （共8例）	8例	0例	
臂（共8例）	7例	1例（手臂）	《四世同堂》（一）
胳臂 （共8例）	7例	1例 （胳臂拧不过大腿）	

可见，在现代汉语中，“臂”和“胳臂”是并存使用的。“臂”是成词性语素，词性为名词，这一点也可以从《现汉》（2005版）的释义看出来。不过，现代汉语中“臂”虽可作为词使用，却很少单独充当句子成分，而需要前面有限定词“右”“左”“前”等，“胳臂”则不然，这大概与现代汉语词汇双音节

化有关，也与个人表达习惯或表达的节奏韵律需要有关。正因为如此，双音节的“胳臂”在现代汉语的实际使用较“臂”多。上述抽样作品中，“臂”共10例，而“胳臂（bei）”共16例。此外，从语言内容看，“臂”用于描述有一定身份（钱太太）或有一定知识（如女青年）的人，而“胳臂（bei）”用于描述比较粗俗的人（如爱打牌的“大赤包”）或在较随意场景下的人（穿着背心的瑞全），可见，“臂”具有一定的书面语色彩，让语言更文雅；而“胳臂（bei）”具有口语色彩，用时显得生动活泼，日常生活中我们常用，如“胳臂（bei）/胳膊拧不过大腿”就很形象生动，具有一定的修辞意义。而当代汉语口语中，我们更多地使用“胳膊”而不使用“胳臂”。

腹（部）——肚子

《现汉》（2005版）：“①腹，名 躯干的一部分。人的腹在胸的下面，动物的腹在胸的后面。通称肚子（dù · zi）。”

在《老张的哲学》里，“腹（部）”用例为0，而“肚子”共有19例。“肚子”在文中的用法主要有：

1. 作名词，充当主语，共9例。如：

他对自己说：“肚子和街上的乞丐一样，永远是虚张声势，故作丑态。”（第五）

李山东肚子饿极了，告辞回铺子去吃饭。（第十六）

2. 作名词，充当宾语，共8例。如：

老张吃完三碗烫饭，又补了三个馒头，几块中秋饼，才摸了摸肚子，说了一句不能不说的：“我饱了。”（第十四）

今天我特意买张糖饼吃，你知道芝麻酱是最能补肚子的。（第三十一）

3. 作量词，共2例。如：

王德一好像把一肚子气消散了，又替别人关心起来。（第十二）

要是在平日，王德一毫也不计较，今天一肚子牢骚无处发泄，于是不能自止的去找主笔。（第三十七）

我们又对老舍《离婚》和《四世同堂》（一）进行了检索。《离婚》中，“腹（部）”的用例为0，“肚子”的用例则为27。《四世同堂》（一）中，“腹（部）”有9例，“肚（子）”则有8例。这里我们先看《四世同堂》（一）中“腹（部）”的用例：

他的小干脸上红起来，眼睛在不偷着瞟尤桐芳与招弟姑娘的时候，便那么闭一闭，像一股热酒走到腹部时候那样的微晕。（十六）

瑞全腹中的酒渐渐发散开，他有点发晕，想到空旷的地方去痛快的吸几口气。（五）

糖水灌下去，钱先生的腹内响了一阵。（二十）

只要他的口腹得到满足，他就能把灵魂当五分钱卖出去。（二十六）

从《现汉》（2005版）对“腹”的释义，我们可以看到“腹”是一个成词语素，词性为名词。但是，由于现代汉语双音节词汇占主导，所以“腹”在实际使用中，经常组成二字短语，如“腹中”“腹内”等在句中充当各种成分。此外，同义双音词“腹部”也比单独的“腹”用得更多。

我们再看《四世同堂》（一）中“肚子”的用法：

1. 作名词，充当主语、宾语或补语。

开完了会，他的肚子里已饿得咕噜咕噜的乱响。（二十六）

他们都很老实，讲礼貌，即使饿着肚子也不敢去为非作歹。（十五）

他须把委屈放在肚子里，而把孝心，像一件新袍子似的，露在外面。（十五）

2. 作量词。

默吟先生一肚子诗词，三爷一肚子账目，可是在不提诗词与账

目，面都把脸喝红了的时候，二人发现了他们都是“人”。(十八)

甭提啦，又跟那个老东西闹了一肚子气！(三十三)

3. 作为构词成分，构成固定词语。

他只好硬着头皮向前走，两个腿肚子好象要转筋似的那么不好受。(二十五)

这里我们将二者在《四世同堂》（一）和《老张的哲学》里的具体用法做一个统计对比，具体见下表：

表十

<table>
<tr><td>用法
词语</td><td>单独或与介词组合充当句子成分</td><td>用作量词</td><td>构成固定词语</td><td></td></tr>
<tr><td>腹（部）
（共9例）</td><td>5例
（约占56%）</td><td>0例</td><td>3例（口腹、大腹贾、心腹话）</td><td rowspan="2">《四世同堂》
（一）</td></tr>
<tr><td>肚子
（共7例）</td><td>3例
（约占42%）</td><td>4例</td><td>1例
（腿肚子）</td></tr>
<tr><td>腹（部）
（共0例）</td><td>0例</td><td>0例</td><td>0例</td><td rowspan="2">《老张的哲学》</td></tr>
<tr><td>肚子
（共19例）</td><td>17例
（约占89%）</td><td>2例</td><td>0例</td></tr>
</table>

总的来看，“腹（部）”用例较“肚子”少得多。而且，从其出现在作品中的情况看，“腹（部）”具有较强的书面语色彩，而“肚子”则具有较强的口语色彩。“肚子”多用于读书较少的人物，如《老张的哲学》中的老张，“腹（部）”则多用于读书较多的人物，如《四世同堂》中的钱先生。

从上述3组古今同一概念人体词在现代汉语中使用情况的抽样考查中，我们可以看到，虽然古代同一概念人体词在现代汉语中还有独立使用的情况，但比其对应的现代同一概念词要少得多，即便是较多单独使用的“口”（10例），也比“嘴”单独使用的见例（60例）要少许多。此外，单独使用时，古代人体词语相比现代汉语人体词语的自由度要小。可见，古代的人体概念词汇到现代汉语中多作为构词成分存在而较少具有独立使用的功能。这类古代人体概念词汇，在现代汉语中多数以语素身份存活于词语中，有研究者称之为传承语素。①

（二）古今同一人体器官部位概念构成的同素词

人体器官部位概念词语中，大多数古代表示人体概念的词在现代汉语中已经基本只能作为语素存在，不能或很少单独用作句子的主语、宾语等句子成分，与之相对应的后世人体词则可以单独用于句子，充当句子成分。如面——脸、足——脚、目——眼等，这些古今人体概念词在现代汉语中又构成一些同语素的词，我们称之为同素词，即古今同一概念的人体词各自与一个相同语素构成的词。这些同素词在意义用法上看似相同，实则需要细细辨析，其不同主要表现为以下三种情况：

首先，意义相同而用法不同。如“面、足、目”与“脸、脚、眼”等虽能构成同义词，但在使用上表现出明显的语体色彩差异。古代人体词作为语素构成的词语文雅，具有书面语体色彩；现代人体词作为语素构成的词语通俗，具有口语体色彩。如“面颊/脸颊、面庞/脸庞、面软/脸软、面皮/脸皮；足尖/脚尖、足癣/脚癣、足心/脚心、平足/平脚；忌口/忌嘴、改口/改嘴、顺口/顺嘴、张口/张嘴”等。虽然这些同义词在现代汉语的使用中交叉并存，但具体选用哪一种词，往往取决于个人或地区的语用表达需要和表达习惯。

其次，意义只是部分相同。如“面、足、目”与“脸、脚、眼”等构成的同素词语中，有的只是一部分意义相同。比如：

脸色——面色

“脸色”在《现汉》（2005 版）中有三个义项：名 ①脸的颜色：～微红｜～灰白。②脸上表现出来的健康情况；气色：经过

① 见杨晓黎《传承语素在现代汉语词语构成中使用情况的考察——以一组与人体相关的传承语素为例》，《语言文字应用》，2006 年第 3 期。

几个月调养，他的～比过去好多了。③脸上的表情：～温和｜～阴沉｜一看他的～，我就知道准是有什么好消息。

“面色”在《现汉》（2005版）中只有一个义项：名脸上的气色：他～红润，身体很健康。

由此可见，“脸色”在第二个义项上与“面色”是同义的，但脸色的义项①和义项③是“面色”没有的，它们应该是“脸”替代“面”后词义的新扩展。语言意义的演变和扩展，是在语言团体的使用过程中发生的，古代被更替的词语在语言成员的日常使用中日渐变少，相反，新更替的词语较多地被使用。因此，在现代汉语中，同一概念的现代人体词语比相应的古代汉语人体词的意义有更多的延伸和扩展，其构成的词语能承载更多的新意义。

第三，意义完全不同。如“面”与“脸”等构成的同素词中，有些意义上有很大差别。比如：

抹脸——抹面

“抹脸”是指突然改变脸色，多指由和气变得严厉，如“抹不下脸来（碍于情面，不能严厉以待）”。“抹面”是指在建筑物的表面抹上泥、石灰、水泥等材料，有时再刷上灰浆或做出各种花纹，如“他家装修师傅已经开始抹面了”。

露面（儿）——露脸（儿）

“露面（儿）”是指显露出来，多指交际应酬中某人出来参加，如“这么重要的活动他都没露面”。“露脸（儿）”是比喻获得荣誉或受到赞扬，脸上有光彩。如“我想跟他一起上节目露露脸儿”。

总之，虽然古代人体词到现代汉语中已不再是通用主词位，但语言的历史继承性和交际性却决定了由其构成的多数词语不会随着消失，而仍然是现代汉语基本词汇中的重要组成部分。对古今同一人体器官部位概念核心词所构成的并用词语和同素词，我们可以从使用的独立性、语用意义的差别、词汇意义的差异上做出正确的选择。

第二章　汉语人体词汇的基本语义系统

本章是对人体词汇语义系统的静态考察，考察只涉及词汇所表示的人体基本意义，不涉及其他非人体基本意义。我们这里说的基本意义，不同于一般所说术语“基本义”。关于基本义，语言学的历史上有两种对立的语义观，即从共时平面确立的“最常用”标准与从历时平面着眼的“最原始”标准，通常采取的是共时标准。但这里涉及古今两个断面的人体部位本义，所以用“基本语义”，一是为了行文搭配（一般是个体“词”与“本义”“基本义”搭配，“词汇”与“本义”“基本义”搭配少见），一是从原始性和常用性讲，人体词表示的人体各器官部位概念应该是最原始的，而且很多词语特别是表示某单个人体部位的词语即便在共时系统中仍以从人体范畴意义为最常用。另外，尽管有些人体词语概念的内涵与外延会发生变化，如“脸”从指脸颊到指额到下巴的整个脸部，所指内涵和外延有所变化，但其指称人体的基本概念范畴未变，所以人体词语指称某人体器官部位的本义是其最基本的语义。

人体词语本义是其产生其他一切意义包括派生义（历时角度而言）或转义（共时角度而言）的基础，为了阐述汉语人体词语意义的变化及动因，我们首先要确定汉语人体核心词汇的基本语义系统。本章我们将采用语义场理论来分析，语义场是以语义或概念而不是以词汇为驱动的。语义场包括词汇场（lexical field）和联想场（associative field），词汇场是静态的语义场，它所反映的主要是词义之间的聚合关系。[①] 本章主要以义位为单位，考察核心人体词语基本语义的早期（古代）状况、古今变化、变化原因及核心词在基本语义上表现出的中外差异。要指出的是，我们这里中外差异对比是必要的，因为认知语言学一直偏重从人类的认知机制出发，挖掘语言中的大量共性现象，而对共性原理下的一些差异却不重视。从有限的考察中，我们发现正是各语言社团对人体的认知存在不同，才会有不同的人体划分概念，也因此带来不同的人体转义等，这些大同和小异也是我们试图做的语言共相和殊相的探讨。

第一节　汉语人体词汇语义的早期状况

现代汉语里人体词汇层次分明，各语义场内部的所指和所属基本清楚，如手包括手臂手掌、眼包括眼眶眼珠等，这种上下位义场关系很清楚。可在古汉语中，由于发展和更替的并存，一个人体子场的这种上下位关系的形成往往不是一下子就确定下来的，由此给我们读者和研究者带来一些语义理解和判断上的困难，如"目"和"眼"曾经是上下语义场里的词语关系，后来变成同义义场的词语，而中间还存在混用的时期等。我们所说早期是相对于现代汉语的古汉语各时期，早期各人体核心词表现出指称范围重叠或模糊的特点，而且往往形成常用与非常用词语[②]组成的同义义场。下面我们主要从聚合角度，看看各概念义场的同义或近义子场情况，限于时间精力，我们的描写都是粗线条的。

---

① 赵彦春《认知词典学探索》，上海外语教育出版社，2003 年，第 170—171 页。

② 非常用词语或为词或为短语，我们在此不考察他们是否已经词汇化，因此下文用"连用"来表述。

一、头颈部范畴核心概念语义场

按照我们确定的头颈部核心概念主要包括头、头发、脸、眼睛、鼻子、耳朵、嘴、牙齿、舌头、脖子等，而代表这些概念的词语的基本语义就是其所指器官部位的功能及范围，相当于相应词语所表示的概念内涵与外延。

头。早期表示上位义“头部”的词大概是最多的，他们形成一个同义义场：天、首、页、元、元首、头颅、头首、头脑、脑、脑袋、头等。

《说文》：“页，头也。”文献中少见“页”单用表示头，后多作偏旁，成为表示头的义符。《尔雅·释诂》：“元、良，首也。”《左传·僖公二十三年》：“狄人归其元，面如生。”“元首”，同义连用也表示头，《逸周书·武顺》：“左右手各握五，左右足各履五，曰四枝，元首曰末。”孔晁注：“元首，头也。”《左传·昭公元年》：“风淫末疾”，唐孔颖达疏：“人之身体，头为元首。”“颅”是头的上部，“头颅”连用指头早见于汉，如《战国策·秦国·顷襄王二十年》：“刳腹折颐，首身分离，暴骨草泽，头颅僵仆，相望于境。”“头首”同义连用表示头，已见于六朝，《何法盛晋中兴书·徵祥说》：“桓玄之役，死者万计。凡被戮之家多无头首。”“脑”生于头，也用来指头，如马致远《马丹阳三度任风子》：“我揝住你那头梢，我敢烂臜臜打碎你脑，我敢各支支撧折你腰。”“头脑”也指头，如宋·范成大《早衰》：“早衰头脑也冬烘，信拙心情似苦空。”“脑袋”是头的俗称，如金·董解元《西厢记》卷四：“牙关紧，气堵了咽喉；脑袋裂，血污了阶址。”

在“头部”同义义场中，“首”和“头”是表示头部的常用词。《说文》：“头，首也。”从古文字形看，“首”的甲骨文初文中是包含脸框、眼睛、嘴巴和长头发在内的整个人体的颈上部位。古代汉语中“头”可以表示人体的两个概念，一为“人体最上部长着耳、鼻、口、眼等器官的部分”，如《左传・襄公十九年》：“荀偃瘅疽，生疡於头。”又如“断头”“叩头”“掉头”“斩头”等中的“头”都是指整个头部；二为“头发”，如《庄子・说剑》：“曰：‘庶人之剑，蓬头突鬓垂冠，曼胡之缨，短後之衣，瞋目而语难。……’”又如“搔头”“沐头”等中的头就是指头发。古汉语里早期表头部的常用词汇还有“首”，《广韵・有韵》：“首，头也。”“首”的本义是头，但它只指称头部，不单独指称头发。除了表示人的头，“头”和“首”在古代都可以表示动物的头，只是无动物与“疾首”“头痛”等搭配的。值得注意的是，虽然“头”和“首”都可表示四脚动物的头，如“马头/首”“牛头/首”“狸头/首”“虎头/首”等，但只有“鸡头”“鸭头”“猫头”，却无“鸡首”“鸭首”“猫首”。

这样，表示人体头部的核心词“头”古代的基本语义按义素分析，分别可分解为（a）[人体部位][最上或最前的][借以感觉或思考]、(b)[人][头部][前耳以上][两耳以上][后颈部以上][毛]，所指外延范围则为（a1）包括[脸]、[头发]、[头皮]、[头顶]、[后脑]在内的部分和（b1）包括[发根至发梢]的部分，而“首”则只有（a）一种基本语义。

头发。早期表示上位义“头发”的词形成一个同义义场：头发、发毛、头梢（稍）、首发、发等。

“发毛”近义连用指头发，如《百喻经・以梨打头破喻》：“见我头上无有发毛，谓为是石，以梨打我，头破乃尔！”头发是身体的末梢，所以“头梢（稍）”指头发，多见于元代，如《全元杂剧・无名氏・鲁智深喜赏黄花峪》：“我见揪住头梢，挽住衣袂，滴溜扑摔下那厮阶基。”头发生于首，汉代时用“首发”指头发，如《论衡・书虚》：“伯奇放流，首发早白。”

在“头发”同义义场中，“发”、“头毛”和“头发”是古代表示头发的常用词。“头发”较早就用以指头发，《史记・项羽本纪》："哙遂入，披帷西向立，瞋目视项王，头发上指，目眦尽裂。"与"头发"搭配的词语有"黑""白""剃""散""揪住""披""缠绕"等。古汉语里前期表示头发的常用词汇还有单音词"发"，《诗经·小雅·都人士》："彼君子女，卷发如虿。"与"发"搭配的词语则为"黑""白""剃""断""束""暴"等。"头发"、"发"只是表示头发，其语义则可分解为义素［人］［头部］［前耳以上］［两耳以上］［后颈部以上］［毛］，所指外延范围则为［发根至发梢的部分］。

脸。早期表示上位义"面部"的词形成一个同义义场：面、颜面、面孔、面皮、面目、面首、面门、面子、面庞/脸、脸道、脸面等。

"颜面"表示面部，约宋代时产生的，如《全宋词·马迁鸾》："多谢长生曲，颜面怕人看。""面皮"古代汉语中可以表示人体的两个概念，一为"脸上的皮肤"，如晋裴启《语林》："贾充问孙皓：'何以剥人面皮？'"二为"面部"，如《全元杂剧·王晔·桃花女破法嫁周公》："坐车儿倒背我这身奇，手帕儿遮幪了我面皮。"眼、鼻、口、耳诸孔都是面部的重要组成部分，所以"面孔"也指面部，唐朝已有见例，如《全唐诗第第八〇七卷·拾得诗》："世间亿万人，面孔不相似。""面目"，是偏义复指，两汉即有，如《史记·李斯列传》："胫无毛，手足胼胝，面目黧黑，遂以死于外。""面首"，也是偏义复指，至少唐已经作"面"讲，如《全唐诗第八〇六卷·寒山诗三百三首》："二人同老少，一种好面首。""面门"，也多见于唐，如《敦煌变文集新书》卷二："身上一条云作被，面门多点雪成眉。""面子"，其中"子"为名词后缀，唐张《游仙窟》："辉辉面子，荏苒畏弹穿，细细腰支，参差疑勒断。""面庞"，较早见于元代，如元·刘唐卿《白兔记》第二十四出："看孩儿容貌稀奇，与相公面庞无二。""脸道"，表示脸主要见于元代，如无名氏《锦云堂暗定连环计》第三折："油掠的<髟狄>鬐儿光，粉搽的脸道儿香，画的来月眉新样，穿的是藕丝嫩新织仙裳。”“脸面”，表示脸早见于宋，如晏殊《浣溪沙》：“为我转回红脸面，向谁分付紫檀心。”

在这个同义义场中，只有“脸”和“面”是表示面部的基本常用词。“脸”，作为表示人体的核心词，它在古汉语中多表示“脸颊上部”，大约至近代晚期也成为表示脸部的主要词语。因此“脸”在古代表示人体部位义时，有两个义位：一为“目下颊上”，如《快嘴李翠莲记》：“铺两鬓，黑似鸦，调和脂粉把脸搽。”一为“整个从额到下巴的部分”，如《快嘴李翠莲记》：“鬼门关上若相逢，别转了脸儿不厮见。”古代表示脸部的常用词汇是“面”。《说文》：“面，颜前也。”段玉裁注：“颜者，两眉之中间也。颜前者，谓自此而前则为目、为鼻、为目下、为颊之间，乃正向人者。”由此看，“面”即“头的前部，从额到下巴”。

这样，早期人体头部语义场的核心词“脸”的基本语义，按义素分别可分解为（a）［人］［部位］［眼睛下］［脸颊上］［擦胭脂的地方］和（b）［人］［头的正前部分］，所指外延范围则为（a1）包括［脸颊上部］，（b1）包括［额］［眉毛］［眼睛］［鼻子］［嘴］［下巴］。

眼睛。早期表示上位义“眼睛”的词形成一个同义义场：目、眼、眼目、眼睛。“目”是古汉语中最早表示眼睛的常用词，《说文》：“目，人眼。”如《孟子·梁惠王上》：“抑为采色不足视於目与？”“眼”在古代却有两个义位：一是表示眼珠子，《说文》：“眼，目也。”徐灏注笺：“戴氏侗曰：‘眼，目中黑白也’……合黑白与匡谓之目。”如《周易·说卦》：“其於人也，为寡发，为广颡，为多白眼。”一是表示眼睛，如《佛说老女人经》：“眼耳鼻口身心，从何所来，去至何所？”“眼睛”唐朝已经出现了，如白居易《西凉伎》：“刻木为头丝作尾，金镀眼睛银贴齿。”

可见，早期“目”的基本语义若分解成义素，则分别为（a）

［眼珠子］，(b)［眼睫毛］［眼皮］［眼眶］［眼珠子］［借以看东西］。

鼻子。古代表示“鼻子”的词语形成一个同义义场：准、鼻、鼻准、鼻子等。

“准”在古代指鼻子不多见，如《史记·高祖本纪》：“高祖为人隆准而龙颜，美须髯，左股有七十二黑子。”按：文颖曰：“准，鼻也。”［索隐］曰：始皇蜂目长准，盖鼻高起。文颖说是。高祖感龙而生，故其颜貌似龙，长颈而高鼻。“鼻准”，是同义连用表示鼻子，唐《广异记·浚仪王氏》：“有一婢名秾华，以纸烛烧其鼻准，成疮，痛不可忍，遂起遍拜。”单音节“鼻”较多用，如《孟子·离娄下》：“西子蒙不洁，则人皆掩鼻而过之。”大约自元代始，带词缀的双音节词“鼻子”出现，如元·马致远《半夜雷轰荐福碑》第二折：“（正末云）哥也，打破你的鼻子，就着那血抹在那刀子上罢，省得我打。”

“鼻子”直到现代，都是表示人体面部鼻子的核心词。严格来讲，“准”的基本语义内涵应该只包括［鼻梁］，而“鼻子”的基本语义分解成义素则为［鼻孔］、［鼻梁］、［鼻翼］、［借以闻味或呼吸］。

耳朵。古代表示耳朵的词语主要为两个：耳、耳朵。

“耳”一直是表示人体耳朵的主要词语，如《论衡·效力篇》：“人目不见青黄曰盲，耳不闻宫商曰聋，鼻不知香臭曰汉。”“耳朵”应该在宋以后是常用词，宋·无名氏《解佩令》：“耳朵儿、就中红润。项如琼玉，发如去鬓。”王实甫《崔莺莺待月西厢记》第三折：“侧着耳朵儿听，蹑着脚步儿行，悄悄冥冥，潜潜等等。”《说文·耳部》：“耳，主听也。”

可见，“耳”的基本语义分解成义素可为［耳郭］［耳垂］［耳孔］［借以听音］。

嘴。古代表示人嘴的词语形成一个同义义场：口、觜、喙、嘴等。

“口”是最早也是最长时间表示人嘴部的词语，《说文·口部》：“口，人所以言食也。”《庄子·胠箧》：“削曾、史之行，钳杨、墨之口，攘弃仁义，而天下之德始玄同矣。”“喙”最早指人嘴，也指动物的嘴，如《庄子·秋水》：“今吾无所开吾喙，敢问其方。”《搜神记》卷十四：“後生子，捐之猪圈中，猪以喙嘘之；徙至马枥中马复以气嘘之。”后来则较少用。“觜”最开始专指鸟嘴，后来转指人嘴，并写作“嘴”。

现代汉语里多用“嘴”单指人嘴。“嘴”的基本语义分解成义素为［嘴唇］［借以进食］［借以说话或呼吸］。

牙齿。古代表示人牙齿的词语形成一个同义义场：牙、齿、牙齿等。

古称臼齿为“牙”，古称门牙为“齿”，如《吕氏春秋·淫辞》：“问马齿，圉人曰：‘齿十二与牙三十’。”可用于人，也可用于动物，如《周易·大畜》：“豮豕之牙。吉。”《诗经·召南·行露》：“谁谓鼠无牙，何以穿我墉。”后来用“牙齿”泛指牙和齿，并沿用至今。

可见，三者的所指开始有别，后都可泛指，以“牙齿”为代表，其基本语义分解成义素为［位于嘴里］［借以咀嚼食物］。

舌头。舌头的古称主要为：舌、舌头。《诗经·大雅·抑》：“莫扪朕舌，言不可逝矣。”宋元后，渐用“舌头”，如宋·葛长庚《水调歌头·咏茶》：“放下兔毫瓯子，滋味舌头回。”《说文·舌部》：“舌，在口所以言也别味也。”

“舌”的基本语义若分解成义素，则为［位于嘴里］［借以辨别滋味］［帮助咀嚼食物］［帮助发音］。

脖子。古代表示脖子的词语形成一个同义义场：领、颈、项、脰等。

“脰”的释义有两种：一为脖子，如《韩诗外传》卷八：“宋万怒，博闵公，绝脰。”也可特指脖子的前部或后部，如《史记·田单列传》：“遂经其颈于树枝，自奋绝脰而死。”［索隐］曰：经犹系也。何休云：“脰，颈，齐语也。”《史记·司马相如列传》：“箭不苟害，解脰陷脑。”［索隐］曰：张揖云：“脰，项也。”《汉书·扬雄列传》：“徒角抢题注，蹵竦詟怖，魂亡魄失，触辐关脰。”师古曰：“题，额也。脰，颈也。”一为头，如张溥《五人墓碑记》：“买五人之脰，而函之，卒与尸合。”而领、颈、项三者，都可泛称脖子，如《孟子·梁惠王上》：“如有不嗜杀人者，则天下之民皆引领而望之矣。”《荀子·荣辱篇》：“小人莫不延颈举踵而愿曰：‘知虑材性，固有以贤人矣。’”《论衡·语增篇》：“高祖之相，龙颜、隆准、项紫、美须髯、身有七十二黑子。”但他们又有所区别：“颈”还特指脖子的前部，如《战国策·魏四·魏攻管而不下》：“乃之使者之舍，刎颈而死。”“项”还特指脖子的后部，如《史记·魏其武安侯列传》：“籍福起为谢，案灌夫项令谢。”

“领”指称整个脖子时，其基本语义分解成义素为［前脖］［后脖］［可伸缩］［连接头和身体躯干］。

二、躯干部核心概念语义场

躯干部核心概念语义场即表示人体肩、背、胸、腹、乳等概念的词语及其所指基本语义。

肩。古代表示肩部的词语形成一个同义义场：肩、髆、肩甲（胛）、肩膀等。

“肩”是较早的名称，如《庄子·养生主》：“庖丁为文惠君解牛，手之所触，肩之所倚，足之所履，膝之所踦，砉然响然。”髆、肩甲也都是较早的名称，《说文·骨部》：“髆，肩甲也。”段玉裁注：“单呼曰肩，累呼曰肩甲。甲之言盖也，肩盖乎众体也。今俗云肩甲者，古语也。”“甲”后来写作“胛”，《黄帝内经·灵枢译解·经筋》："其支者，绕肩胛，挟脊。"不过，"肩胛"现代仍有用，如李劼人《暴风雨前》："红绸斜结在肩胛边。"大约元始，出现"肩膀"，如元·无名氏《朱砂担滴水浮沤记》第三折："【幺篇】我将这厮琅琅铁索把那厮肩膀绑，沉点点铁棍将那厮臂膊搪。"

总的来看，"肩"是早期表示肩部的核心词，其基本语义分解成义素为［上肢与躯干相连部分］［可承载重物］。

背。古代表示背部的词语，常见的只有一个：背。

《孟子·尽心上》："其生色也，睟然见於面，盎於背，施於四体。"其实古今表示背部的核心词都是"背"，其基本语义分解成义素为［躯干后部］［与胸腹相对］［可承载重物］。

胸。古代表示胸部的词语有：胸、臆等。

"胸"表示人体部位有两种意涵，一是表示胸部，如《春秋左氏传·僖公二十八年》："魏犨伤于胸，公欲杀之。"一是表示心中，如《论衡·幸偶篇》："重以遭遇幸偶之逢，获从生死而卒其善恶之行，得其胸中之志，希矣。"成语"胸有成竹"中"胸"也是此意。

"臆"同"胸"一样，表示人体部位也有两种意义，一是表示胸部，如《旧五代史卷·梁书·张归弁列传》："而归弁于高唐攻贼太猛，飞矢中于臆，太祖嘉之。"一是表示心中，如《论衡·问孔篇》："且问孝者非一，皆有御者，对懿子言，不但心服臆肯，故告樊迟。"但是，"胸"比"臆"更常用。

可见，早期"胸"的基本语义分解成义素分别为（a）［躯干前部］［颈腹之间］，（b）［心中］。

腹。古代表示腹部的词语有：腹、肚（子）等。

"腹"较早就表示人的腹部，如《庄子·马蹄》："含哺而熙，鼓腹而游。"《礼记·内则》："实枣於其腹中，编萑以苴之。""肚"是"腹"的俗称，如《北史·齐本纪·显祖文宣帝》："以其体肥，呼为杨大肚，马鞭鞭其背，流血浃袍。”“肚（子）”又被用来指“胃”这个人体内部的消化器官，如《祖堂集·保福》：“师云：‘老僧在你肚里。’”《广雅·释亲》：“胃谓之胘。”《类篇》引《通俗文》：“有角曰胘，无角曰肚。一曰胃之厚肉为胘。”《字镜》：“胘，肚也。”《万象名义》：“胘，胃厚。”

可见，“腹”的语义分解成义素为［躯干］［胸下部］，而“肚（子）”的基本语义内涵特征分解成义素有两种：（a）［躯干外］［胸下部］；（b）［脏腑内］［与腹部对应］［消化食物］。

乳。古代表示人体乳房部位的词语有：乳、奶（子）等。

“乳”，是乳房的古代通称，较早就出现了，如《山海经·海外西经》：“刑天与帝至此争神，帝断其首，葬之常羊之山，乃以乳为目，以脐为口，操干戚以舞。”“奶（子）”则大约于元代已出现，并带有口语色彩，如元·关汉卿《武五侯宴》第一折：“他将有乳食的奶子与他孩儿吃，却将那无乳的奶子与俺孩儿吃。”而“乳房”大约在魏晋时期出现，如《齐民要术·养羊》：“牛产三日，以绳绞牛项、胫，令遍身脉胀，倒地即缚，以手痛挼乳核令破，以脚二七遍蹴乳房，然后解放。”但这主要用于指动物的，大约到现代汉语中才见“乳房”大量用于指人的哺乳器官。人体词“乳”的早期基本语义可分解成义素［哺乳器官］［位于胸部］。

三、四肢部位核心概念语义场

四肢部位核心概念语义场就是表示人体手、臂、膝、脚、腿、指、掌概念的词语及其所指基本语义。

手。古代表示手的词语形成一个同义义场：手、拳、爪老、爪子等。

“手”，一直是表示人手部的主要词语，如《诗经·邶风·击鼓》：“执子之手，与子偕老。”《说文·手部》：“手，拳也。”段玉裁注：“今人舒之为手，卷之为拳。其实一也。故以手与拳二篆互训。”可见“拳”是指卷曲的手。“爪老”是手的俗称，如元·贾仲明《李素兰风月玉壶春》第二折：“睁着一对白眼睛，舒着一双黑爪老，掿着一条黄桑棒。”“爪子”，是手的辱称，如《红楼梦》第五二回：“要这爪子作什么？拈不得针，拿不动线，只会偷嘴吃。”

“手”的基本语义成分可分解为［上肢］［前端部分］［可持拿物品］，其外延范围为［指］［掌］［手背］等。

臂。古代表示胳膊的词语形成一个同义义场：肱、臂、胳膊（肐膊）等。

“肱”，《辞源》释作“手臂从肘到腕的部分，泛指手臂。”《诗经·小雅·无羊》：“麾之以肱，毕来既升。”《论语·述而》：“曲肱而枕之。”“臂”，是胳膊在古代的通称，如《孟子·尽心下》：“冯妇攘臂下车。”“胳膊”，同“肐膊”，元·吕止庵《咏金莲》：“或是肐膊上擎，或是肩儿上架。”元·李行甫《包待制智赚灰栏记》第四折：“孩儿幼小，倘或扭折他胳膊。”关于肱、臂的语义内涵，大家一般是按照上述解释来界定的，不过有些地方值得商榷。《说文·肉部》：“臂，手上也。”又《说文·又部》：“肱，臂上也。肱，左或从肉。”可见，手上为臂，臂上为肱，也就是上肢从手指到肩的方向依次分为手、臂、肱三部分。《说文解字》中没有专指胳膊（包括臂和臂）的字，因此，肱和臂后来都可以用来泛指胳膊，而且多用肱泛指胳膊，古代上肢分为肱、臂、手，下肢则分为股、胫、足。因此，手和足相对且常连用，肱、股相对且常连用。而“股肱”的“肱”，也正证明它用的是本义，现代解剖学上将通常所说“上臂”即胳膊上由肩至肘的部分，与《说文》中指“臂上”的“肱”应是一致的。而《辞源》里所引“麾之以肱”、“曲肱而枕之”中的“肱”只能释为“泛指胳膊”。

可见，古代表示人体部位的词语“臂”，其基本语义分解成义素为［上肢上部］［用以支撑］。

脚。古代表示脚部的词语，常见的有：足、趾、脚等。

“足”，是较早表示脚的词语，如《春秋左氏传·庄公》：“比及宋，手足皆见，宋人皆醢之。”“趾”本作“止”，甲骨文像脚掌形，本义脚，《尔雅·释言》：“趾，足也。”《左传·僖公二十六年》：“寡君闻君亲举玉趾，将辱于敝邑。”“趾”表示脚并不多见。“脚”最开始表示包括脚和小腿的部位①，如《韩非子·难言》：“孙子膑脚于魏，吴起收泣于岸门。”大约三国时期起，“脚”开始表示脚，如《三国志·魏书·方技传》：“有两死男子，一男持矛，一男持弓箭，头在壁内，脚在壁外。”后来“脚”成为表示脚的主要词语。

而古代表示人体部位的词语“脚”，其语义分解成义素分别为（a）［下肢下部］［用以行走或支撑］，外延范围为［脚腕以上，膝盖以下］；（b）［下肢以下］［人战立时接触地面部分］［用以行走或支撑］，其外延范围为［脚趾］［脚掌］［脚背］等。

腿。古代表示腿部的词语形成一个同义义场，如：股、胫、腿等。

“股”，指大腿。如《战国策·秦策一》：“读书欲睡，引锥自刺其股，血流至足。”“胫”指小腿。如《韩非子·五蠹》：“身执耒臿以为民先，股无胈，胫不生毛。”“腿”开始专指小腿，如《玉篇·肉部》：“腿，胫也。”后来“腿”成为小腿和大腿的总

① “脚”在《汉语大词典》中表示人体部位的义项为“人与动物腿的下端，接触地面、支撑身体和行走的部位”，而《汉语大字典》中有两个人体部位的义项：第一个为“人和动物的行走器官”，例子为《墨子·明鬼下》：“羊起而触之，折其脚”；第二个为“脚掌，人和动物的行走器官的下端”。这两本辞书对“脚”的处理不一样，根据“起脚触”的上下文意，《大字典》的第一个义项是包括脚掌在内的，《大词典》第一个义位与《大字典》第二个义位相当。而《古今汉语词典》（商务印书馆，2000年版）中“脚”的第一个义项为“小腿”，例为《韩非子·难言》：“孙子膑脚于魏”。“小腿”应该是不包括“脚”在内的，“膑”是剔去膝盖骨，单就此例而言，解为“小腿”也未尝不可，但综合前例和多数文献例，“脚”应是指称包括小腿和脚掌在内的下肢下端部位。

称，如《旧唐书·志第三·刑法》："决杖者，背、腿、臀分受。"

可见，"腿"是腿部的通称。作为表示人体部位的词语，"腿"的语义内涵分解成义素分别为（a）［膝盖以下］［用以行走或支撑］，外延范围为［脚腕至膝盖部分］；（b）［下肢］［用以行走或支撑］，外延范围为［大腿］［小腿］等。

指。古代表示手指的词语，常见的有：指、指头等。

"指"是手指的古称，较早就出现了。如《左传·宣公四年》："子公怒，染指於鼎，尝之而出。""指头"大约隋唐时代始出现，如唐《游仙窟》："一双臂腕，切我肝肠；十个指头，刺人心髓。""指"在古代常用，"指头"则带有口语色彩。而"指"的语义分解成义素为［手］［手掌前部］［能伸曲抓取］，外延范围为［拇指］［食指］［中指］［无名指］［小指］等。

掌。古代表示手掌的词语，常见的有：掌、手掌等。

《说文·手部》："掌，手中也。"如《孟子·公孙丑上》："武丁朝诸侯有天下，犹运之掌也。"而段玉裁在注"爪"时说："仰手曰掌，覆手为爪。"这种注释中"掌"和"爪"都为"手"，"仰手"是包括五指在内的，并不独指手掌，看来其对"掌"的注解是不同寻常的。"掌"开始专指手掌，随着双音化，大约南北时出现了双音节词"手掌"。如《南史·列传·孝义上》："丧父母，居贫，无以葬，赁书以营事，至手掌穿，然后葬事获济。"

"掌"的基本语义分解成义素为［手］［除去手指部分］［能按压］，其外延范围为［手心］［手心周围除去手指的部分］等。

膝。古代表示膝盖的词语，常见的有：膝、膑、膝盖等。

"膝"是古代表示大腿与小腿相连关节前部的通称，较早就出现了，如《庄子·养生主》："庖丁为文惠君解牛，手之所触，肩之所倚，足之所履，膝之所踦，砉然响然。""膑"本为"髌"，指膝盖骨，但古人也常解作膝盖，如《昭明文选》："昔者司马喜膑脚於宋，卒相中山。"其中"膑"，郭璞《三苍解诂》曰："膑，膝盖也。"

"膝盖"大约到隋唐时才出现，如《独异志·卷上》："御史曰：'贼在汝右膝盖下。'彝遂揭阶砖，自击其膝盖，翻示御史曰：'贼安在'。"

"膝"的基本语义分解成义素为［腿］［关节前部］［连接小腿和大腿］，其外延范围为［膝盖肉］［膝盖骨］等。

四、脏腑器官核心概念语义场

脏腑器官核心概念语义场就是表示人体心、肝、肺、胆、肠概念的词语及其所指基本语义。

心。古代表示心脏的词语，常见的有：心、心脏、心头等。

《说文·心部》："心，人心，土藏，在身之中。""心"是最早表示心脏的通用词语，如《荀子·尧问篇》："天地不知，善桀纣，杀贤良，比干剖心，孔子拘匡，接舆避世，箕子佯狂。"双音节词语"心脏"约两汉时出现，且多出现在医药文献中，如《金匮要略·五脏风寒积聚病脉证并治》："发热，当脐跳，其脉弦，此为心脏伤所致也。""心头"带有口语色彩，约隋唐时出现。如《五代史补·房知温从事人冥》："有从事张泽者，素好嗜鳖，忽暴卒，但心头微暖，家人未即殓。"而且"心头"多表示内心，相当于"心里"。

"心"的基本语义分解成义素为［内脏器官］［躯干内中间部位］［推动血液循环］等。

肝。古代表示肝脏的词语，常见的有：肝、肝脏等。

"肝"，大约先秦时就出现，如《吕氏春秋·忠廉》："杀之，尽食其肉，独舍其肝。"双音节形式"肝脏"先秦时就已存在，多出现于医药文献中，如《黄帝内经·素问译解·平人气象论》："脏真散于肝，肝脏筋膜之气也。"

"肝"的基本语义分解成义素为［内脏器官］［位于胸部右下］［消化器官］等。

肺。古代表示肺部的词语，常见的有：肺、肺脏、肺腑等。

“肺”，先秦已经出现，如《庄子·说剑》：“相击於前，上斩颈领，下决肝肺。”双音节形式“肺脏”宋代就已出现，如宋·张君房《云笈七签·三洞经教部·肺脏图》：“其神多怒者，盖发于肺脏也。”但不多见。“肺腑”开始表示“帝王之亲戚”，大约隋唐始表示肺部，如皮日休《太湖诗·游毛公坛》：“黄露醒齿牙，碧黏甘肺腑。”

“肺”的基本语义分解成义素为［内脏器官］［位于胸部左右］［呼吸器官］等。

胆。古代表示胆部的词语，常见的有：胆、胆囊等。

“胆”，大约先秦时出现，如《黄帝内经·灵枢译解·胀论》：“胆胀者，胁下痛胀，口中苦，善太息。”双音节词语“胆囊”大约明朝时出现，如徐枕亚《玉梨魂·课儿》：“从未尝以疾言厉色，惊彼嫩弱之胆囊。”

“胆”的基本语义分解成义素为［内脏器官］［位干胸部］［连接肝的输出器官］等。

肠。古代表示肠部的词语，常见的有：肠、肠子等。

“肠”，先秦就已经出现，如《战国策·韩策二》：“因自皮面抉眼，自屠出肠，遂以死。”。双音节词语“肠子”元代就已经出现，如元·无名氏《施仁义刘弘嫁婢》第一折：“血脏牵车儿，扯断这条肠子罢。”

“肠”的基本语义分解成义素为［连接胃部的输出器官］［消化器官］等。

五、其他人体核心概念语义场

在我们确定的人体核心词汇中，还有其他表示皮肤、肉、血、骨头、脂肪等概念的词语。

皮。古代表示皮肤的词语，常见的有：皮、肌、肤、肌肤、皮肤等。

"皮"，先秦已经出现，开始主要表示兽皮，如《左传·僖公二十八年》："胥臣蒙马以虎皮。"后来也用于表示人皮，如《黄帝内经·灵枢译解·通天》："其卫气涩，阴阳不和，缓筋而厚皮。""肌"先秦已经开始表示人的皮肤，如战国楚宋玉《登徒子好色赋》："眉如翠羽，肌如白雪。""肤"，先秦时已经出现，主要表示人的皮肤，如《孟子·告子上》："无尺寸之肤不爱焉，则无尺寸之肤不养也。"双音节形式"皮肤"大约先秦就已出现，如《黄帝内经·素问译解·四时刺逆从论篇》："长夏气在肌肉，秋气在皮肤，冬气在骨髓中。"后来"皮肤"成为双音节词。检索北京大学历代汉语语料库，"皮"有401篇，"肤"有102篇，"皮肤"有28篇，可见古汉语中表示人皮的主要还是"皮"，其基本语义分解成义素为［人体的表层软组织］。

肉。古代表示体肉的词语，常见的有：肉、肌、肌肉等。

"肉"，先秦已经出现，开始主要表示可食用的动物的肉，如《论语·述而》："子在齐闻韶，三月不知肉味。"后来也用于表示人的肌肉，如《黄帝内经·灵枢译解·通天》："其卫气涩，阴阳不和，缓筋而厚皮。""肌"，汉时就已经出现，主要表示人皮下之肉，如《汉书·丙吉传》："虽介之推割肌以存君，不足以比。"双音节形式"肌肉"大约先秦就已出现，如《黄帝内经·素问译解·痿论篇》："肺主身之皮毛，心主身之血脉，肝主身之筋膜，脾主身之肌肉，肾主身之骨髓。"后来"肌肉"成为双音节词。"检索北大历代汉语语料库，"肉"有523篇，"肌"有89篇，"肌肉"7篇，古汉语中表示人皮的主要还是"肌肉"，其语义分解成义素为［人体表皮下的软组织］［附着于骨头］。

血。古代表示人血液的词语，常见的有：血、血水、血液等。

"血"，先秦已经出现，如《左传·成公二年》："郤克伤於矢，流血及屦。"双音节形式"血水"先秦时就已经出现，如《黄帝内经·灵枢译解·逆顺肥瘦》:“此言气之滑涩,血水清浊,行之逆顺也。”双音节形式“血液”大约宋时也已出现,如宋·张君房《云笈七签·禀生受命·大洞回风混合帝一之法》:“恒守我舌本之下血液之府。”检索北大历代汉语语料库,“血”有458篇,“血水”有5篇,“血液”为0篇,可见古汉语中表示人体血液的主要还是“血”,其基本语义分解成义素为[人体内的红色液体][循环流动][供给养分][收集废物]。

骨。古代表示胆部的词语,常见的有:骨、骨骼、骨头等。

“骨”,先秦已经出现,如《孟子·告子下》:“故天将降大任於斯人也,必先苦其心志,劳其筋骨,饿其体肤,空乏其身。”双音节词语“骨骼”,魏晋时已出现,如《搜神记》卷十九:“视所居,骨骼盈宇之间。”双音节词语“骨头”大约也在魏晋就已出现,如《月波洞中记·断及第》:“如妇人骨头尖者,必弃前夫,后宠富夫,此人无德。”隋唐时期,“骨头”出现更多,如《敦煌变文集新书》卷六:“薄皮裹浓血,筋缠臭骨头,从头观至足,遍体是浓(脓)流。”检索北大历代汉语语料库,“骨”有521篇,“骨骼”有1篇,“骨头”有26篇,可见古汉语中表示人骨头的主要还是单音节词“骨”,其基本语义分解成义素为[身体的坚硬组织][肌肉赖以附着的架子]。

脂。[①] 古代表示人体皮下组织部分的词语,常见的有:脂、膏、脂膏、脂肪等。

“脂”,先秦已经出现,如《诗·卫风·硕人》:“手如柔荑,肤如凝脂。”“膏”,已经出现,如《左传·成公十年》:“在肓之上,膏之下,攻之不可,达之不及,药不至焉。不可为也。”这里的“膏”特指心尖脂肪。双音节形式的“脂膏”,也是先秦时就已

① “脂”未列入我们的核心概念词范围,但为了区分“皮”与“脂”,这里我们附带做了描写。

经出现，如《黄帝内经·灵枢译解·卫气失常》：“众人皮肉脂膏，不能相加也，血与气，不能相多。”但“脂膏”较少用。双音节形式的“脂肪”大约魏晋南北朝就已出现，如《齐民要术》卷第十：“剥去皮，肌肉正白如脂肪。”检索北大历代汉语语料库，“脂”有151篇，“膏”有125篇，“脂膏”有6篇，“脂肪”为0篇，可见古汉语中表示人皮下组织的主要还是“脂”，其语义分解成义素为[肌肉中的油质]。

以上仅对古代表示人体概念核心词语相关的聚合表义情况做了描写，一方面让我们对古代众多同义词有一定的了解，另一方面，这种人体核心词内涵和外延意义的描写是下文探讨古今人体词语基本语义变化的基础。

第二节　汉语人体词汇语义的现代状况

上节对古汉语人体部位词语基本语义做的描述，我们均依靠第二手材料（如文献语料和词典），采用的一般解释，因此，对这些人体词语的意义仍难以做出细致和清楚的说明。比如，古代对表示人体概念脸的核心词语“面”的解释就让人感到困惑，《说文·面部》：“面，颜前也。”段玉裁注：“颜前者，谓自此而前则为目、为鼻、为目下、为颊之间，乃正乡人者。”由此看，“面”应该是包括“额”在内的整个脸。王筠句读：“颜，额也。颜前者，自额以下，通谓之面也。”由此看，“面”是不包括“额”在内的。古代汉语中人体词语的语义有的含糊不清，古人自己也注意到了，所以用“析言”和“统言”加以解释，当然这些有的属于语境中的特指意义，有的则是属于词语的静态词典意义，这反映当时人们的认识中还比较模糊和不一致。对古汉语的人体词语概念所指范围，我们现在没有办法做社会调查，但对现代汉语里的人体词语概念所指范围则可以进行一些调查。本节是结合部分共时调查，力图描写现代汉语中人体概念部位核心词语的较为确切的一般意义（而非医学术语意义），这样，我们就能尽量对一般核心人体部位名称所指内涵与外延的理解做到准确说明，而非单靠现代汉语词典。同时，我们还将对这些人体部位词语内涵意义和外延意义的认知来源做一些探求，对其基本语义古今变化及其原因做一些分析。

一、现代汉语人体词汇基本语义

我们参考《现代汉语词典》，以确定汉语核心人体概念词语基本语义（“非核心人体词语”不在我们考察范围内）的内涵和外延。此外，为了说明人体部位词语在现代汉语中的基本语义状况，我们借鉴了社会语言学的调查方法。

（一）人体部位核心词语的外延范围

我们用四幅身体插图，即包括男人和女人身体的前部图和后部图为调查的基本资料。我们的目的是要列出身体部位词语清单，并尽可能清楚地确定这些人体词语的外延，例如，“脚”在哪里结束，“腿”从哪里开始？我们参照 N. J. Enfield 的方法，他认为采取以下两种基本方法能做到这一点，而这两种方法都需要有一个以上理想的受访者：①

第一，给一支笔给受访者，请他/她给各种人体名称命名，在调查者所给插图上画出各专门人体部位的大致轮廓（而不只是标点）。

第二，给一支笔给受访者，请他/她在“这个人______有一个胎记/瘤/出生记/蚊子咬的包块”的空处填上相关的人体部位词语（提供相关的身体部位词语），并让受访者在调查者所给插图上画出大致的形状。

① N. J. Enfield, *Elicitation guide on parts of the body*, Language Sciences 28 (2006), 第 148 – 157 页。

我们交叉使用了上述的方法，提供的被选词语主要为外在看得见的人体器官部位词语，采访对象为3人，对其中两位被访者用的第二种方法，一位被访者用的第一种方法。中青年人的语言经验更丰富，对人体词语的认知应该是成熟而且反映现代汉语实际情况的，即认知不致受历时的或不稳定因素的影响，因此，我们选的都是说普通话时间较长、语言经验较稳定成熟的对象。接受我们采访的3人情况如下：

A君　36岁　男　大学本科以上学历　文科专业

B君　32岁　女　大学本科以上学历　文科专业

C君　43岁　女　大学本科　　　　　医学专业

按照上述两种方法，我们完成了所有的核心人体器官部位名称所指的调查。在调查中，我们发现其实对少数人体部位的范围真有着不一样的认知，比如对“眼睛”和“胸”的认知就有两种：

表十一

词目 / 调查结果	眼睛	胸
第一种	包括眼皮、睫毛、眼眶、眼角、眼珠	即上半身(被访者为男性)
第二种	包括眼皮、睫毛、眼眶、眼角、眼珠、眉毛	即乳房（被访者为女性）

类似的，还有对“手掌”等的认识也不同，1人认为“手掌”就是手，1人认为“手掌”就是手心，而1人认为三者依次是手>手掌>手心的整体与部分的关系。调查后我们结合词典释义，初步确定了以下核心人体词语一般情况下表示的外延范围：

（1）头颈部范畴核心词语

头：脖子以上的部分，头发、脸、眼睛、鼻子、嘴（包括牙齿和舌头）、耳朵等都属于头，被头拥有。

头发：头上的毛发，包括发根、发梢等。

脸：头前的平面部分，眼睛、鼻子、嘴都在脸上，但不属于脸。

眼睛：椭圆的形状，包括眉毛、眼皮、睫毛、眼珠等。

鼻子：脸上挺立的部分，包括鼻孔、鼻翼、鼻毛、鼻腔等。

耳朵：头两边，包括外耳郭、耳垂、内耳等。

嘴：包括嘴唇、牙齿和舌头等。

牙齿：嘴内坚硬的白骨，上下一般各 14 颗。

舌头：嘴内可伸缩的部分，包括舌根、舌中和舌尖等。

脖子：圆柱形，上面可戴围巾、项链等。

（2）躯干部核心词语

肩：窄而短的、与脖子齐平的躯干上部。

背：宽而长的躯干后部，呈长方形。

胸：乳房为中心的部分。

肚/腹：微微突出的、有肚脐儿的部分。

乳：胸部脂肪较多的、左右对称的部分。

（3）四肢部核心词语

手：包括手掌和手指在内的整个部分。

臂：上肢除去手的部分。

膝：腿中间窿出的部分。

脚：下肢着地、有脚板和脚丫子的部分。

腿：下肢除去脚的部分。

指：五根长条形但长短不一的手上或脚上部位。

掌：手上除去手指的部分。

（4）脏腑器官核心词语

心：呈拳头大小的内部器官，包括左右心室等。

肝：像一团肉，在胸腔内右下方。

肺：形状像一片叶子，在胸腔内。

胆：包括胆囊和胆管部分，胆的汁很苦。

肠：有粗和细两种，形状如同弯曲的绳索。

从以上概念外延的调查中，我们可以看到人们的“感知中断”（perceptual discontinuity）在人体器官部位分割中起着重要的作用，特别是视觉，可被看作是人体部位词语的第一根源。布朗（Brown）等认为人体词语标示什么“必然意味着发现普遍认知上的感知范围区域”，安德森（Andersen）也有类似观点，认为身体部位范畴和词语来源于身体部位器官对特殊属性（如形状、尺寸、空间的起点等）的感知。[①]

除了视觉以外，人们借以获得信息的其他人体器官的感知形态也很重要，而且其他知觉暗示（perceptual cues）对人体部位范畴的划分是有效验的。如“手指”在视觉上比手臂小，但在触觉上更大，他们是除耳、目、口之外的最重要的体觉层，占有比手臂更大的范围或区域，因此，可以说比手臂更突出。

（二）核心人体部位词语的内涵

补充说话者对人体部位词语外延范围信息是必要的，因为这种描述性信息是对该词语下定义。探究人们是否认为人体词语用来指称人体范围或部位，还需要用语言的内在指称标准来衡量。人体部位概念化的其他方面应该包括功能（如“膝”是腿的一部分，它能够弯曲）和位置（如“头”位于身体其他部位之上）等。按照这种思路，我们重点考察了汉语人体概念核心词语所包含的人体器官部位功能和位置。如：

（1）头颈部核心词语

头：位于身体最上方，是用来思考的器官，头里面有丰富的神经以及脑髓等。

头发：头的顶部、侧边和后部的毛发，起装饰和保暖作用。

脸：头的前部，评判人长相美丑的重要部位之一，也是区别

---

① N. J. Enfield, Asifa Majid, Miriam van Staden, *Cross – linguistic categorisation of the body: Introduction*, Language Sciences 28 (2006), 第137 – 147页。

不同人的重要部位。

眼睛：位于脸的上部，是视觉器官。

鼻子：位于脸的中部，是嗅觉器官。

耳朵：位于头的两侧，是听觉器官。

嘴：位于脸的下部，是进食和发音器官。

牙齿：位于嘴内上下颌，作用是帮助咀嚼事物，根据形状位置又分门牙和槽牙。

舌头：位于嘴内，是味觉器官，也是重要的发音部位。

脖子：位于头下，在头和身体躯干间起连接作用。

（2）躯干部核心词语

肩：与脖子水平连接，也包括连接手臂的部分，可以承重。

背：位于躯干后，腰以上、后脖及肩以下部位，也可以承重。

胸：位于躯干前，肚脐以上、前脖以下部位。

乳：位于胸部左右，产妇的乳房能生产乳汁以哺育婴孩。

肚/腹：位于躯干前下方，在胸的下面。

（3）四肢部核心词语

手：位于手臂最下端，用于抓取、持拿东西，根据位置又分为左手和右手。

臂：位于躯干上方左右两侧，可伸缩，根据位置又分为左手和右手。

膝：位于腿中间，连接大腿和小腿的部位，根据位置又分为左膝和右膝。

脚：位于腿最下端，用于行走，根据位置又分为左脚和右脚。

腿：位于躯干下方左右两侧，支撑身体和行走，可伸缩，根据位置又分为左腿和右腿，根据外形和上下位置又分为大腿和小腿。

指：手最前的分支部，可按压键、钮等，可分为拇指、食指、中指、无名指和小指，根据位置又分为脚趾（指）和手指。

掌：手上除手指以外的部分，可借以使用更大的按压力量。

（4）脏腑器官核心词语

心：位于胸腔中间偏左，是促进血液循环的动力器官。

肝：位于胸腔右下，是排毒和消化器官。

肺：位于胸腔右下，是呼吸交换器

胆：位于肝脏的右前方，起消化作用。

肠：位于腹内，起消化、吸收和排泄的作用。

其实，身体部位的功能与身体部位的运动紧密相关。例如，腿和脚总是与运行有关，虽然有时他们也表现在对物体的粗野行动上（如踢和踩）；头是最初知觉模式的所在地，与吃和交流（谈）有关；胸向前，是最初的方向和运动的感知所在地等。执行各种身体动作或功能的身体部位才更像有意义的身体部位，因此，一个人体词语大概的功能意义指标是大脑皮层形成心理感觉运动图式的相对尺寸。

（三）人体词语基本语义系统规则

除了这些核心人体概念词语，其他人体部位都可以通过所属（或拥有）关系表示出来，而汉语人体词语的基本语义大致也可以通过位置和所属这两种关系系联起来组成一个语义系统。

每个人体器官部位词语与其他身体器官部位词语都是相关联的，它们合起来构成一个整体的人或身体。两个部位之间的关系或一个人体器官部位与身体自身的关系是客观存在的，只是不同语言中对人体分割不一样而导致人体词语之间的关系也不一样，而汉语中人体部位的逻辑关系基本遵循如下模式：

- 头是身体的一部分
- 脸是头的一部分
- 头上肯定有脸
- 头和其他身体部位都是身体的一部分

这些意义也可以通过下列更抽象的模式来表达：

- 头是人的一个部分
- “头前的脸”是存在的

其他核心和非核心人体词语也都可以在上述相同的模式下被界定或与另一个人体词语建立联系，这里我们就不再赘述。

当然，除了这种“所属关系”表达外，类似“鼻子在脸上”“脖子位于头和身体其余部分之间”等的位置关系表达是非常有用的，当然，这种表达的前提就是这些部位之间的界限非常清晰。另外，也应该考虑类似手腕连接手和手臂等器官部位之间的“连接关系”。

汉语中，几乎所有指称人体器官部位的人体词语词义都能通过以下几种语义关系模式串联起来：

（1）部位 X 相对部位 Y 的位置；

（2）部位 X 属于部位 Y；

（3）部位 X 连接部位 Y 等。

而所有的汉语人体词语也就这样建立了一种基于人体客观和人们主观认识的语义结构和系统。

二、古今语义变化表现及其原因

（一）词义变化表现

回溯一些现代汉语中表示核心概念而古代也存在的相关人体词语，我们可以看到其意义的变化，当然，这些变化不一定是到现代汉语中才发生的。现代汉语中关于词汇语义变化的分类，通行的主要是发生学的分类法和逻辑学的分类法，前者是从意义变化的原因出发，后者则是依据词汇语义所表示的概念内涵和外延的变化来进行的分类。人体词语的基本语义相当于其概念意义，因此，这里也主要是着重从其内涵和外延上考察其变化。

词义变化的逻辑分类法是德国语言学家赫尔曼·保罗在他的《语言史原理》里首先提出来的，后来这一分类法经房德里耶斯的

《语言论》得到广泛传播。按照这种分类法，词义的变化分为四类：(1) 意义扩大；(2) 意义缩小；(3) 意义转移；(4) 其他类型。对此，蒋绍愚先生指出①扩大、缩小、转移这三种情况是就词义引申所产生的结果而言的，张联荣先生也指出②这三类是词语意义范围变化的结果表现而不是变化过程。蒋绍愚先生③从限定义素的变化来界定词义变化的扩大、缩小和转移，指出通常认为属于扩大、缩小的一些例子是错误的，如“脸”从古代表示脸颊变为现代表示整个脸部，没有减少限定的义素，不是语义场中的上下位关系，也不是逻辑上的属种关系，所以并不属于词义的扩大，类似的“身”“目”也不属于扩大，而“趾”“脚”也不属于词义的缩小。但张志毅、张庆云先生④则将类似的“整体——部分”之间的变化仍归入扩大、缩小中，他们认为扩大、缩小主要着眼于义域的广化或狭化，因此“趾”是属于义域从整体到部分的缩小等。因为义位演变的相关语义参数包括义位的义值和义域，义值由基义义素和陪义义素组成，基义义素分为指物、指意等个性义素和指类的上位义素，义域相当于外延，又比外延广，义域既可以指意义范围，也可以指使用范围，义域包括大小域、多少域、伙伴域和适用域。

综合各家看法，以义值为参考指标，这些整体与部分间的意义演变似乎是没法归入扩大、缩小中，而从义域看，上述人体词语意义的变化又可归入这两类中。虽然词义不等于概念，但某些词语，像人体词语等的意义首先就是表达概念，概念外延指称对象的整体或部分，即外延指称的大小有分别，词语的意义范围也会随着有分别。当然，我们不能因为义位关系反映概念间的关系

① 蒋绍愚，《古汉语词汇纲要》，北京大学出版社，1989 年，第 74 页。
② 张联荣，《古汉语词义论》，北京大学出版社，2000 年，第 213 页。
③ 蒋绍愚，《古汉语词汇纲要》，北京大学出版社，1989 年，第 76 - 77 页。
④ 张志毅、张庆云，《词汇语义学》，商务印书馆，2001 年，第 299 - 304 页。

而将词义与概念等同或将这类反映概念的词义排除在词义范围之外。

从汉语人体词语基本语义变化的结果看，在人体义这一上位语义域内，没有大的类属关系的词义变化，主要包括扩大、缩小和易位三类情况。而真正的语义“转移”，就人体词语来说，主要是从人体语义域转移到其他语义域，这种跨域变化很多，我们将在第三章中做重点讨论，像“涕”从指眼泪变为指鼻涕，但前后两义位的上位义仍然是相同的“体液”，这种情况我们并不归入转移。对词义的分析，我们借鉴义素分析法，将涉及的义素粗略分为指称义素、区别义素两大类，区别义素主要涉及位置和功能两方面。

1、语义扩大

A 部分→整体

如“脸”：

S1 脸颊 = [部位] [头的前部] [额到下巴] [擦胭脂的地方]

S2 脸 = [部位] [头的前部] [额到下巴]

又如“目/眼”：

S1 眼珠 = [视觉器官] [脸上] [球形]

S2 眼睛 = [视觉器官] [脸上] [球形] [球形外能开合的皮] [睫毛]

又如“身”：

S1 躯干 = [部位] [躯干] [四肢]

S2 身体 = [部位] [躯干] [四肢] [头]

以上是名称未变，所指部位的类也未变，只是词语意义所指范围变大，S1 < S2，即为部分到整体的变化。要注意的是，“目”的语义虽扩大为眼睛，但现代汉语中多只作为语素存在。“身”的“隆腹”意义，通常借指怀孕。

B 小类→大类

如“腿”：

S1 小腿 = [部位] [身体下肢] [膝盖到脚之间] [支撑身体和行走]

S2 腿 = [部位] [身体下肢] [膝盖到脚之间] [臀部到膝盖之间] [支撑身体和行走]

又如“臂”：

S1 前臂 = [部位] [身体上肢] [肘到手腕]

S2 臂 = [部位] [身体上肢] [肘到手腕] [肩到肘]

又如“牙”：

S1 门牙 = [部位] [咀嚼] [嘴里] [上下颌] [前方正中央] [板形]

S2 牙 = [部位] [咀嚼] [嘴里] [上下颌] [前方正中央] [后方] [槽形] [板形]

又如“掌”：

S1 手掌 = [部位] [身体上肢] [末端部分] [无分支]

S2 掌 = [部位] [身体上肢] [身体下肢] [末端部分] [无分支]

又如“指”：

S1 手指 = [部位] [身体上肢] [最前端] [分支] [抓取]

S2 指 = [部位] [身体上肢] [身体下肢] [最前端] [分支] [抓取]

以上是名称未变，但单称“腿”“臂”“牙”“掌”“指”名称未变，但所指部位的类变为范围更大的上位类，S1 < S2，也是发生了小类到大类的变化，但他们只是成为上位义位语素，现代汉语中已经较少单称单用了。

再如“嘴”：

S1 鸟嘴 = [鸟] [部位] [进食] [发声]

S2 嘴 = [人或动物] [鸟] [部位] [进食] [发声]

以上“嘴”的语义值并无变化，只是适用范围从鸟类扩大到人或其他动物类，也属于语义小类到大类的变化。

2、语义缩小

A 整体→部分

如“趾”：

S1 脚 = [部位] [下肢下端接触地面部分] [支撑身体] [行走]

S2 脚指头 = [部位] [下肢下端接触地面部分] [支撑身体] [行走] [分支]

B 偏义化

双音节人体词语在固定成词的过程中较容易偏义化。

如“肌肉”：

S1 皮和肉 = [人] [组织] [肉] [皮肤]

S2 肉 = [人] [组织] [肉]

又如“手臂”：

S1 手和臂 = [身体上肢] [部位]

S2 臂 = [身体上肢] [部位] [肩到手腕间]

又如“心眼”：

S1 心和眼 = [部位] [心] [内脏] [眼睛] [脸上]

S2 内心 = [部位] [心] [内脏]

“肌肉”、“手臂”应该是词语双音化的过程中，客观空间上的紧密相连使得语言词汇语素选择时，自然选择相邻部位“手”或组织“肌”作补充音节需要的语素；而“心眼”是由于其中“眼”这个语素语义发生了比喻性转移，另一个语素“心”并没有跟着同时转移而导致字面词义发生偏义狭化的。

3、语义易位

蒋绍愚先生在传统的逻辑三类外，还列了一类“易位”，它是指中心义素不变，但限定义素发生变化的一类。[1]

如“脚”：

S1 小腿＝［部位］［身体下肢］［膝盖到脚腕的部分］［支撑身体和行走］

S2 脚掌＝［部位］［身体下肢］［脚腕以下接触地面的部分］［支撑身体和行走］

类似的还有“涕”的语义变化。

以上各词语 S1 到 S2 的变化，不一定是到现代汉语中才有，绝大多数词语意义的变化都是在古汉语各时期就发生了，如“身”在《诗经·小雅·何人斯》中就表示“身体”义了（“我闻其声，不见其身”）。因为义位 S2 沿用并成为这些词语在现代汉语中的主要义位，所以这里作为古今语义变化来列出。

（二）人体词汇基本语义变化的原因

马清华先生[2]综合过去几十年语义演变动因研究的成果，得出一个结论，即：现实作用力、心理力量、文化压力、语言内部力量是推动词义（或词义体系）变化的四种力量。而词汇语义变化的原因，从发生学的角度看，仍不外乎内部和外部两种原因。外部原因主要包括社会发展造成的概念表达压力或需求、人们的认知变化等，内部原因主要是词义内部发生矛盾以及词义体系性的要求等。具体到人体词汇语义的变化，也是这两个方面的原因。

语言是思维的工具，汉语词汇语义发展的总趋势是表义越来越精确、清楚，词汇语音的发展则是应韵律音步和谐的需要而大量双音化，因而从汉代开始就出现大量双音节词语。可以说汉语词汇语义的发展趋势是从综合走向分析，在这个过程中，词汇语义分析的模式多为：［特征义素］＋［类义素或整体义素］。人体

① 蒋绍愚《古汉语词汇纲要》，北京大学出版社，1989 年，第 81 页。

② 马清华《词义变化的动因》，《松辽学刊》，2000 年，第 5 期。

词语也不例外，但很多人体词语的意义只是表示部分，没有表示［整体或大类］概念的语素载体，于是人们常借表示部分的词语表示整体或大类意义，使他们的概念一般化，这样就造成一些人体词语意义的扩大，如古代开始有专门表示小腿的名称，“胫、脚、腿”都曾表示过小腿，后来“脚”代替了足，“腿”扩大成为整体概念，于是用“小腿”“大腿”分别表示原“胫”和“股”。而上述几个语义易位的汉语人体词语则是由于词汇系统性的变化而引起的，当“足”这个词形包含的义位太多时，人们就用与他相邻部位的词语“脚”来表示，于是一整套相关部位的词语，如“脚”和“腿”的语义都发生了易位。

第三节　中外人体词汇基本语义的比较

本文一个很重要目的是在语言共性中找特性，或者说是在语言特性中找共性。这里我们首先看看已有的关于人体词语基本概念的共性结论。安德森（Andersen）① 提出了许多身体部位词语语义的普遍性，包括如下几条（对于任何语言）：

（1）身体、头、胳膊、眼睛、鼻子、嘴都有明显不同的词语；

（2）手指和脚趾总是被贴上标记；

（3）指甲总是被贴上标记；

（4）如果脚有清楚不同的词语，那么手也有清楚不同的词语；

（5）如果脚有表示个人脚趾的词语，那么也有表示个人手指的词语；

（6）头、躯干、胳膊和腿常被“身体”所包含；

① Andersen, E. S. *Lexical universals of body-part terminology*. In: Greenberg, J. H. (Ed.), Universals of Human Language. Stanford University Press, Stanford, 第 335 - 368 页，1978 年。

（7）有不超过六个等级的部分层级。

我们先拿自己语言中的身体部位词语来逐条对照以检验这些特点的普遍性。汉语中：（1）指称身体、头、胳膊、眼睛、鼻子、嘴各部位的词语明显不同，我们不会用“眼睛”来同时表示“鼻子”或“嘴”等；（2）汉语词语的构成符号是汉字，缺乏语法形式标记，因而很多同音词语的意义是靠字形的义符来区别和标示的，如手指的“指”和脚趾的“趾”，其形旁分别代表了二者的不同意义；与（2）相承，对照（3）（5），汉语中手指甲是“指甲”，脚趾甲是“趾甲”，当然，“指甲”也可统称手指甲、脚趾甲；（4）汉语的手是“手”，脚是“脚”，两个词的词形词音明显不同；（6）汉语的“身体”通常指整个人体，包括头、躯干和四肢；（7）有不超过六个等级的部分层级：从前面的第一章可以看到，汉语共五个“整体——部分”层级，确实没有超过六个部分层级。那么，是否有一个普遍的、跨语言的人体分类方法？也就是，各语言中的人体词语表示的基本概念意义是否相同呢？

对此，有些问题的答案是带有推理性的肯定，比如某些特殊身体部位普遍倾向用作概念化和表达世界其他事物的始源域，像空间位置和拓扑逻辑关系就是如此，如身体部位词语，“头”、“腹”、“背”在许多语言里都经常用于空间描述。但是为了正确估计这种观点的真实普遍性，我们需要知道这些词语推理的基础语源意义在不同语言里是否真的相同，因此需要大量不同的语言调查。

词义是人类认识世界的反映，而指物词语的基本语义（或曰概念义）多是人们对世界事物的切分。因此，在不同语言系统里，事实上存在各种差异，即便在同一种语言的不同方言中也可能存在认知上的差异。比如中国东南方言中，不少地方（如广东梅县）“手”的指称部位范围可以包括胳膊，“脚”的指称部位范围可以包括腿，这时“手”、“脚”就成了上位概念上肢、下肢了。[①] 确切地说，这里手、脚不是变为上位概念，而是从部分变为整体概念。同样的，广东梅县话中用“手心”表示手掌，同时又用“手心”一词表示“手掌”的中心部位，长沙话中用“肩胛”表示整个肩部等。此外，还有用器官部位称该部位分泌物的，如济南话中，用“鼻子”表示“鼻涕”，[②]湖北武汉黄陂方言中也用“鼻子”表示鼻涕，如“他冻得鼻子直流”等。

上述例子说明汉语共同语与方言中的人体词汇基本语义是存在差异的。下面，我们用汉语核心人体概念词语与几种外语对译词做一点比较，试图说明人体概念核心词汇语义在不同语言中是存在差别的。

从中外人体词基本语义的比较结果看，其差异主要表现为以下几个方面。

一、名称概念显示的人体划分不同

各民族对人体的划分不同，因而相同的人体部位，有的民族用一个词语表示其概念范围，有的则用两个词语表示其概念范围，而有的则没有相应的词语表示相同的概念范围。

大概世界各种语言里都有与汉语中“身体、头、眼睛”相当的词语，但是有些词语准确的外延和内涵在不同的语言中却不一定是相当的。比如，汉语与英语类似，“肩”的外延范围包括连接手臂的关节和剩余的部分，以及两侧关节的剩余部分的范围，也就是“肩”的概念在汉语和英语中应该被描述为：身体中手臂连接剩余部分的区域。而汉语及英语中“肩”的这种外延在老挝语

① 李如龙《谈谈词汇的比较研究》，见李如龙、苏新春《词汇学理论与实践》，商务印书馆，2001 年。

② 董绍克《汉语方言词汇差异比较研究》，民族出版社，2002 年，第 103—108 页。

里却要用两个词语来表达：baa1，指脖子与肩接点之间的水平部分，而 ngaw5 khe`e`n3，是指手臂的顶端，即从肩关节向下一直到三角肌的底部。这样，汉语里的“肩”可看作是身体两个部位的连接处，而老挝语里的 baa1 和 ngaw5 khe`e`n3 则不能。① 又如俄语的 pyka（手、臂）所指义域大于汉语的“手”，即俄语的 pyka 相当于汉语的“手+臂”。再如，汉语和英语一样，“腿”是将腿和脚这两个部分分别用两个词语来表达的，汉语即腿、脚，英语则是 Leg、Foot，但有的语言里是用一个词语表示包括与股部连接处及以下的部分和脚，比如日语里的“足”即包括腿和脚。

虽然英语中人体概念核心词语的外延与内涵与汉语大都一致，即对人体部位的划分基本一致，但也有一些人体细分部位词语在汉语里难以找到对应的名称词语。如英语词典中“Human body”的人体图示中用“ball of the thumb ”表示大拇指与手掌连接处的突出部分，“ball of the foot”表示大脚趾与脚掌连接处的突出部分，汉语里一般未重视大拇指与手掌、大脚趾与脚掌连接的部位，没再划分出这样一个人体部位来，因而没有一般意义上的人体部位词语或短语来表示相应的概念。这可以从两个方面加以证明：一方面，《现代汉语词典》（第五版）中“身体”图示（见 1209 页）中没有看到这个部位；另一方面，在我们随机调查的几位年轻人和中老年人中，知道这个部位怎么称说的无一人。类似的，还有英语用“crook of the arm”表示手臂弯曲处的内侧，汉语里却没有相应的部位名称词语，汉语里只有“肘”表示手臂弯曲处的外侧。另外，汉语里“小腿”可表示从膝盖到脚腕的部分，现代英语中没有相应的专有名称，只是其旧用法中有“Shank”表示小腿，现代英语中分别有两个词“calf”“shins”表示小腿肚子和小腿前面

① N. J. Enfield, *Elicitation guide on parts of the body*, Language Sciences 28 , 2006, 第 148 - 157 页。

与腿肚相对的部分。可见，汉族与英吉利民族对小腿的划分不太一样。再如汉语“掌心”所指称的手心部位概念在英语里也没有相应的名称来表达，也就是该语言中没有对“掌”再划分出“掌心”这样的部位。

人体部位概念的划分差异，从说母语成人的认知度上也可见一斑。我们以人体的两个部位为例，对来自乌兹别克斯坦、韩国、爱尔兰、法国、意大利、美国的六位成年人进行了初步的认知调查。因对各种语言不甚了解，所以调查时，我们是用汉语人体示图和身体部位现场示范结合的办法，让他们明白汉语所指部位后，指出自己语言中有无相应的称说词语，或有几个，所指称的范围是否一样等。调查结果除了英语的，别的未用其语言具体记录。调查情况如下表：

表十二

姓名		巴哈	崔男晋	尤曼迪	李明智	达里奥	冯诗宁
性别		男	女	男	男	男	男
年龄		19	21	24	21	24	20
国籍		乌兹别克斯坦	韩国	爱尔兰	法国	意大利	美国
人体部位认知	臂	前臂一个词表示，整条臂一个词语表示。	前臂一个词表示，上臂一个词表示，整条臂一个词语表示。	前臂一个词表示，整条臂一个词语表示。	前臂一个词表示，整条臂一个词语表示。	前臂一个词表示，整条臂一个词语表示。	前臂一个词表示，整条臂一个词语 arm 表示。
	腰	表示从前到后一圈的“腰”。	前面部位有一个词表示，后面部位也有一个词表示，两侧也有一个词语表示。	表示从前到后一圈的“腰”。	表示从前到后一圈的“腰”。	表示从前到后一圈的“腰”。	Waste 表示从前到后一圈的“腰”，core 表示从前到后的腰肌。

上表的调查至少部分反映了汉语以外的其他语言母语者（成

人）对人体相关部位的认知情况。由上表，我们看到，韩语中，有三个词语分别表示人体臂部的不同范围，与汉语系统对应部位的概念词语相当，汉语相应的有“前臂”“上臂”和“臂”三个词语分别表示手臂的两段和整条手臂。但是，其他五种语言中，却只有相当于汉语“前臂”和“臂”的两个词语。而对“腰”的认知，乌兹别克斯坦语、法语、爱尔兰语、意大利语四种语言与汉语母语者是一致的，但是韩语、美国英语母语者对“腰”的认知则很不一样，较其他四种语言和汉语所表示的腰部概念，其部位划分显得更为细致。可见，不同语言对人体部位的划分和认知程度是不一样的。

以上只是就我们收集到的资料做了一点比较，还有很多语言对人体划分形成的概念词语我们还没看到，仅此，足见各语言的人体概念系统对人体部位的划分是不可能完全相同的。而人们之所以会有这样一个假设——身体部位划分在每种文化里是相同的，是因为每个人的身体结构和部位大致相同，而每个人的感知器官也是相同的。研究人体划分的研究者常一般性地注意到人体知觉的作用，认为感知中断在人体分割中起着重要的作用。虽然身体部位划分源于感知是合理的假设，但是，视觉感知中断和部位命名之间并没有必然的联系。调查表明，视觉中断是人们划分人体部位范围的重要感知依据，但视觉上的中断不是区分语言范畴的必然条件，如许多语言中对“手臂”和“臂”没有区分的词汇标志，只一个表示整个上肢的词语，如英语中就一个“arm”，既表示手的整个上肢，又表示除去手的其他上肢部分。

二、相同概念词语能指部位的多寡不同

很多语言中，一个人体部位词语被用来指称不止一个人体部位。其中，有些是因语义具有概括性，所以含义模糊，像汉语中“指甲”既可以指“手指甲”，也可以指“脚指甲”。而有些则是

指义不清楚，一个词语有两个不同的意义，如古汉语中处于词汇更替过渡期的“目”，有时用于指眼睛，有时则用于指眼珠子等。

要注意的是，我们不能把词义的概括性、模糊性与多义性混同。因为深信人体名称有普遍性，有些研究者就把有两个不同意义的词分析为一词多义，如用“手”和“臂”代替一般意义的“从肩到手指尖的上肢部分”，按照这个逻辑，汉语“腿”或英语的“leg”也是个多义词，有两个意义“大腿”和“小腿”，但“腿”在汉语和英语中的所指一般都是包括“大腿、小腿”的整条腿。N. J. Enfield 等认为，按照经济原则，应该避免这种一词多义的分析，而且按照这种一词多义分析的麻烦是要通过语言测试才能明确建立其多义系统，例如像 Terrill 通过测试，确定 Lavukaleve 中 tau（limb）有它的概括意义，而没有多个意义（如有“臂和腿”义）。①

很多汉语辞书里对人体器官部位词的解释也常指出某个人体词的概括意义后，又列举出其特指意义，如《汉语大字典》中“手”条下：“①腕以下的指掌部分。也指人体上肢。”但也有些辞书就把“手”的意义处理成一个词多个义项，如《中文大辞典》（台湾）中“手”条下，第一个义位为：人身上肢之称。其下又分了 3 个具体义项：①手掌也。②手指也。③手臂肩之总称。这种情况，类似“泛指”和“特指”的不同，的确不太好处理，其中有的“泛指”代表词语的概括性意义，“特指”则应该与词语的语境有关，是词语的言语应用意义，虽然这种词能一词多指（即“泛指”和“特指”），但其义位仍只有一个。

汉语中另有些人体词语，确实属于一个词有多个义位，可以指称多个部位。例如，“肚子”既可以指身体内部的胃，也可以指

① N. J. Enfield，，AsifaMajid，MiriamvanStaden，*Cross - linguisticcategorisationofthebody*：*Introduction*，Language Sciences 28 ，2006，第 137 - 147 页。

身体外部的肚子，而英语中相同概念的词语 Belly 只能表示肚子，胃则是用 Stomach 来表示。汉语的“胸”只是指称颈和腹之间的躯干部分，而英语的“breast”既可以指称颈和腹之间的躯干部分，又可以指称位于胸部的乳房，英文词典中“breast”一词下列了这两种指称的两个义位。

虽然汉语中“整体与部分同词的现象，在其他语言中也存在，具有跨语言的普遍性”，[①] 但这只是就词的指称功能而言。对人体词语的整体部分同词现象，汉语和其他语言有不一样的处理，汉语里多数可能是一种语境中的偏指，并非作为一个固定下来的义项处理，而其他语言中却可能当作不同的义项来处理。如一个人体部位词语可以代表两个以上的人体部位概念的现象在日语中就较为突出，我们查阅《日语人体词汇惯用语词典》后，发现几个与汉语人体词语表义很不一样的词。如汉语中的“脚”与“腿”各指人体的不同部位，而日语中的［足］一词包含“脚”和“腿”，词典中也有两个关于人体部位的释义：①脚；②腿。又如汉语中“手”与“臂”是人体的两个不同部位，而日语中的［手］一词则是指从人的肩部一直延伸到手的整个部位，词典中则有三个关于人体部位的释义：①手；②手掌；③胳膊，臂。再如汉语中“头”与“颈”是人体的两个完全不同的部位，在词汇的使用上也不会混淆，而日语中［首］一词所指的部分包含了汉语中“头”与“颈”的部位，词典中则有两个关于人体部位的释义：①颈，脖子；②脑袋，头。实际的语言生活中，这些具有多个人体部位义项的日语人体词语会根据语境显示其所指为人体的哪一部分，也就是根据语境选择和明确词义，这是多义词在句中明确单一义项的通常办法。日语中这些人体词语能指称不同部位是被

---

① 李宇明《整体与部分同词现象及其认知理据》，《汉语学习》，2002 年，第 2 期。

当作义项列入词典的，显然不同于汉语中人体词语的语境偏指意义。也就是说，同一人体词语，在日语中有些词能指称的人体部位往往不止一个，而汉语中常只一个。

三、人体词语搭配的不同

不同民族人体词语的差异也反映在身体部位词语搭配上。如在老挝语里，paak5“嘴”用于像“破嘴”这样的表达时，英语是用“破唇”。Schaefer（1985）以跨语言的词语“穿”为例，指出动词“穿”和用于其他事物的动词一样，而“戴”揭示了隐蔽的身体分割出的概念间的区别。比如日语里有三个这样的动词：kiru是表示把某物正常放于身体上部的动词：kaburu 是表示放在头上，haku 表示脚或小腿穿上。老挝语里有两个动词：nung1 表示身体上部或腿上穿，saj1 表示脚、头或其他身体末端穿上。反过来说，就是日语和老挝语中，各身体部位词语都有不同的“穿”与之搭配。[①] 我们找出汉语中表示“穿”的词语，并努力确定它们之间的区别。这样可以得到汉语中各身体部位搭配的表示“穿”意的动词分别为三个：

①（头、耳朵、眼睛、鼻子、口、脖子、手、手腕、手指、脚腕、脚趾等）+戴

②肩+披

③（上身、下身、脚等）+穿

大致来看，若以手臂及脖子为界，汉语里手臂及脖子以上的部位多用“戴”，以下的部位则多用“穿”，当然还有“肩”是用“披”。其实，古汉语中与各身体部位搭配的表示“洗”义的动作词语也是不一样的，如：沐+头，浴+身，盥/沫+手，洗+足

---

① N. J. Enfield，AsifaMajid，Miriamvan Staden，*Cross - linguisticcategorisationofthebody：Introduction*，Language Sciences 28，2006，第137 - 147页。

(脚) 等。

由此我们可以大致看到汉语人体部位与日语、老挝语的人体部位词语搭配的不同。

从以上的简单比较看，身体的语言表达范畴受制于普遍性原则和语言文化特殊性的原则。许多语言中的身体部位区分都是靠感知的中断形成的（如肩或膝的连接点、前臂和上臂的连接点、脚拇指与脚掌的连接点、手掌与手臂的连接点等），但人体词语的基本意义既有普遍共性，又有文化和语言特性。当然，我们认为要使人体词语对比做得更科学，还需要更多的语言实地调查，需要在今后的工作中寻求合适的对象做进一步的扩大和深入调查。

第三章　汉语人体词语的非本义系统

人体词语在表示基本的人体器官部位本义外，还常在此基础上引申或派生出不表示人体的其他意义，我们称之为“非本义”。因这些人体器官部位本义与派生的非本义之间联系紧密，我们仍把他们看作是同一个词语或语素下的多个意义，而不是看作不同的词，虽然有的意义转类了，却只能附着在语素而非词上。现代汉语中，表示器官部位的人体词语多是多义词或多义语素，他们既有古今义位形成的历时多义结构，也有现代两个以上的义位形成的共时多义结构，无论从哪种多义结构看，每种多义结构都有一个共同的核心义位，就多数人体词语而言，这个核心义位大致是我们做过描述的基本人体词义。

人体器官部位名称常常同时指向外形和功能，器官部位名称的非人体引申用法也就常常以二者为基础，是二者的反映。例如人的“头”用于隐喻铅笔的“头”是指其顶端，而用于隐喻委员会的“头”却是指其协调组织者。这样，人体器官部位就提供了从外形推向功能的引申或者说转义基础。前一章我们就核心词义场的义位在人体场中的变化做了一些描述，本章则主要从人体词语非人体场的义位变化做一些分析，着重探讨人体词语的非本义，即除基本语义——人体意义以外的引申义或转义。

词语的语义系统代表的是一个个的范畴，人体词本义所表示的是人体范畴，而人体词的派生义所表示的往往是其他范畴。前贤研究词义演变运动的成果很多，研究很全面细致，对词义引申的分类也有多种，但这些分类标准不够清晰或统一，有的则将方式和规律、结果与过程混合在一起。这里，我们想从发生学的角度，将语言外围宏观角度和语言内部微观角度结合起来，对汉语人体词语非本义产生的类型再做一些简单清晰的分析，并对其从基本义到派生义的扩张机制动因做些分析。另外，本章还将重点分析人体词语非本义对汉语构词和语义系统的影响。

第一节　汉语人体词语非本义的类型及扩展机制

对于词义的发展，传统的词汇语义学更多地归因于历史和社会，这固然是词义发展的重要因素，但只是外部因素。历史、社会等外因只能说明词义发展的必要性，而认知因素才能说明词义发展的内在机制和可能性。人体词语非本义的产生，是人们借助于逻辑推理能力，从不相似的实物或情景中看到与人体器官部位外形、位置或功能相似的性质或关系，并以这种隐喻心理为基础完成人体词语词义的扩展，这种扩展多是将本义指称具有物质形态的人体器官部位的词语从人体域扩展到无形的、有关人的观念和意识的领域之中。具体来讲，按产生的静态结果和扩展路径，又可分为不同类型。

一、非本义的类型

（一）跨域类型（或结果类型）

我们这里的“域”是就词语所表示的认知意义来说的，而不是就词语的使用域来说的。从人体词语表示的词义范畴来说，其本义是属于人体域的，而据此直接或间接发展出很多非人体范畴的意义是属于非人体域的。之所以用“域”来划分人体词语非本义的类型，是因为人体词语的引申就是始源域投射于目标域的映现，后面我们将具体讲这一点。

1. 人体域到具体事物域

汉语中很多人体器官部位词语常用来比拟一些动植物或器物。例如“脸”本义是人的面部，后可指称事物的前部，如“门脸”等；“口/嘴”本义是人的进食和说话的器官，后可用来指称事物出入的部分，如“山口”“江口”“海口”“路口”“山嘴”“壶嘴”“烟嘴”等；“舌”本指人的舌头，转指也可用指称舌状的东西，如“火舌”等；“眼”为人的视觉器官，后可用来指称事物的小窟窿，如“针眼”“泉眼”等；“鼻”本义指称鼻子，后可用来指称事物类似鼻子形状的东西，如“门鼻”“（飞机的）鼻轮”等；“领/脖”，本义是脖子，后可用来指称衣服上围绕脖子部分的“衣领”“领子”和围在脖子上的“围脖”等；“头”本义指人身最上端除颈部以外的部分，后可用来指称事物的顶端，如“山头”“枝头”等，而“脑”本指人的头脑，后可用来指称事物，如“电脑”；“手”本指人手臂前端抓取或持拿东西的部分，后可用来指称事物的类似功能的部分，如“机械手”“怪手”等；“肩”本义是人的肩膀，后可用来指称事物，如“坎肩”等；“脚”本义是人行走接触地面的部分，是人的最底部，后用来指称事物的底部，像“墙脚”“山脚”等；“腿”本指人的腿，后用来指称事物的支撑部分，如“桌腿”等；“皮”本指人肌肉的表皮，后用来指称事物的表皮，如“书皮”“饺子皮”等。另外，还有“咽喉”指交通要道；“腰腹”指物体的中间部分；“喉舌”指舆论工具等。

2. 人体域到抽象事物域

有些人体器官部位词语常可用来比拟一些抽象的空间、时间或情理等。

表示空间的。“面”：脸部→方面，如“东面”“里面”“左面”等；心：心脏→中间处，如“地区中心”；腹：肚子对应位置→中间处，如“腹地”等。

表示时间的。眼：眼睛→近期，如“眼下”“眼前”；头：人体最上部→事情的起点或终点，如“头绪”“开头”“到头”；首、尾：躯体两端→开始和结尾，如“首尾”等。另外，还有“节骨眼”“喉咙眼儿”（北方口语）转义指关键时刻等。

表示思维情感等。脑袋/头：思维器官→智力，如“没脑袋/头脑”“脑瓜/头脑灵活”；心眼：心→思想、点子，如“没心眼”“心眼多”等；心、肠、肺：心脏、肺脏→情感，如“有心”“心肠好”“没心肝”；胆：人体协助消化排毒的器官→做事的勇气，如“胆量”“胆大”“胆小”；脸：脸蛋→情面，如“脸面”“脸皮”“头脸”“头面”等；血：血液→性格，如“血气方刚”；骨：骨头→品格，如“骨气”等；

表示其他抽象事物方面。手：手部→花费金钱的行为或做事的方法，如“手松”“手紧”“手法”“手段”“手黑”“手软”等；“心”“肺”指良心，如“狼心狗肺”等；“心腹”指称要害，如“心腹之患”等；“耳目”指见闻，如“掩人耳目”“耳目一新”等；“嘴脸”指表情态度；“眉目”指事情的头绪；“皮毛”指表面的知识；“手脚”指行动；“口舌”指纠纷、争吵等。

3. 人体域到动作域

有些人体器官部位词语则常从指人体转到指需依凭该部位完成的动作，例如：

“指”本是“手指”，转义为动作域的有 2 个：①表示用手指对着，如“指着”“指桑骂槐”等；②发出意见、建议或命令，如“指点”“指导”“指教”“指引”“指挥”“指明”“指正”“指责”“指示”“指令”等，转义②表示更抽象的动作，应是从①而来。再如“掌”本为“手掌”，转义属于动作域的有 3 个：①表示用手掌打，如“掌嘴”等；②表示用手持拿、控制，如“掌灯”“掌舵”“掌灶”“掌厨”等；③表示控制、管理，如“掌控”“掌管”“掌握”“掌权”等，转义③表示更抽象的动作，应是从②而来。“手”转义也可以表示用手拿，如“人手一册”等。“顶”本是“头顶”，转义为动作域的也有3个：①表示用头顶支撑，如“顶碗”“顶天立地”等；②用头撞击，如“顶球”等；③支撑或对着干，如“顶替”“顶班”“顶风”“顶撞”“顶嘴”等，转义③是更抽象的动作，是从①②而来。“背”转义为动作域的亦为3个：①是表示背部对着，如“背山面水”“人心向背”等；②是朝相反的方向，如“背过脸”等；③是违反，如“背约”“背信弃义”等，①>②>③的转义是逐步从前一义位抽象而来。“踵”本表示“脚后跟”，转义属于动作域的有：①表示脚走到，如“踵门道谢”等；②表示“跟随”，如“踵前贤”，③表示继承，如“踵事增华”。转义②③应该是从①而来，不过现代汉语中，这三个转义都只存在于书面语中。

另外，动词背（bēi）是由背（bèi）转义形成的新词，即表示用背（bèi）背（bēi），只是因为语音形式已经改变，变成另一个词语了，如“背负”。类似的有“掮”，也是“肩”的动作域转义——用肩扛形成的新词，不过这个“掮”既改变了“肩”的音又改变了“肩”的形，可见词音和词形都是表达词义的主要手段。

4. 人体域到人称域

这是用人体器官部位概念来表示人，其中最典型的是用“手、头”来表示人。例如“手”指称从事某种专业技术或擅长某种技能的人，已经变成构词词缀，如“歌手”“键盘手”“鼓手”“水手”“舵手”“打手”“扒手”“猎手”“能手”“好手”“快手”“枪手”等。“头”也可转指处领导地位或起带头作用的人，如“班头”“孩子头”“头领”等。还有，“舌头”本是指说话的主要器官，转义后指提供情报的俘虏，而“大舌头”则指舌头不灵活、说话不清楚的人。“臂”“膀”本指人的胳膊，转义也可以指称人，如“左臂右膀”等。

用人体器官部位概念来表示人，汉语中较多的是两个人体部位语素合一起表示某类人。例如“首脑”“元首”“首领”表示领导；

"心腹"指亲信；"心肝"指称最亲热最心爱的人；"耳目"指替人刺探消息的人；"骨肉"指称儿女等；"面首"指称侍奉于贵妇左右的美男子；"喉舌"指代言人；"脚后跟"俗称"掌子"，所以可谐音指称长子；"面孔"表示"人"，如"陌生面孔"即陌生人。

5. 人体域到称量域

绝大多数人体器官部位词语都能当量词用，有些人体词的量词用法已经固定下来成为一般量词，因而在现代汉语字词典中被列为一个单独的义项，如头、顶、颗、领、口、手、股、面、身、眼等；[①] 而很多人体词语可借用为临时量词，双音节的如巴掌、鼻子、肚子、屁股、骨节、嗓子、耳朵、脑袋等全是临时量词，另外，单音节的股、脚、跤、额、脸、眶、目、腔、牙、掌、指、嘴等也是临时量词，字词典中并没有列出其量词用法的义项。[②] 博士论文中我已经就这两种量词详细讨论过，这里就不再赘述。这些人体词有的从表示人体器官部位转变为称量动作的单位，如眼("看一眼")，多数还是作为称量事物的单位，如头、顶、颗、领、口、手、股、身等，有的既可称量动量也可称量物量，如"面"在"见一面"中是动量，"一面旗帜"中是物量，"巴掌"在"一巴掌泥"中是物量，在"打一巴掌"中是动量等。

上述人体词语的非人体义多数已经固定下来，成为人体词语的非人体义位，但也有一些是要依赖上下文的语境才能显现的。

（二）路径类型

人体词语从表示人体到表示非人体，都是思维联想作用的结果，对于有多个非人体意义的词语来说，其产生过程有的是发散联想，

① 这些人体词中除了"面"兼有名量词和动量词用法外，其他的都只有名量词的通用用法，这与大多数人体词的动量用法意义比较实在有关。

② 我们认为"跤""牙"的量词用法已经基本固定，其量词化已经完成，前者作为动量词可溯至元代，直到今天都较常用，而后者的计量范围完全脱离了人体词本义对象，且使用范围较广，因而二者的量词用法当在字词典中作为一个义项列出。

有的是线性联想，有的则是二者综合在一起的联想。因此，我们可按联想的路径，将多个非人体意义产生的过程分为以下几种类型：

1. 辐射型

有的人体词语在生发出非本义的过程中，是以人体词语所表示的人体部位的几个特点为基础的，从而产生了几个非人体意义。如“面”：

A. 表示外表，如“面目”，《文心雕龙·义证》卷十：“必参稽互察，文章之面目、精神及其价值，始可显现衡定。”

B. 表示情面，如“颜面”“面皮”“面目”“面子”等，李直夫《全元杂剧·便宜行事虎头牌》：“兄弟哎，你则看俺一双父母的颜面，怕到那冷时节有甚么替换下的旧袄子儿，你便与我一领儿穿也波穿。”杨显之《全元杂剧·郑孔目风雪酷寒亭》：“嫂嫂，看着哥哥面皮，休打孩儿。”《史记·张耳陈余列传》：“且人臣有篡杀之名，何面目复事上哉！”王朔《顽主》：“一个著名作家都不来，真不给面子。”

C. 表示对着，如“面对”，《史记·万石列传》：“上具狱事，有可却，却之；不可者，不得已，为涕泣面对而封之。”邓友梅《大门以里，二门以外》：“这对称的格局只是面对大门而设。”

D. 表示方向，如“方面”等，老舍《火葬》：“我想多方面地去写战争，可是我到处碰壁，大事不知，小事知而不详。”

“面”的上述四个意义都是依据“脸”的本义而来，前者是根据脸部在人体外观中处于最重要地位的特点引申而来，后者是根据脸部为人情感最显露处的特点引申而来。其引申路径图为：

方向
↑
外表←面→情面
↓
对着、面对类似的还有：外观（如“门脸”，王朔《无人喝彩》：“他进了一家门脸很亲切不摆架子但场面不小座位众多的饭庄。”）←脸→情面（如“要脸/没脸”）；小洞（如“针眼”）←眼→关键（如“节骨眼”）；器物上带孔的部分（如“针鼻”）←鼻→创始、开端（如“鼻祖”）等。

2. 连锁型

通过线性思维引申的人体词语，较多的属于A→B的双音节简单引申。如：

要领→要点、关键：《汉书·张骞列传》：“骞从月氏至大夏，竟不能得月氏要领。”汪曾祺《国子监》：“为了写国子监，我到国子监去逛了一趟，不得要领。”

口腹→饮食：《孟子·告子上》：“饮食之人无有失也，则口腹岂适为尺寸之肤哉?”老舍《四世同堂·偷生》：“他不肯喝酒，不肯吃菜，表示出处长是见过世面的，不贪口腹。”

类似的还有很多，而且多为双音节，如“口吻”“头领”“心腹”等。

3. 综合型

一个词的各义位扩展过程既有辐射型的，也有连锁型的，所以属于综合式的。如“头”：

A. 指头发或所留头发的样式，如“平头/分头”“梳头”等。石君宝《全元杂剧·鲁大夫秋胡戏妻》第二折：“你是个年小的女娘家，你可梳一梳头。”刘心武《我爱每一片绿叶》：“魏锦星这时正坐在角落里，他和我同岁，今年四十二了，长挑个儿，永远是个平头，皮肤称得上黝黑……”

B. 物体的顶端或末梢，如“山头”等。王举之《全元散曲·三茅山行》：“飞膏雨龙归洞口，弄晴云鹤舞山头。”汪曾祺《天山行色》：“汽车转过一个山头，一车的人都叫了起来：‘哈!’”

C. 事情的起点或终点，如“开头”等。《儿女英雄传》第三十八回："见开头第一笔写着是'鹤鹿同春'老爷就不明白。"汪曾祺《七里茶坊》："像往常一样，总是老乔开头。"

D. 物品的残余部分，如"布头""线头"等。关汉卿《【仙吕】桂枝香》："泪痕流，滴破芙蓉面，却似珍珠断线头。"李辉英《故乡的山梨》："只是换些得用的东西，像棉花，布头，绒线一类的物品。"

E. 头目，如"班头""头目""头领"等。《旧唐书·僖宗本纪》："如王仙芝及诸贼头领能洗心悔过，散卒休兵，所在州府投降，便令具名闻奏，朝廷当议奖升。"尤凤伟《石门夜话》："接下去她又骂另外一些人，有山寨的头目，有小崽，有伙夫。"汪曾祺《大淖记事》："这帮锡匠有一个头领，是个老锡匠，他说话没有人不听。"

"头"的上述四种意义可以用下图表示：

发型
↑ ↗头领
残余部分←头→顶端、末梢→起点或终点

"口"的引申也是如此：

口味
↑ ↗刀、剑等的刃
人口←口→容器通往外面的地方→出入通过的地方

类似的还有"心"等。

人体词语派生的一些义项最初可能只是一种暂时意义的形态，后经反复使用而失去了修辞特征，从而由修辞意义向词义转化。

二、非本义扩展的动因机制及其共相

（一）扩展动因

从语言发生学的角度看，引发人体词语意义从人体范畴向其他非人体范畴演进的原因，通常有内外两种：

1. 语言外部作用力

作为外部力量，促动词语意义变化的首先是社会物质发展的现实。社会物质的大发展，要求有大量新的语义表达符号，所以一方面是一些新的语词符号产生，另一方面是“旧瓶装新酒”式的词义扩展，旧词形表示新意义，也就形成了词义的扩展引申。

主体认知心理力量，是促使词语意义引申的心理力量。包括人们习惯用旧知识来获取新知识、记忆的局限性以及思维从具体到抽象等认知规律。从某种意义来说，身体像其他的物体范畴类，特别像那些能移动的物体范畴类，但不同的是，其他物体类是从外部经验，而人体是从内部经验。也就是说身体的特殊地位给了人们特殊的认知。婴儿的自我管制模仿表明，对他人身体的最初理解来自对自己身体执行的体验。这些时刻都在经历和获得体验的身体，当然成了最可能的意义扩展对象。关于认知的作用过程，我们将在引申机制里再详述。

2. 语言内部力量

我们确定的人体核心词语，都有一个共同的特点，就是常用性。常用性代表了他们在汉语词汇中的基础和核心地位，而这种核心地位和使用的经常性也正为他们从单一表示人体器官部位变为跨域表多义提供了可能。比如眼皮是眼睛的组成部分，但“眼皮”是非核心词，而“眼”是核心词，二者能提供词义引申的语用频率不一样，自然能获得其他意义的机会也会相应不同。与此相关，语用上，词汇的跨域使用常常催生出新的词义。

（二）扩展机制

词的多义系统是词义演变的共时结果，一个词语语义形式突破原来的语义限制向另外一个意义领域延伸不是任意的，其引申前后的意义间总会在某些地方有相似、相关或因果推理等的联系。也就是说，人们在用旧词来给新事物命名时，原词词义的范畴就变化了，但是这种变化不是任意的，是建立在一定的规律之上的。

1. 以相似为基础的隐喻引申

相似中，最明显的是外形和功能相似。比如“咽喉”原指人吞咽食物的器官部位，而现在可以指交通要道。词义范畴从有生命的人体领域扩展到无生命的事物领域，从吞食的要道扩展为通行的要道，而这种基本义和新义都是指一种要道，具有相似的基础，这无疑是隐喻机制在发挥作用。

另外，还有根据功能特征，进行相似引申的。人体词语中，一些人体词语根据该部位蕴涵的具体动作特征意义，在隐喻的机制下进一步引申，表示更抽象的动作意义。以“手掌”为例，在功能特征中，人体部位“手掌”是人类行为的重要工具，而其词语义位包含的隐性义素中有动性义素［+抓］［+握］，在此特征基础上，他们又引申出抽象意义上的一般行为。比如：

第一种行为：可以根据“掌”义位中的隐性义素［+抓］［+握］来表示抽象动作。［+抓］或［+握］的具体动作与抽象的状态——控制、拥有、获取具有相似的心理感知，于是人类通过类比的认知加工，“掌”的派生义“控制/拥有/获取”等抽象行为意义就产生了。“掌”这个词就有了“由某人控制”的意思，像“逃出掌心”是摆脱某人控制的意思，“掌控”“掌握”等中的“掌”就是控制的意思。其实，这种引申在英语中也存在，如 out of one’s hand 就是摆脱某人控制，come to one’s hand 则转义表示“拥有”。

第二种行为：可以根据“手”义位中的隐性义素［+采取行动］来表示抽象意义上的一般行为。因为动手就意味着采取行动，动手这个具体的动作可用义素［+采取行动］来表示，而这又派生出“处理/办理”的意义。如“经手”（表示“经过亲手办理”）“动手”（表示“开始做”）等词语的“手”就包含“处理/办理”的意思。

类似的还有“指”的引申，“指”包含手指功能动作义素

[+ 指向]，然后由“指向”进一步引申为更抽象的“指引/指导”等动作意义。

在 Werner 等（1975）认为①公设“隐喻三段论”能够解释许多（也许是所有）隐喻现象，这样的“逻辑机制”可用来模拟隐喻创造者的认知过程，该三段论述如下：

If A has a set of attributes q

And

if B has a set of attributes q

then B is A

赵彦春从逻辑机制上认为隐喻导致语词多义性的过程也可用三段论表示如下：②

If B has a set of attributes q as A does

And

if A metaphorized as B

then we can call B A

由此可知，人体词语的隐喻就是通过既有人体概念范畴来“称说”新的假定事物，引发新的范畴化，从而形成新的概念。“咽喉”等人体词语正是通过隐喻机制根据原有词语某个义素才发展出其新义的。

2. 以相关为基础的转喻引申

转喻通常称作借代，“是相接近或相关联的不同认知域中，一个突显事物代替另一事物，如部分与整体、容器与其功能或内容之间的替代关系”③，除了常见的部分概念代指整体的转喻外，这里要说的是容易被人忽视的部分替代整体的情形，也就是人体词语由名词性意义转为动词性意义的单字转类，这在古汉语中很多，

① 转引自赵彦春《认知词典学探索》，上海外语教育出版社，2003 年，第 180 页。
② 赵彦春《认知词典学探索》，上海外语教育出版社，2003 年，第 181 页。
③ 赵艳芳《认知语言学概论》，上海教育出版社，2001 年，第 116 页。

少数沿用至现代汉语中的，很难引人注意。例如：

手：②拿着：人～一册。（《现汉》2005 版）其实先秦时期，“手”就可用作动词，《公羊传》中“手”共见 5 次，其中 3 次为名词，2 次为动词，如《宣公十二年》：“庄王亲自手旌，左右撝军退舍七里。”到现代汉语中，“手”作“持拿”讲用得不多，似乎仅见于“人手一册”中。

掌：②用手掌打：～嘴。（《现汉》2005 版）“掌”也是在先秦就有了动词用法，如《汉书·扬雄列传》：“及至获夷之徒，蹶松柏，掌疾梨。”颜师古曰：“掌，以掌击也。”“掌嘴”明朝就有用例，《初刻拍案惊奇》卷六：“县官叫掌嘴数下，要他伸出舌头来看，已自没有尖头了，血迹尚新。”“掌”在古代还有执持、拿的意思，如《儒林外史》第二回：“彼此说着闲话，掌上灯烛。”

指：③（手指头、物体尖端）对着；向着：用手一～。（《现汉》2005 版）“指”在先秦汉语中作动词表示“用手指头指着”较常见的，如《庄子·渔父》：“客指孔子曰：‘彼何为者也？’”

肩：②担负：息～｜身～大任。（《现汉》2005 版）“肩”大约在宋就可以作动词义“扛”讲，宋·熊鉌《捣衣曲》：“老农肩米肉成疮。”[①] 在表示具体动作义“扛”的基础上，“肩”引申出抽象的动作“担负”义，但“肩”的这一动词义项不能独立自由使用。

顶：②用头支承：～碗（杂技）◇～天立地｜他～着雨就走了。（《现汉》2005 版）“顶”作动词义“以头承载”讲，大约也在宋时，如宋·汪莘《行香子·腊八月与洪仲简溪行，其夜雪作》：“拥渔蓑，顶渔笠，作渔翁。”[②] 在表示具体动作义“用头支承”的基础上，“顶”引申出泛化的动作义“支撑、抵住”（如

---

① 此例转引自张文国《古汉语名动词类转变及其发展》，中华书局，2005 年，第 279 页。

"拿杠子顶上门"）以及抽象的动作义"顶撞"（如"他顶了姑母几句"）等。

因为"认知框架"是人根据经验建立的概念与概念间的相对固定的关联模式，属于人体器官部位的"手""掌""指""肩""顶"总是与凭借他们才发出的某种特定行为关联在一起的，因而这些人体部位名称概念处于"人体部位——该部位特定动作"这一认知框架中。由于关系概念包含相关事物概念，事物概念被关系概念所包含，所以用"部位"代指相应的动作是部分代指整体。"用显著的东西来转喻不显著的东西是一般规律"[①]，人体器官部位名词能转指动作，是因为在人类认知中，看得见的人体部位比相对抽象的动作更显著，语言中名词先于动词，空间概念先于时间概念的语序规律大概可以印证这一点。

理论上，每个身体名词都能通过"部分——整体"的认知框架实现名词向动词的转化，但实际上却不是这样的，据张文国考察[②]，古代能用作动词的主要是人体外部五官和肢体器官词语，而人体内部五脏六腑的器官词语不能用作动词。到现代汉语中，保留动词用法的就只有我们以上所举几个词语。为什么古代用作动词的身体部位词语到现代汉语中很少能保留下来？这应该与汉语整体发展有关。一方面，汉语从古至今语义表达趋势是从隐含走向呈现[③]、从综合走向分析，因而整体词类兼类或活用现象都有减少；另一方面，人体器官部位词语做动词用表示某个特定动作的同时，应汉语词汇使用的需求，得造出新的表示该部位动作的动词，如"拿""持""握""打"等字词都可以表示手部的动作。

① 沈家煊《转指与转喻》，《当代语言学》，1999 年，第 1 期。

② 参见张文国《古汉语名动词类转变及其发展》"第十四章"，中华书局，2005 年。

③ 具体参见胡敕瑞《从隐含到呈现——试论中古词汇的一个本质变化》，《语言学论丛》第三十一辑。

毕竟用“工具”代表“动作”，表义上总是有点不典型明白的，所以使用时人们自然会更加青睐这些表义相对单一显明的动词。

人体词语跨域引申的机制是隐喻和转喻，这一点已成共识，我们在此只是试图对其规律做了进一步说明和分析。

（三）扩展表现出的跨域共相

人体词语派生义的发展过程，就是人们利用对人体器官部位实体多方面特征的相关知识，进行以类比和突显为特征的思维加工，从而形成新的意义的过程。汉语人体词语引申表现出的特点是以感知为中心的主观化引申，其实这也是其他语言里人体词语引申的共同表相。

Eve Sweetser 分析了这样一个问题①：英语中表示视觉（Vision）的词语往往能够用来表示智力活动（Intellection），如英语中说“I see”就表示“I know”的意思；表示听觉（Hearing）方面的词语（Obedience/Heedfulness）则会有接受、服从（Obedience/Heedfulness）的引申意义；表示嗅觉（Smell）、味觉（Taste）、触觉（Feel）方面的词语则有表示个人主观感受、喜好等的意义等。不仅在英语中，而且印欧语的其他语种里也同样发现这样的现象。汉语里也有类似的引申，如“说”“看”主观化后，都可表示“认为”的意思，如“我心说，这人也太狠毒了”“你们看这事该怎么办好”等，“听”也有表示服从、接受的用法，如“我就不听你的，怎么样”等。再如，感官动词“看”“听”“吃”“喝”“闻”分别由感觉器官“眼”“耳”“嘴”“鼻子”在执行，在汉语中，对应的“好看”“好听”“好吃”“好喝”“好闻”则是表示一种对所感觉对象的评价，如“这道菜看起来好看，闻起来好闻，吃起来好吃”。这说明这类现象在人类语言中是具有共性的，这些

① Eve Sweetser *FROM ETYMOLOGY TO PRACMAT – Metaphorical and Cultural Aspects of SemanticStructure*（西方语言学丛书——从词源学到语用学：语义结构的隐喻和文化内涵），北京大学出版社；剑桥大学出版社，2002。

主要是感官动词引申的根源则在感觉器官上，是否在器官名词上也有同样的引申跨域共相呢？这里我们就以汉语人体核心感知器官名词为例考察一下。眼睛、鼻子、耳朵、口等面部感知器官，分属视觉、嗅觉、听觉和味觉，而指称这些器官的名词分别是“眼/目”“鼻”“耳”“口/嘴/舌”等。我们先看《辞源》中以这些词为语素的相关词条：

【目想】凝思。

【目论】比喻见识短浅。

【眼界】谓视力所能及的范围，多喻指精神境界。

【眼力】㊁见识。

以上含“目/眼”的词语意义均从视觉范畴引申到精神智力范畴了。

【鼻酸】比喻悲痛伤心。

这个含“鼻”的词语词义是从嗅觉范畴引申到情感范畴了。

【耳食】比喻不加思考，轻信传闻。

这个含“耳”的词语词义从听觉范畴引申到智力范畴。

【口信】口头传达的信息。

【舌人】古代司通译之官。

【嘴尖】形容说话尖刻。

以上含“口/嘴/舌”的词语意义从味觉范畴引申到言语表达范畴了。

从上述的词条看，包含器官名称“眼/目”的词语多从视觉引申到精神智力范畴了，包含器官名称“鼻”和“耳”的词语则分别从嗅觉和听觉引申到情感和主观判断上了，但《辞源》里“口/嘴/舌”下相关的词条多引申为“言语”，而没有精神智力或情感范畴的引申。可见，人体器官核心名词的引申与其相应感官动词的引申有相同之处。

其他语言，如英语中，上述几个感知器官词语的引申意义又如何呢？关于口、舌的隐喻，汉语里“口/嘴/舌”多引申出说话、言语的意思，如“口紧”“口松”表示说话小心或不小心，英语里的mouth也可表示说话，如big-mouthed表示说话冒失。英语中有through one's eyes表示用某人的眼光即按某人理解的方式，in one's eyes表示在某人眼里，即在某人看来，与汉语里的意思一样。另外，eye也可作动词表示认为，可见，英汉语中“眼睛”均为与判断力或智力有关的隐喻源。再如，英语中的“鼻”一般用来隐喻本能，如have a nose for表示有发现某种情况的本能，这在汉语里也有一种临时隐喻，如说“某某鼻子很灵，嗅到什么不对”等，当然，汉语里没有以“鼻”为词根的词语用以表示情感。又如，“耳”在英语中可隐喻人的理解和评判能力，如good ear表示对音乐、语言等很在行，与汉语里“耳”的隐喻方向是一致的。由此，我们可以看到，如同感官动词的引申或意义的主观化一样，人体感知器官名词在不同语言中具有相似的隐喻引申目的域。

第二节　汉语人体词语非本义的扩展特点——以“心”为例

汉语人体词语最初的本义是表示人体各器官部位概念的，然而在人们的使用中渐渐引申扩展出了非本义的新概念。引申多表示跨域的非人体概念，引申扩展的路径，则有辐射型、连锁型也有综合型。然而无论哪种引申扩展，我们都能发现一个共同的特点，即语义的相似性和模糊性。就人体词构成的成语来考察，汉语人体词语中，“心”构成的成语数量大大超出其他人体词语，因此，这里我们就以概念扩展丰富的人体词语“心”为例，探讨一下汉语人体词语非本义的扩展特点。

一、“心”扩展出的诸种意义

汉语中的“心”，不仅表示一团血肉的“心脏之器”的本义，还从功能角度引申扩展出“思想之器以及思想、精神”等意义，从位置角度则引申扩展出“中心”的意义。具体的可大略分为如下几类：

1. 表示思维的器官，是人大脑的代称。如：

他做什么事儿都很用心。

她是个直来直去的人，心里想什么就说什么。

我一直把父母的话记在心上。

含这种意义的成语较多，如：别出心裁、别具匠心、随心所欲、得心应手、力不从心、计上心来、口是心非、口不应心、心明眼亮等。

2. 表示思想。如：

小王的心很细，做什么事能让人放心。

他们俩是好朋友，经常在一起谈心。

类似概念组成的词语还有：心眼、心得、心机、心计、心思、心地、良心、操心、安心、多心、留心、分心、费心、粗心等。

3. 表示情感。如：

今天我的心情不太好，别来烦我。

她是个有爱心的人。

类似概念组成的词语还有：变心、私心、痴心、动心、贴心等。

4. 表示中心位置。如：

北京是中国的政治中心。

经济工作是今年工作的重心。

类似概念组成的词语还有：主心骨等。

二、"心"扩展的特点

从汉语"心"非本义的扩展，我们可以看到其扩展的如下特点：

1. 以人体认知体验为基础，全方位扩展

汉民族对人体心脏功能和位置的基本认知是：①它是人思想的器官，正所谓"心之官则思"（《孟子·告子上》）。②心脏位于人体的正中间，是人体的主宰器官。

根据①的基本认知，结合人体丰富的体验，汉语的"心"引申出表示多种思想、情感的概念，"心"似乎能包含一切与感觉、情绪、欲念、意志相关的概念，能表达众多心理现象、意识现象和精神现象。比如表达负面心理现象的伤心、心酸、心虚、心焦等，表达正面心理现象的安心、舒心、开心、顺心、称心等；表达负面意识现象的戒心、疑心、心机、心虚等，表达正面意识现象的恒心、热心、忠心、专心、细心等；表达负面精神道德现象的黑心、违心等，表达正面精神道德现象的良心、红心、人心等。总之，在精神层面上，"心"牵及心智、心思、心情、心志、心性、心力、心魄等各种"形而上"的情态、认知、道德和观念。

汉民族的集体认知中，"心"除了在空间位置上处于人体中心，更是在身体其他诸器官中起着主导和支配作用，有着关键功能。如《淮南子·精神训》："心者，形之主也。"帛书《五行》："耳目口鼻手足六者，心之役也。心曰唯，莫敢不唯。心曰若，莫敢不若。"也就是说耳目口鼻手足，都得听从心的指挥。心的主导功能，不仅体现在心的命令指挥上，还体现在其他器官与其共依存的关系上。"心"的功能受损，别的器官功能也会受损，如《礼记·大学》："心不在焉，视而不见，听而不闻，食而不知其味。"

汉民族对"心"的形体和生理认知则是，心是有性灵的肉体。中国人讲究空灵、通透，所以，心有住所——心房等；心有通达外部的小孔——心眼、心窍、心孔等；心应是通透灵活的——心空、心灵，而不应该是实心、死心等；心决定着人的性格和想法，所以有心性、心术、心数等。

2. 扩展的概念语义具有模糊性

在众多由“心”扩展的“心”族词语中，如果我们要细分其是属于心的思维概念还是情感概念时，往往让人有些难以明断。如“用心”一词，在“这件事你得用心去做”中，“心”所指应该偏重思维、智慧，但也不能排除情感上的重视之义；而在“他对她很用心”中，“心”应该偏重指情感，但也绝不能排除智慧上的巧妙、周全之义。所以心组词语中，“心”扩展的概念常兼属思维和情感。对本族人来说，虽然这些词语的意义用法似乎“只能意会而不可言传”，但多能恰当选用，而对外族人来说，精确地理解和使用它们确非易事。

正因为“心”扩展的思想器官、思想以及情感三个概念两种类属之间常常没有明晰的划界，所以在辞书解释中，常将三者合在一个义项里，如《现代汉语词典》（2005 版）中“心”的第 2 个义项为：“②（名）通常也指思想的器官和思想、感情等：～思 | ～得 | 用～ | 谈～ | 一～一意～ | 你～想到哪里去了？”

这种模糊性主要是由扩展的所指对象的模糊性决定的，情感和思想这个客体本身就是多维、多因的模糊集合。伏尔泰说：“世上不存在能够表达我们所有观念和所有感觉的完美的语言，这些观念和感觉的细微差别实在太多，太不可捉摸……例如，人们不得不用两个概括的词‘爱’和‘恨’以表达彼此迥然不同的成千上万种的爱和恨。我们的痛苦和欢乐的情况也是这样的。”① 所以，有时候很难清楚地说明词语中包含的“心”是属于思想的还是情感的义涵。

① 转引自李济生《论词义的民族性与模糊性》，《外语研究》，1995，第 1 期。

3. 扩展受中国哲学思想影响，并成为其载体

“心”的义涵众多，能表达各种情感和思想，在情感与思想的概念表达之间，常“剪不断、理还乱”，这正是受到中国哲学思想的影响。吴兴明先生对汉语“心”的一段解读，非常精湛：①

> “心”是含知、情、意、理的统一的“心”，或者说，心就是与身体相对并内转相关联、可互为转化的自然之心。“心”有形上之维，所谓良心、良知、良能、“最初一念之本心”，有人心和道心，有情和理，有知、情、志、欲、意，有德性之知和闻见之知，心之根据有性、有命。心之安放处有心胸、心宅和灵台，心的性灵化有魂、有灵、有神，……汉语中凡带“心”字旁的文字都与“心”相关联，此种文字有对人生在世的种种心态、意绪、心情、情调的最为丰富、细致、入微的表述。……良知、良心、心情、性灵、情理等等所谈论的仍是一颗活生生的人心。以中国人的心学观看西方，可以说西学中的“心”已经死了，它在逻各斯中心主义的对象化分割中已“不复见全牛”。

显然，在中国经典哲学思想中，“心”就是一个不能解析的整体。

以“心（忄）”为部件的汉字众多，纵观包含“心”的词语和以“心”为部件的词语意义，我们发现，“心”从心脏扩展为人的思维器官后，更是扩展为人的情、思、智乃至道德等一切形体之上的精神世界，而这正是中国哲学思想综合性的体现。刘翔从字源学角度考察发现②，西周以后的金文及先秦古籍中出现大批描

① 吴兴明《中国传统文论的知识谱系》，四川人民出版社，2001 年，155 页。因篇幅，“……”处为引用中的省略。

② 刘翔《中国传统价值观诠释学》，上海三联书店，1996，203—222 页。

述心的活动的文字，而这些字可以分为两类：一类是描述心的德性能力，如现还在常用的“德、惠、爱、慈、念、忍、忧”等，“心”被认为是德性之源，道德根基处，因而成为以孟子为代表的“尽心知性”的心性道德修养理论的基础；一类是描述心认知真理的能力，如“志、虑、忘”等，反映心具备自主认知分辨事理的特质，因而成为以荀子为代表的“心知道”的认知真理论的基础。

可见，“心”扩展的德行意涵和知性意涵分别成为以孟子和以荀子为代表的中国哲学理论的基础和载体。

心的“能知、能思”，是中国哲学“心”之学说的中心观念。[①] 记载道、名、法各派思想的《管子》，强调了心的思虑功能，《管子·宙合》曰：“心司虑，虑必顺言，言得谓之知”，《管子·心术上》曰：“心也者，智之舍也”。医学典籍《灵枢》则从人体相因作用入手，将因“心”而生的各种精神表现联系在一起，《灵枢·本神》曰：“心有所忆谓之意，意之所存谓之志，因志而存变谓之思，因思而远慕谓之虑，因虑而处物谓之智。”由此，意、志、思 、虑、智都是心的表现和反映。

正如周与沉所言，“心统百体，有如君主百官般无令不行”，“享有如此尊荣地位的心，扮演着多重角色，承担着复杂任务，早期文献反映出‘心’的意涵从思维器官、心理意识、情感表现到精神、意志、道德，是逐步深入的过程”。[②]可见，“心”的非本义扩展，是随着中国古人对身体和外界体验而得的哲学思想推广开来的，并且对人们日常的认知、思维和价值评判起着重要的作用。在论及一个人的良知和情感时，还会从“心”关联到“大脑、肝、肺”，这不仅表现为“心”与它们构成的词语上，还表现在人们对这些人体器官部位的认知上，例如：

① 张岱年《中国哲学大纲》，中国社会科学出版社，1982 年，249 页。

② 周与沉《身体：思想与修行》中国社会科学出版社，2005 年，232 页。

可东阳就是在烧得说胡话的时候，都在喊“天皇万岁！”大夫护士受了感动，很替他向上美言了一番，夸他是个最最忠于天皇的中国人。他们小心翼翼地看护他，尽了一切力量治好他，他全身每一处都用X光拍了照，片子送回日本作科研材料，看看他的心、肝、脑子和肺有些什么特殊构造，怎么能这么效忠于日本。（老舍《四世同堂》三）

小说人物“蓝东阳”对日本天皇的忠诚让中国人不可思议，所以作者老舍先生调侃“他的心、肝、脑子和肺有些什么特殊构造”，无论如何，老舍先生认为“良知、良心、正义、情感”等一类的思想、道德和情感与人的心、肝、脑子和肺是有联系的。这也反映了中国人的集体认知。

相对于其他身体器官部位，“心”在身体中的中心位置、主导作用，让“心”的意义扩展显得更加灵活和虚泛。从各种人体词语构成的成语看，“心”构成的成语也是最多的（391 条，具体见附录一），大大高于其他人体器官构成的成语数就是明证。尽管如此，各人体器官部位的意义扩展又无不或多或少地体现出上述“心”扩展的三种特点来。

第三节　古今同一部位概念人体词语非本义扩展的差异

如前所述，古今表示人体同一器官部位的词汇有更替。尽管词汇有更替，古今表示同一人体概念的词语在现代汉语中仍以不同形式共存。比如古代汉语中常用的人体词语到现代汉语中经常不能单用，但仍以语素的形式存在于合成词或成语、熟语中，而现代汉语中同一概念的人体词语除了单用以外，也能以语素的形式存在于合成词或其他成语中。在词语的非本义上，古今同一概念人体词语均有自己的扩展能力和构词能力，本节我们将以几组古今同一概念人体词语的非本义扩展为例，从其构词能力和词义扩展引申方面探讨其差异。

一、几组古今同一概念人体词语的非本义扩展差异

1. 口——嘴

“口”在《现汉》（2005 版）中的释义为：

（1）【名】人或动物进饮食的器官，有的也是发声器官的一部分。通称嘴。（2）指口味。～轻｜～重。（3）指人口。户～｜家～｜拖家带～。（4）（～儿）容器通外面的地方：瓶子～儿｜碗～儿。（5）【名】（～儿）出入通过的地方：出～｜入～｜门～儿｜海～｜关～｜胡同～儿。（6）长城的关口，多用于地名，也泛指这些关口：～外｜喜峰～｜古北～｜～蘑｜西～羊皮。（7）（～儿）【名】口子②：伤～｜衣服撕了个～儿。（8）性质相同或相近的单位形成的管理系统：归～｜财贸～。（9）【名】刀、剑、剪刀等的刃：刀卷～了。（10）指马、驴、骡等的年龄（因可以由牙齿的多少看出来）：六岁～｜这匹马～还轻。（11）【量】a）用于人：一家五～人。b）用于某些家畜或器物等：三～猪｜一～钢刀｜一～缸。（12）【名】姓。

我们以《现汉》为据，仅就“口”作为词语第一个语素的构词语数进行了统计。结果为“口”构成的词语有 77 个，具体如下：

口岸、口杯、口碑、口碑载道、口北、口才、口彩、口吃、口齿 1、口齿 2、口臭、口传、口疮、口袋、口淡、口风、口服 1、口服 2、口福、口腹、口感、口供、口号、口红、口惠、口技、口角、口紧、口噤、口径、口诀、口口声声、口粮、口令、口马、口蜜腹剑、口蘑、口气、口器、口腔、口琴、口轻、口若悬河、

口哨儿、口舌、口实、口试、口是心非、口授、口述、口水、口水战、口算、口蹄疫、口条、口头、口头禅、口头文学、口头语、口外、口腕、口味、口吻、口误、口香糖、口小、口信、口形、口型、口血未干、口译、口音、口语、口谕、口占、口罩、口重、口诛笔伐、口子1、口子2。

在上述词语中，除了“口布、口杯、口臭、口疮、口服2、口技、口角、口腔、口水、口琴、口条、口型、口形、口血未干”等13个词语中的“口”是表示“嘴”的本义以外，别的64个词语（约占83%）由“口”的非本义“言语”构成。

“嘴”在《现汉》（2005版）中的释义为：

【名】（1）口的通称：张～｜闭～。（2）（～儿）形状或作用像嘴的东西：瓶～儿｜茶壶～儿｜烟～儿。（3）指说的话：～甜｜别多～。

我们以《现汉》为据，仅就“嘴”作为词语第一个语素的构词语数进行了统计。结果为，“嘴”构成的词语有22个，具体如下：

嘴巴、嘴笨、嘴唇、嘴刁、嘴乖、嘴尖、嘴角、嘴紧、嘴脸、嘴快、嘴皮子、嘴软、嘴松、嘴硬、嘴碎、嘴甜、嘴损、嘴头、嘴严、嘴稳、嘴直、嘴子。

在上述词语中，除了“嘴巴、嘴唇、嘴角”3个词中的“嘴”是本义用法外，其他19个词（约占86%）都是“嘴”的非本义构词。

另外，我们对收集到的13000条成语进行了穷尽性统计，发现“口”构成的成语数为127条，“嘴”构成的成语数为30条，二者差别非常明显，具体成语见附录一。这些成语的意义多由“口”“嘴”的非本义构成，可见，“口”的非本义构词数大大超过“嘴”的非本义构词数，虽然二者的非本义构词比例在各自构词总数中基本相当。

2. 首——头

“首”在《现汉》（2005版）中的释义为：

（1）头：昂～｜搔～｜～饰｜～级。（2）第一；最高的：～相｜～席。（3）首领：～长｜～脑｜祸～。（4）首先：～创｜～义。（5）出头告发：自～｜出～。（6）【名】姓。

我们以《现汉》为据，仅就“首”作为词语第一个语素的构词语数进行了统计。结果为“首”构成的词语有44个（不包括同音词），具体如下：

首班车、首播、首倡、首车、首创、首次、首当其冲、首都、首度、首恶、首发、首发式、首犯、首府、首富、首告、首功、首户、首级、首届、首肯、首领、首脑、首屈一指、首日封、首善之区、首饰、首鼠两端、首途、首推、首尾、首位、首乌、首席、首先、首相、首选、首演、首要、首义、首映、首战、首长、首座。

上述词语中，除了“首级、首肯、首饰、首尾、首乌”5个词语由“首”的本义“头”构成，其他39个（约占87%）词语是由其非本义构成的词语。

“头”在《现汉》（2005版）中的释义为：

（1）【名】人身最上部或动物最前部长着口、鼻、眼等器官的部分。（2）【名】指头发或所留头发的样式：剃～｜梳～｜平～｜分～｜你的脸形留这种～不合适。（3）（～儿）【名】物体的顶端或末梢：山～｜笔～儿｜中间粗，两～儿细。（4）（～儿）【名】事情的起点或终点：话～儿｜提个～儿｜这种日子到什么时候才是个～儿啊！（5）（～儿）【名】物品的残余部分：布～儿｜蜡～儿｜铅笔～儿。（6）（～儿）【名】头目：李～儿｜他是这一帮人的～儿。（7）（～儿）【名】方面：他们是一～儿的｜心挂两～。（8）第一：～等｜～号。（9）领头的；次序居先的：～车｜～马｜～羊。（10）【形】用在数量词前面，表示次序在前的：～趟｜

~一遍 | ~半本 | ~几个 | ~三天（=前面的三天）。（11）<方>【形】用在“年”或“天”前面，表示时间在先的：~年（=去年或上一年）| ~天（=上一天）| ~两年（=去年和前年，或某年以前的两年）| ~三天（=昨天、前天和大前天，或某天以前的三天）。（12）【介】临；接近：~五点就得动身 | ~鸡叫我就起来了 | ~吃饭要洗手。（13）【量】a）用于牛、驴、骡、羊等家畜：一~牛 | 两~驴。b）用于蒜：一~蒜。（14）【名】姓。

我们以《现汉》为据，仅就“头”作为词语第一个语素的构词语数进行了统计。结果为“头”构成的词语有58个（包括同音词），具体如下：

头班车、头筹、头寸、头等、头发、头伏、头骨、头号、头婚、头家、头角、头巾、头颈、头盔、头里、头脸、头领、头颅、头路1、头路2、头马、头面、头面人物、头目、头脑、头年、头牌、头皮、头前、头钱、头球、头人、头晌、头生、头绳、头饰、头套、头疼、头疼脑热、头天、头痛、头痛医头，脚痛医脚、头头脑脑<口>、头头儿<口>、头头是道、头陀、头先、头衔、头像、头囟儿<方>、头胸部、头绪、头雁、头羊、头油、头重脚轻、头子、头足类。

在上述词语中，有“头发、头骨、头巾、头颈、头盔、头颅、头球、头饰、头套、头疼、头痛、头痛医头，脚痛医脚、头像、头囟儿<方>、头胸部、头油、头重脚轻、头足类”等18个（约占31%）词语中的“头”为本义构词，而其他40个（约占69%）词语中的“头”为非本义构词，非本义多表示“领头的；次序居先的”。

另外，我们对收集到的13000条成语进行了穷尽性统计，发现“头”构成的成语数为181条，“首”构成的成语数为43条，二者差别非常明显，具体成语见附录一。“首”构成成语的意义多由“首”的本义“头部”构成，而少数由非本义“首先、领头”构成。“头”构成成语的意义也多由其本义构成，少数由其各种非本义构成。但“头”多与其他人体部位词对举或连用构成成语，“首”则不太多。具体如下：

“首”与身体其他器官部位词构成 16 个成语：

“首、身”（3 个）——摧身碎首、身首异处、首身分离

“首、心”（3 个）——低首下心、疚心疾首、痛心疾首

“首、耳”（1 个）——俯首帖耳

“首、颜（面）”（3 个）——皓首苍颜、蓬首垢面、囚首垢面

“首、额”（1 个）——疾首蹙额

“首、眉”（2 个）——螓首蛾眉、仰首伸眉

“首、尾”（3 个）——神龙见首不见尾、首尾呼应、畏首畏尾

“头”与身体其他器官部位词构成 80 个成语：

“头、面（脸）”（16 个）——出头露面、戴头识脸、当头对面、粉面油头、改头换面、灰头土面、两头白面、牛头马面、抛头露面、蓬头垢面、劈头盖脸、平头正脸、三头两面、神头鬼面、油头粉面、有头有脸

“头、脚（足）”（7 个）——贵冠履轻头足、科头跣足、品头评足、评头论足、评头品足、头重脚轻、头足倒置、

“头、脑（头）”（23 个）——巴头探脑、冲昏头脑、呆头呆脑、鬼头鬼脑、虎头虎脑、昏头昏脑、磕头碰脑、愣头愣脑、没头没脑、摸不着头脑、舒头探脑、缩头缩脑、探头探脑、头出头没、头高头低、头上安头、头疼脑热、头痛医头，脚痛医脚、摇头晃脑、油头滑脑、贼头贼脑、撞头磕脑

“头、目（眼）”（4 个）——豹头环眼、臼头深目、头晕目眩、獐头鼠目

“头、颔”（1 个）——虎头燕颔

“头、额”（2 个）——焦头烂额、铜头铁额

“头、颈”（1个）——伸头缩颈

“头、尾”（16个）——蚕头燕尾、藏头露尾、彻头彻尾、楚尾吴头、大头小尾、改头换尾、顾头不顾尾、虎头蛇尾、街头巷尾、掐头去尾、少头缺尾、吴头楚尾、摇头摆尾、有头无尾、有头有尾、斩头去尾

“头、耳”（3个）——肥头大耳、交头接耳、搔头摸耳

“头、身”（2个）——容头过身、一身两头

“头、齿”（1个）——蓬头历齿

“头、嘴”（1个）——牛头不对马嘴

“头、腰”（1个）——点头哈腰

“头、臂”（1个）——三头六臂

“头、跟”（1个）——头痒搔跟

由上我们可以看到，“头”能与15个身体部位词语“脸（面）、脚（足）、头（脑）、眼（目）、颔（即下巴）、额、颈、尾、耳、身、齿、嘴、腰、臂、跟（即脚跟）”组合成80个成语，而“首”只能与7个身体部位词语“身、心、耳、颜（面，即脸）、额、眉、尾”组合成16个成语。可见，在构成成语时，与“首”相比，“头”能更广泛地与其他部位人体词语组合而得到新义。此外，虽然这些成语绝大多数已不再是“头部”的本义，但这些成语的意义仍以“头”的字面义即本义为基础比喻而来。

总的来看，因“头”的非本义义涵比“首”更丰富，其非本义构词语数大大超过“首”，虽然在各自作为第一语素的构词总数中，“头”的非本义构词比例（约占68%）比“首”的（约占87%）略小。

3. 目——眼

“目”在《现汉》（2005版）中的释义为：

（1）眼睛：有～共睹｜历历在～。（2）【名】网眼；孔：八十～筛｜一方寸的网上，竟有百～之多。（3）＜书＞看：～为奇

迹。(4) 大项中再分的小项：项～｜细～｜纲举～张。(5)【名】生物学中把同一纲的生物按照彼此相似的特征分为几个群叫作目，如鸟纲分为雁形目、鸡形目、鹤形目等，松柏纲分为银杏目、松柏目等。目以下为科。(6) 目录：书～｜药～｜剧～。(7) 名称：题～｜名～。(8)【量】下围棋时所围得空白交叉点，一个点为一目：中方棋手仅以一～半之优获胜。(9)【名】姓。

我们以《现汉》为据，仅就“目”作为词语第一个语素的构词语数进行了统计。结果为“目”构成的词语有 36 个，具体如下：

目标、目不见睫、目不交睫、目不窥园、目不忍睹、目不识丁、目不暇接、目不暇接、目不转睛、目测、目次、目瞪口呆、目的、目睹、目光、目光短浅、目光如豆、目光如炬、目击、目见、目今、目镜、目空一切、目力、目录、目论、目迷五色、目前、目送、目无全牛、目无余子、目下、目眩、目验、目语、目中无人。

在上述词语中，除了“目测、目睹、目光、目击、目见、目镜、目力、目送、目眩、目验、目语”等 11 个词中的“目”与其本义“眼睛”直接相关以外，其他 25 个词语（约占 69%）与其非本义相关，在“目”的非本义构词中，“目”的“看”“目录”的非本义较多。

“眼”在《现汉》(2005 版) 中的释义为：

(1)【名】人和动物的视觉器官。通称眼睛。(2)（～儿)【名】小洞；窟窿：泉～｜炮～｜拿针扎一个～儿。(3)（～儿）指事物的关键所在：节骨～儿。(4)【名】围棋用语，由同色棋子围住一个或两个空交叉点。(5)【名】戏曲中的拍子：二黄慢板，一板三～。(6)【量】，用于井、窑洞：一～井｜一～旧窑洞。

我们以《现汉》为据，仅就“眼”作为词语第一个语素的构词数进行了统计。结果为“眼”构成的词语有 64 个（包括同音词），具体如下：

眼巴巴、眼白、眼波、眼岔、眼馋、眼眵、眼袋、眼底、眼底下、眼福、眼高手低、眼光、眼红、眼花、眼花缭乱、眼犄角儿、眼疾手快、眼尖、眼睑、眼见、眼角、眼界、眼睛、眼镜、眼镜蛇、眼看、眼眶、眼泪、眼力、眼力见儿、眼帘、眼眉、眼面前、眼明手快、眼目、眼泡、眼皮、眼皮底下、眼皮子、眼前、眼前亏、眼浅、眼球、眼圈、眼热、眼色、眼神、眼生、眼屎、眼熟、眼跳、眼窝、眼下、眼线1、眼线2、眼压、眼影、眼晕、眼罩、眼睁睁、眼中钉、眼珠、眼珠子、眼拙。

在上述词语中，“眼底下、眼力、眼光、眼神、眼皮子、眼目、眼珠子”7个词语兼有本义和非本义的义项，所以除了“眼白、眼袋、眼底、眼犄角儿、眼睑、眼角、眼睛、眼镜、眼眶、眼泪、眼帘、眼眉、眼泡、眼皮、眼屎、眼跳、眼窝、眼线1、眼压、眼影、眼罩、眼珠”22个词语（约占29%）为本义构词外，其他35个词语（约占61%）由非本义构成。

可见，“眼”的非本义构词能力相对比“目”稍差。

另，我们对收集到的13000条成语进行统计，发现“目”构成的成语数为39条，“眼”构成的成语数为30条，二者差别不太明显。但从具体构成成语看，“目”不常与“眉”组合，39条中仅2条成语与“眉”组合；而“眼”常与“眉”组合，30条成语中，有过半的16条成语是与“眉”组合的。具体如下：

目、眉（2个）——慈眉善目、横眉怒目

眼、眉（16个）——安眉带眼、白眉赤眼、愁眉泪眼、愁眉锁眼、低眉垂眼、低眉顺眼、观眉说眼、横眉竖眼、挤眉弄眼、看人眉眼、铺眉蒙眼、舒眉展眼、死眉瞪眼、喜眉笑眼、贼眉鼠眼、直眉瞪眼

从成语表达的意思看，“眉、眼”组合的成语多用于描述人不太好的表情或样子，属于贬义。而“目”构成的成语不太用于描

述人的情态，仅 2 例。

4. 腹——肚

“腹”在《现汉》(2005 版)中的释义为：

(1)【名】躯干的一部分。人的腹在胸的下面，动物的腹在胸的后面。通称肚子(dù · zi)。(2)指内心：~案 | ~议。(3)指鼎、瓶子等器物的中空而凸出的部分：壶~ | 瓶~。

我们以《现汉》为据，仅就“腹”作为词语第一个语素的构词数进行了统计。结果为“腹”构成的词语有 16 个，具体如下：

腹案、腹背受敌、腹地、腹诽、腹稿、腹股沟、腹面、腹膜、腹鳍、腹腔、腹水、腹泻、腹心、腹议、腹足类。

上述词语中，除了“腹股沟、腹面、腹膜、腹鳍、腹腔、腹水、腹泻、腹足类”8 个词语是由“腹”的本义构成以外，其他 8 个词语的意义由“腹”的非本义构成，“腹”多表示“内心、内部、未公开的”等非本义。

“肚”在《现汉》(2005 版)中的释义为：

【名】肚子。按：“肚子”在《现汉》中的释义为“腹的通称”。

我们以《现汉》为据，仅就“肚”作为词语第一个语素的构词数进行了统计。结果为“肚”构成的词语有 5 个，具体如下：

肚带、肚量、肚皮、肚脐、肚子

上述 5 个词语中，除了“肚量”1 个词，其他 4 个都直接与“肚”的本义相关。

可见，“腹”的非本义构词能力比“肚”强。

另，我们对收集到的 13000 条成语进行统计，发现“腹”构成的成语数为 37 条，“肚”构成的成语数为 10 条，二者差别也较明显。且“肚”常与“肠”组合，在 10 条成语中，有“兜肚连肠、割肚牵肠、牵肠挂肚、倾肠倒肚、小肚鸡肠”5 条成语是“肚、肠”组合的，而包含“腹”的 37 条成语中，除了“鼠腹鸡肠”1 条以外，其他成语都不是“腹、肠”组合。在“肚”构成的成语中，常常以“肚”的本义为基础，整个成语的意义则由其字面组合意思转喻而来，而在“腹”构成的成语中，“腹”的意义常常是非本义，如含“满腹”“心腹”“口腹”等的成语中，“腹”为非本义，多表示“内心”。

5. 面——脸

“面”在《现汉》（2005 版）中的释义为：

（1）头的前部；脸：～孔｜～带微笑。（2）【动】向着；朝着：背山～水｜这所房子～南坐北。（3）（～儿）【名】物体的表面，有时特指某些物体的上部的一层：水～｜地～｜路～｜圆桌～儿｜～儿磨得很光。（4）当面：～谈｜～洽｜～交。（5）（～儿）【名】东西露在外面的那一层或纺织品的正面：鞋～儿｜这块布做里儿，那块布做～儿。（6）【名】几何学上指一条线移动所构成的图形，有长有宽，没有厚。（7）部位或方面：正～｜反～｜片～｜全～｜多～手｜～～俱到。（8）方位词后缀：上～｜前～｜外～｜左～｜西～。（9）【量】a）用于扁平的物件：一～镜子｜两～旗子。b）用于会见的次数：见过一～。（10）【名】姓。

我们以《现汉》为据，仅就“面”作为词语第一个语素的构词数进行了统计。结果为“面”构成的词语有 54 个（不包括同音词“面粉”义构成的词语），具体如下：

面壁、面陈、面呈、面对面、面额、面访、面红耳赤、面黄肌瘦、面积、面颊、面巾、面巾纸、面具、面孔、面临、面貌、面面观、面面俱到、面面相觑、面膜、面目、面目全非、面目一新、面庞、面盆、面皮＜方＞、面洽、面前、面容、面如土色、面软、面色、面纱、面善、面商、面神经、面生、面世、面市、面试、面首、面授、面熟、面谈、面汤＜方＞、面头＜方＞、面无人色、面相、面叙、面议、面罩、面值、面砖、面子。

上述词语中，“面壁、面貌、面目、面庞、面纱”5 个词语兼有本义和非本义的义项，所以除了“面对面、面颊、面巾、面巾纸、面具、面孔、面膜、面盆、面皮<方>、面容、面色、面神经、面汤<方>、面相、面罩”等15个词语（约占31%）为本义构词外，其他34个词语（约占69%）都由“面”的非本义构成，“面”的非本义多表示“物体的表面、虚荣或情面”等。

“脸”在《现汉》（2005版）中的释义为：

【名】（1）头的前部，从额到下巴：圆～｜洗～。（2）（～儿）某些物体的前部：门～儿｜鞋～儿。（3）情面；面子：丢～｜不要～。（4）（～儿）脸上的表情：笑～儿｜把～一变。

我们以《现汉》为据，仅就“脸”作为词语第一个语素的构词数进行了统计。结果为“脸”构成的词语有17个，具体如下：

脸蛋、脸红、脸红脖子粗、脸颊、脸面、脸庞、脸盘儿、脸皮、脸谱、脸谱化、脸热、脸软、脸色、脸膛儿<方>、脸形、脸型、脸子。

上述词语中，有“脸蛋、脸颊、脸庞、脸盘儿、脸皮、脸谱、脸谱化、脸膛儿、脸形、脸型”10个词语（约占59%）为本义构词，其他7个词语（约占41%）为非本义构词，其中“脸”的非本义多为“情面、面子”或“表情”。

另，我们对收集到的13000条成语进行统计，发现“面”构成的成语数为106条，“脸”构成的成语数为11条，二者差别非常明显。

可见，“面”的非本义构词数量和构词能力都比“脸”强多了。

6. 足——脚

“足”在《现汉》（2005版）中的释义为：

（1）脚；腿：～迹｜～球｜画蛇添～。（2）器物下部形状象腿的支撑部分：鼎～。

我们以《现汉》为据，仅就“足”作为词语第一个语素的构词数进行了统计。结果为“脸”构成的词语仅有 3 个（不包括同音词），具体如下：

足迹、足球、足下

上述词语中，除了表示对朋友尊称的“足下”以外，其他两个词语都是由“足”的本义构成。

“脚”在《现汉》（2005 版）中的释义为：

（1）【名】人和动物的腿的下端，接触地面支持身体的部分：~面｜~背。（2）物体的最下部：墙~｜山~｜高~杯。（3）剩余的废料：下~。（4）指跟体力搬运有关的：~夫｜~行｜~力。

我们以《现汉》为据，仅就“脚”作为词语第一个语素的构词数进行了统计。结果为“脸”构成的词语有 44 个，具体如下：

脚板、脚背、脚脖子、脚步、脚踩两只船、脚灯、脚底、脚底板、脚法、脚夫、脚跟、脚孤拐、脚行、脚后跟、脚迹、脚尖、脚劲 <方>、脚扣、脚力、脚镣、脚炉、脚轮、脚面、脚盆、脚蹼、脚气、脚钱、脚手架、脚踏车 <方>、脚踏两只船、脚踏实地、脚腕子、脚下、脚心、脚癣、脚丫子 <方>、脚印、脚掌、脚爪、脚趾头、脚趾、脚注、脚镯。

上述词语中，除了“脚板、脚背、脚脖子、脚步、脚底、脚底板、脚法、脚跟、脚孤拐、脚后跟、脚迹、脚尖、脚扣、脚镣、脚面、脚盆、脚蹼、脚气、脚踏车 <方>、脚腕子、脚心、脚癣、脚丫子 <方>、脚印、脚掌、脚爪、脚趾头、脚趾、脚镯”30 个词语（约占 68%）为本义构词以外，其他 14 个词语（约占 32%）都为“脚”的本义构词。这些非本义构词中，“脚”多取“物体最下部”和“跟体力搬运有关”的意义。

可见，“脚”的非本义构词的绝对数量比“足”多，虽然二者的非本义构词比例在各自总体构词中差不多，即非本义构词的相对能力差不多。

另，我们对收集到的 13000 条成语进行统计，发现“足”构成的成语总数为 38 条，排除同音词“足够”的“足”构成的成语，由“足”的本义“脚、腿”和引申义“器物下部像腿的支撑部分”构成的成语只有 28 条，而“脚”构成的成语数为 37 条，二者差别较明显。“脚”多与“手（拳）”对称组合构成成语，37 条成语中就有 16 条（约占 43%）由“脚、手（拳）”对称组合而成，如：

碍手碍脚、搓手顿脚、大手大脚、慌手慌脚、毛手毛脚、蹑手蹑脚、蹑手蹑脚、七手八脚、轻手轻脚、拳打脚踢、手零脚碎、手忙脚乱、束手束脚、缩手缩脚、小手小脚、指手画脚。

而“足”与“手”组合构成的成语只有 6 条（约占 21%），“足”与“手”可连用出现于成语中，也可以对称形式出现于成语中。如：亲如手足、情同手足、一手一足、如手如足、胼手胝足、举手投足。

综合“足”“脚”为首字构成的词语和他们各自构成的成语看，“脚”的非本义构词能力比“足”强。

二、小结

我们对上述六组汉语古今同一概念人体词语的非本义构词能力及意义扩展差异做了大概的比较，发现有如下特点：

1. 古今同一概念人体词语在现代汉语中表现出的非本义构词能力不可一概而论。通常认为，经过古今汉语人体部位通用词语的演变更替后，古代的通用词位在现代汉语中保持着比现代通用词语更强的构词能力，而现代同一概念的通用词语则更自由，主要承担单独充当各种句子成分的任务。但我们考察发现事实并非如此：有的古代同一概念人体词语构词能力较现代同一概念人体词语强，如“口”较“嘴”、“腹”较“肚”、“面”较“脸”的非本义构词更丰富，构词能力更强；而有的则为现代同一概念人体词语构词能力较古代的同一概念人体词语强，如“头”较

“首”、“眼”较“目”、“脚”较“足”的非本义构词更丰富，构词能力更强。

2. 古今使用的同一概念人体词语在现代汉语中表现出的非本义扩展能力并非整齐划一的。根据《现汉》（2005 版）对各词语的释义，我们可以看到古今同一概念人体词非本义义项如下的数目对比：

表十三

	古	今	古	今	古	今	古	今	古	今	古	今
词语	口	嘴	首	头	目	眼	面	脸	腹	肚	足	脚
非本义项义数	10	2	4	12	7	5	8	3	2	0	1	3

上表用图表示则如下：

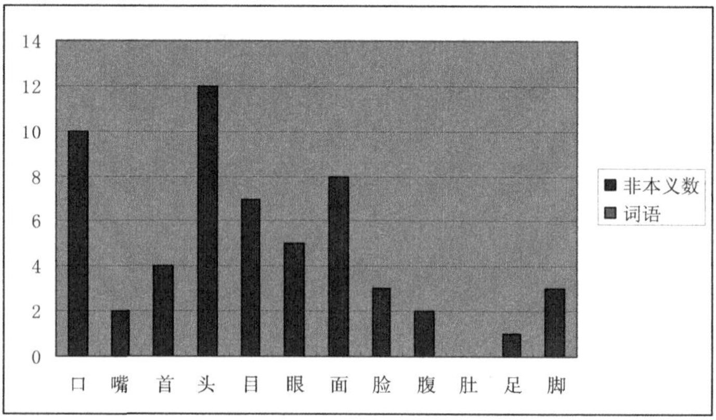

（图一）

由以上图表，我们可以清楚地看到，同一概念人体词语的非本义扩展能力是不一样的：有 4 组人体词语的非本义扩展是古大于今的，如口 > 嘴，目 > 眼，面 > 脸，腹 > 肚；有 2 组人体词语的非本义扩展是今大于古的，如头 > 首，脚 > 足。

虽有上述不一致，但总的来看，同一概念人体词语的非本义扩展能力还是古代的比现代的强。究其原因，我们认为，这主要是由词语非本义产生和存在的条件决定的。词语的非本义扩展很少单靠一个词语孤立地产生和显现，而常常需要一定的上下文语境。人体词语的非本义常产生于古代的书籍或固定连用的短语中，古代人体词语具有使用时间较早较长的优势，所以古代同一概念人体词到现代汉语中，常作为语素固定存在于词语中，而很少独立使用。上下文语境很好地为古代人体词语非本义的扩展和显现提供了条件，而后世产生新的通用词语后，人们就更多地将自由使用的权利交给了它。这样，新旧同一概念人体词语出现的语言环境有了较大差别，而词语产生非本义是有一定条件的，需要依赖于其他的语素和语义。所以，与非本义构词能力不同，古代的同一概念人体词语的非本义扩展能力比现代的要更强更丰富。

3. 现代汉语词汇系统中，某些同一概念人体词作为构词语素时，现代人体概念语素比古代人体语素更具有活力。如“面、足、目”在被“脸、脚、眼”等替代后，现代汉语中已经很少有它们构成的新词，如只有“面膜、面霜、面乳、足球、女足、足协、插足、惹目”等；但“脸、脚、眼”却构成了大量新词，如“名嘴、黑嘴、乌鸦嘴、打嘴仗、变脸、阴阳脸、唱黑脸、臭脚、捧臭脚、黑脚、洗脚屋、眼球、眼球经济、眼球效应、眼量、眼缘、眼热、眼药、养眼、义眼、电子眼、爱眼日”等，都是近年新产生的词语。

第四节　人体词语跨域扩展的民族差异

隐喻虽然具有普遍性，但相同的始源喻体具体隐喻成什么却是相对的，因语言而异，每一种语言都有其具体的隐喻系统，“对人类来讲，喻体和喻旨之间的相似性有时纯粹是心理的，因此也可能是十分主观的。对中国人来说像龙头的东西（水龙头），在日本人看来却像蛇口，而在法国人看来又像羊头。”① 面对相同的客体——人体，人们在不同文化习惯里会有一定的相同体验，也会有不同的想象经验，相应地，代表相同人体器官部位的词语也就会有引申上的相同和差异，前面我们已经谈及中外人体词汇基本语义的不同，这里我们主要谈点人体词语非本义扩展的民族差异。

一、扩展的义位多寡和意义不同

我们先以英、汉、日三种语言中表示人体“头、脸”的词语引申义位为例，分别以《朗文当代英汉双解词典》、《现代汉语词典》和《日语人体词汇惯用语词典》里的词例义项为基础归纳义位后进行统计对比，结果如下：

头

英语 Head（6 个：物品最前端或最上部；头脑；领袖；正面；距离或高度计量单位；最重要的）

汉语 头（8 个：头发、头发样式；物体顶端或末梢；事情终点或起点；物品的残余部分；头目；方面；第一；次序在前的）

日语 頭（4 个：头脑、脑筋；头发；头目、首领；开头、最初）

脸

英语 Face（4 个：表情、面容；尊严、面子；物体的某一平面；字体大小）

汉语 脸（3 个：某些物体前部；情面、面子；表情）

日语 面（3 个：脸面、体面；假面、假面具；表面）

由上表可见，同样的人体部位在英语、汉语和日语中的引申

① 赵彦春《认知词典学探索》上海外语教育出版社，2003 年，180—181 页。

义项数量有所不同，英语、汉语里“头”的引申义都较多，日语里似乎较少。而就具体引申意义而言，除了“头”都能引申为“头领”，“脸”都能引申为“面子”外，三种语言里“头”“脸”的引申各有不同。如“头”在汉语和日语中都可引申为时间概念，表示事情的起点也就是开头，而英语中却没有这种引申，英语中“头”有正面的引申义，而汉语和日语中都没有；汉语中“头”单独不表示脑筋，得用“头脑”表示，而英语和日语里都可以单用“头”表示脑筋；汉语的“头”可以表示物品残余部分，而英语和日语里却不能。“脸”在英、汉、日语中的引申义差异，从上表我们也可以清楚地看到：英语中“脸”可引申为字体大小，而汉语、日语中却没有；汉语中“脸”可以表示物体的前部，如门脸，但英语、日语中却没有；日语中“脸”有假面或假面具的引申义，但汉语、英语中却没有。

其他人体词语的引申也不尽相同，比如“腕”，日语里有“腕一本”表示单凭自己的本事、自食其力，但汉语里就没有“腕”的这种引申用法；汉语里“口齿”比喻说话的本领，英语中无“口/齿”的此种引申用法；英语里“heart and hand”（手和心）表示热心地，汉语中却无“手/心”组合的这种引申。

再比如“心”，在哈萨克语中可引申扩展表示品性，如“英勇、勇敢、赤诚、心狠”等惯用语，也可表示胆量，如“胆小鬼、胆小如鼠、魂不附体”等惯用语。[①] 而汉语中“心”可以表示意志、决心，还可表示悲伤难过或高兴紧张的情绪，此外，“心”还可表示思考和判断能力，如“心眼”一词常被用于形容人的思考力和判断力，组成诸如要心眼、斗心眼、缺心眼、直心眼、死心眼等词语。类似的相同部位名称词在不同语言里还有很多引申差

---

① 参见黄中祥《哈萨克语中含有人体器官词惯用语的文化内涵》，《语言与翻译》（汉文），2002 年，第 4 期。

异，我们就不再赘述。

而这种同一人体部位词语在不同语言中的引申情况不同，实际就是认知映射的不同，即同一始源域（source domain）对象在不同语言中有不同的目标域（target domain）映射。

二、跨域扩展的共时表现不同

我们这里仅以英语和汉语里人体器官名词用作动词的情况为例，这属于人体域到动作域的引申。英语和汉语中器官部位名词历史上都可作动词用，但是到现代，汉语与英语里关于人体名词作动词用的情况不一样。汉语里身体器官部位词语，特别是身体外部的器官部位词语，在古代汉语里很多可作动词用，如“目”表示“视”，“面”表示“面向”、“手”表示“执”，“首”表示“向”，“背”表示“背对”，“肩”表示“扛”、“指”表示“指向”，“耳”表示“听”，“牙”表示“咬”等，[①] 此外还有“掌”表示“执拿”，但到现代汉语里（大概始于近代汉语），这些人体器官部位名词中，只有少数几个可以作动词用。而英语中，人体器官名词作动词用的现象在现代仍然很普遍，比如 arm（臂）、back（背）、eye（眼睛）、face（脸）、hand（手）、head（头）、nose（鼻子）和 shoulder（肩膀）等都可以作为动词用，如 arm 可以表示与某人握手等，back 表示位于…背后或支持等，eye 表示看、观察等，face 表示面对等，hand 表示用手抓或处置等，head 表示头部对着等，nose 表示闻、嗅等，shoulder 表示挑起或用肩推等。[②] 大概这就是不同文字记录符号的不同作用吧。汉字是表义（兼表音）符号，英语是表音符号。汉语里人体器官名词新生的动

① 参见张文国《古汉语名动词类转变及其发展》“第十四章”，中华书局，2005年。

② 谢庆芳《英语中人体器官名词作动词用法探讨》，《江西大学学报》（哲学社会科学版），1984年，第2期。

词义多可以用带类义的偏旁部首字来表示，如“目”作偏旁的动词有：看、睹、盯、眯等。“耳”作偏旁的动词有：聽（听）、聆、闻等。“手”（“扌”）作偏旁的动词有：拿、提、执、持、提、拧、拎等。“心”（忄）作偏旁的动词有：思、想、忘、忆等。但英语在原词形基础上构造动词的，除在原词根前后加构词词缀外，就是零形式转类构词了。

三、跨域扩展的文化表征不同

任何一个民族都有一套基本的表示人体各器官部位的词语。按理说，人体构造功能全世界都是一样的，但这些词汇的引申意义却有着明显的差异，其深层原因在于其所受的文化制约不同。各语言中隐喻的首创者是不同的个体，个体对隐喻的使用可能很主观，受到经验或文化的制约，因此最初的隐喻行为就具有文化方面的个性，显现出不同的民族文化内涵和文化表征。这种文化差异在人体词语非本义的跨域引申中表现为四个方面：

一是目标对象相同，但选择源域对象不同。如汉语“楼梯口”是用“口”来隐喻，而英语的入口则是用“头”head来表示，楼梯口即stairhead；汉语中人的胆量用“胆”来代指，英语中却用“肝”来表示，如white - livered表示胆小；汉语用“眼”来表示遭人冷遇，即“白眼”，英语却用“肩膀”shoulder即cold shoulder来表示等。再如“山脚”英、汉分别是用“脚”“foot”来隐喻，但埃塞俄比亚和北美洲有些语言却不是用“脚”的。这种源域具体取象的不同，显然与各民族对人体器官部位的主观认知紧密相关。

二是表达相同的目标域范畴性质或概念，但所选人体源域对象的数量不同。如汉语常选取两个源域对象，而英语等常用一个。例如汉语用“铁石心肠”来表示心肠坚硬无比，冷酷无情，其选择的源域对象为两个——铁和石，英语have a heart of stone用的则为一个 stone；汉语用“首领”表示领袖，也是两个源域对象——首和领，英语 headmaster 用的则是一个 head；汉语“笨手笨脚”表示做事不灵活，选取的是两个源域对象——手和脚，英语 numb _ handed 只用了一个 hand。这是否与汉语崇尚双数对称的文化观念有关呢？因为汉语以双音节合成词和四音节的成语为多数，所以所选两个源域对象大多都是部位对称或相关的，如“锦心绣口”“点头哈腰”等。当然在对称观念下，也有将一个源域对象的两种符号进行对称重复的，如“呆头呆脑”“左臂右膀”等。

三是所选人体源域对象相同，构成的目标概念不同。这与各民族人体部位的认知体验密切相关。如“腰”“首”在汉语和日语中，引申出来表达的新概念就很不相同。日语中，“腰”除了表示人体的腰部，还引申表示“劲头，干劲”、“（年糕等）的黏度”，如“本腰を入れる”，即拿出真正的干劲，认真地干；“このもちは腰が强い”，即这年糕很黏。汉语的“腰”则除了表示人的腰部以外，还指裤腰、腰包或衣兜以及事物的中间部分。又如“首”，日语中除了表示脖子或脑袋，引申还可表示职位、饭碗，解雇、撤职、开除，“首がつながる”，即保住饭碗，保住职位。“首にする”，即免职、撤职，解雇。汉语中，“首”除了表示头部以外，还表示首领、第一、首先或出头告发。可见，汉语、日语中“腰”“首”没有引申出相同的目标新概念。

四是人体源域在构成人体对象相关新概念时隐显不同。构成与人体部位相关的某些新概念时，汉语倾向于以人体部位作为词义的联想基础，而其他语言则不一定。如汉语常以某个已知语素为基础生成可分析的新词，而英语对应的词却并非如此。例如汉语的“手套”是“手＋套”，即汉语的“手套”含有语素“手”，其构词和表义都是可分析的、显性的，而英语中“手套”是 glove，没有包含与手有关的构词语素，其构词和表义都是综合的、隐性的。再如汉语的“手机”，可分析为“手＋机”，而英语的手机是

mobile telephone，虽可分析为“移动＋电话”，但没有人体词语“手”；汉语的“手表”可分析为“手＋表”，而英语的手表是不可分析的 watch；汉语的“脚踏车”可分析为“脚踏＋车”，而英语是 bicycle，即“双＋轮”；汉语的“脚后跟”可分析为“脚后＋跟”，而英语是不可分析的 heel。诸如此类的例子，可能是不同语言构词时所选取的角度不一样造成的，汉语是以人体部位作为新构词词义的联想点，而英语则是以功能或事物本身形态特点作为新构词义的联想点。这可能显示了不同民族对人体重视程度的不同。

隐喻的文化差异可以用框架理论来解释。“框架”是人们有关某种情景的知识的集合，如骑脚踏车的情景，是人的两脚蹬踏、车的两轮飞转、车与人一同前行这样几个基本知识的集合，用模式简化表示就是“人两脚——骑踏——两轮车——前行”这样一个运动事件框架。根据注意焦点，我们可以选择并突出框架的不同方面，由此便有了不同的语言表达式。尽管框架的基本类型，在汉语和英语里都有共享的“运动事件框架”，但在这两种不同的语言内部，其注意焦点不一样，表达方式当然就不一样了。汉语注意的是人体部位的功效，英语注意的是车轮的功效，因此对这种“车”的特性描述方式就呈现出“脚踏车”和 bicycle（“双＋轮”）的不同。这种不同实际反映了文化和思维的差异，反映出汉语言文化思维更倾向“以人为本”来观察事物，英语言文化思维更倾向“以物为本”来观察事物。

以上所述进一步证明了词义知识与人类的百科知识，包括文化等知识是不可分割的，而词义的发展是人们认知加工的产物，可以说，不同民族的语言对某一隐喻表达式的认同是一种集体无意识。也就是说，身体的语言范畴表达虽有着普遍性原则，受思维共性的影响，却也受制于语言的特殊性，表现出文化的特异性。

四、跨域扩展的认知哲学基础不同

人体词语的跨域引申基于人们的认知体验，如上述，不同民族中人体词语跨域引申的意义要受制于其历史文化的影响，也反映出不同民族认知哲学基础的不同。从语义本身说，意义受哲学取向的影响，语义与哲学密不可分。这里我们不就语义哲学的问题作具体探讨，只想从宏观角度探讨中国哲学与西方哲学对人体词语跨域引申扩展的基础作用。

人的身体是人们日常生活接触最多的对象，向来是古今中外思想家、哲学家重点关注的对象。虽然，“世界——身体——容器（vessle）的连属共通性，实乃人类的普遍经验，宇宙万物与身体各特定区域、器官之间神秘地相互参与，世界和人、神祇和事物、外在和内在都彼此依存、互动相通，共在于不可分割的大身心空间中”①，然而，由于中国哲学的综合性特点与西方哲学的分析性特点不同，中国哲学强调“身心合一”，更关注“身与心之间的关系将变得怎样”或“成为什么”，西方哲学则更关注“身心之间的关系是什么”。②

哲学基础不同，其具体作用于人体词语的意义扩展引申上，则表现为人体词语意义跨域的多少和非本义扩展的重点大为不同。如用于表达感情的人体词语无论是种类还是构成的成语、惯用语数量，汉语都多于其他语种，这体现了中国人更倾向于将人体的感官与内心联系起来。有人统计，在表达感情时，中国人比伊朗人更多地使用人体词来表达。③

“心”是中国哲学关注的重点，“心”的种种非本义很丰富。

---

① 周与沉《身体：思想与修行》中国社会科学出版社，2005 年，96 页。

② 周与沉《身体：思想与修行》中国社会科学出版社，2005 年，27 页。

③ 具体参见罗欣《汉语和波斯语含人体词惯用语对比研究》，2012 年，上海外国大学，28 页。

由“心”生发的种种思想是中国哲学的基础，其从本义扩展表达的义涵也是最丰富的，前面已有所论述，这里不再赘述。然而，在其他语言中，例如英语中，由于英语母语者的集体意识，对“心”的领悟和理解不如中国这般复杂和综合，“心”扩展的领域则要少得多。英语中“心”扩展的意义主要表现为四类：

①某系统或组织中人们认为最重要、最有影响的部分。如 finacial heart（金融中心）、the heart of the culture（文化中心）、the heart of the mystery（奥秘的中心部分）等。

②某个区域最中心的地方。如 the heart of the Latin quarter（拉丁区中心）、the heart of Manchester（曼彻斯特中心）等。

③最深刻的情感所在地，特别是爱之类的美好情感。如 break one’s heart（因终止爱情或友情而使人感到很伤心、痛苦）等。

④代表一个人的性格或对别人的态度。如 a warm heart（和蔼可亲）、a generous heart（慷慨大度）、a good heart（好心肠）、a cruel heart（冷漠自私）等。

可见，由于英语母语者的哲学里更注重生理上“身——心”二者间的关系，从心对身体的重要性、心在身体的中央位置、心与身体的情感态度反应等上着眼，所以“心”之于英语，其非本义的引申止于此。而在汉语母语者的哲学里，除了关注到“身——心”二者间的关系以外，更注意从“身心一体”的心理角度，从“人——心”间的相互作用着眼，因而“心”的智力（心眼）、毅力（心力）、气质（心性）、尊严（心气）、道德（良心）、魂魄（心魄）等的非本义义涵无法出现在英语包含“heart”的词语里。

从以上人体词语跨域引申的四点差异中，我们可以看到，第一、二点的不同是语言现象的不同，而第三、四点的不同则是语言现象折射的文化和哲学基础的不同，或者说一二点是表象的不同，三四点是深层原因的不同。

第五节 人体词语转义对汉语词汇和词义系统的影响

绝大多数人体词语派生的非本义在共时平面就称为转义。通过隐喻或转喻，人体词语发生了转义，这种转义往往存在于大量包含非人体语素或词语的词或习语中，而这些词语的产生表现出两个显著特征：一系统性强；二生成力强。本节将对人体词语转义的影响做点共时考察和分析。

一、对汉语词汇系统的影响

“系统性说明了隐喻（尤其是母喻）具有很强的生命力。一个喻体可以生成 N 个隐喻概念，因为喻体在自己原始意义的范畴（original domain）内所具备的喻义特征都可以转移到属于另一个语义范畴的某个词项上。这种潜在的生成能力使得一个业已接受的隐喻（established metaphor）可以不断生成新的隐喻概念。”① 现代汉语词汇系统中，以某一人体词语为中心构成的“词串”和“词族”是大量的，这也大大丰富了汉语的词汇。所谓“词串”（Word chain），是指汉语中以同一个语素为基础形成的词项关系。②一个语素分别出现在词首、词中和词末，从而形成由同一语素构成的词串。所谓“词族”（Word family）是指具有相同或相近语义特征的一组词所形成的词项系统③，如“安静”、“宁静”和

---

① 赵彦春《认知词典学探索》上海外语教育出版社，2003 年，177 页。

② 彭宣维《认知发展、隐喻映射与词义范畴的延伸———现代汉语词汇系统形成的认知机制》，《北京师范大学学报》（社会科学版），2004 ，第 3 期。

③ 刘又辛、张博《汉语同族复合词的构成规律及特点》，《语言研究》，2002，第 1 期。

“沉寂”等。词族可以是词串，如“安静”和“宁静”，但词串不一定是词族。这里考察的主要是汉语人体词语构成的转义词串，因为我们选出的31个核心人体词语多数构词能力都较强，而且很多有对应的古今两个名称，因此构成词语非常多，王洪君先生通过对大语料库中穷尽收集的两字组实例的考察发现，仅黏合式复合两字组中，身体义场两字组就有5106例；[①] 杨晓黎也曾对以四组八个与人体相关的同义语素“足/脚、面/脸、口/嘴、目/眼”为例，考察以它们为语素构成的现代常用词语（选自《辞源》《现代汉语词典》《当代汉语新词词典》）就有630余条。[②] 我们这里仅选了几个人体词语，从共时构词角度做情况说明和分析。当然，很多人体词语转义构词并不是现代汉语中才有的，很多在古代汉语中就已经开始连用，后来进一步词化了，如“反目”表示不和睦在上古就有，如《周易·上经需传》：“九三：舆说辐。夫妻反目。”另外，这里所说人体转义构词的转义包括了两种情况：一是人体语素先转义后进入构词；一是人体语素先进入构词后整词转义。广义的词语包括词和短语，成语因其相对稳定的结构而被列入固定短语。[③] 按照人体转义构词的结构表现形式，我们将人体词语转义构词分成以下两类：

（一）转义形成的词化词语

我们曾经统计过《实用双向汉语词典》中部分主要“人体+人体”语素构成的双音节复合词的数目，考察人体义场内部构词能力。具体见下表。[④]

---

① 王洪君《动物、身体两义场单字及两字组转义模式比较》，《语文研究》，2005年第1期。

② 杨晓黎《传承语素在现代汉语词语构成中使用情况的考察——以一组与人体相关的传承语素为例》，《语言文字应用》，2006，第3期。

③ 邢福义主编《现代汉语》，高等教育出版社，1992年，第162页。

④ 冯凌宇《汉语“人体+人体”双音转义词语的意义和结构》，《湖北大学学报》（哲学社会科学版），2007，第2期。

表十四

人体语素	头	首	脸	面	鼻	耳	嘴	口	舌	颈	肩	背
构词数目	81	30	45	62	8	24	26	101	19	3	14	26
人体语素	腿	脚	足	手	拳	心	胸	腹	肝	脾	胆	肠
构词数目	12	42	8	91	16	87	12	11	10	7	22	9

由上表可以看出，以外在看得见的人体器官部位词“头、脚、手”和内部看不见的人体器官部位词“心、胆”等为语素的人体义场内部构词数都较多。

为了解汉语人体转义构词的能力，在此我们以《现代汉语词典》（2005 版）所收词语为主，考察了在人体义场内部构词能力相对较弱的“嘴”、“腹”、“膝”、“肠”和“骨”等五个单音节人体核心词语的构词情况。这些人体转义构词在形式上包括两种情况：一是包含一个人体核心语素，即单个人体器官部位语素构成的词串；一是包含两个人体器官部位核心语素，即双人体器官部位语素构成的词串。下面我们先看以“嘴”、“腹”、“膝”、“肠”和“骨”等单音节核心词为语素构成的人体单字转义词串。

1、单个人体器官语素组成的词串

按照转义类型，词典中“嘴”构成的单字转义词语有以下几种：

A.“嘴”表示言语：【嘴笨】不善于说话。【嘴乖】<口>说话使人爱听（多指小孩儿）。【嘴尖】说话刻薄。【嘴紧】说话谨慎，不乱讲。【嘴快】有话藏不住，马上说出来。【嘴甜】说的话使人听着舒服。【嘴稳】说话谨慎，不随便说出泄露秘密的话。【嘴严】嘴紧；嘴稳。【嘴硬】自知理亏而口头上不肯认错或服输。【嘴损】<方>说话刻薄。【嘴直】说话直爽。【拌嘴】吵嘴。【吵嘴】争吵。【插嘴】加入谈话（多指不合宜地）。【打嘴仗】指吵架。【打嘴】②<方>才夸口就出丑。【顶嘴】<口>争辩（多指对尊长）。【斗嘴】（～儿）①争吵：～怄气。②耍嘴皮子；互相开玩笑：取笑～。【争嘴】<方>①在吃东西上争多论少或占了别人的份儿。②吵嘴。【堵嘴】比喻不让人说话或使人没法开口。【多嘴】不该说而说。【还嘴】回嘴。【回嘴】受到指责时进行辩驳；挨骂时反过来骂对方。【夸嘴】<口>夸口。【卖嘴】用说话来显示自己本领高或心肠好。【贫嘴】爱多说废话或开玩笑的话。【耍贫嘴】<方>不顾对方是否愿意听而唠叨地说。【犟嘴】顶嘴；强辩。【抢嘴】①<方>抢先说话：按次序发言，谁也别～。【绕嘴】不顺口。【耍嘴皮子】①卖弄口才（含贬义）。②光说不做。【顺嘴】（～儿）顺口。【说嘴】①自夸；吹牛：谁也别～，咱们俩来比一比。②<方>争辩：他好和人～，时常争得面。【油嘴】①说话油滑，善于狡辩：～猾舌。【张嘴】①把嘴张开，多指说话。②指向人借贷或有所请求。【支嘴儿】<方>从旁给人出主意：他爱看人家下棋，可从来不～。【走嘴】说话不留神而泄露机密或发生错误。

B.“嘴”表示形状：【笼嘴】<轻>使用牲口时，戴在牲口嘴上，使它不能吃东西的器物。【奶嘴】（～儿）装在奶瓶口上的象奶头的东西，用橡皮制成。【喷嘴】（～儿）喷射流体物质用的零件，一般呈管状，出口的一端管孔较小。【沙嘴】由于流水速度降低，所挟带的泥沙很快沉淀而形成的跟陆地相连的沙滩。【山嘴】（～儿）伸出去的山脚的尖端。【围嘴儿】围在小孩子胸前使衣服保持清洁的东西，用布或塑料等制成。【烟嘴儿】吸纸烟用的短管子，较粗的一端装纸烟，较细的一端衔在嘴里。【豆嘴儿】泡开的大豆或刚刚露芽的大豆，做菜用。【电嘴】<方>火花塞。

C.“嘴”代指人：【快嘴】不加考虑、有话就说或好传闲话的人。【豁嘴】指唇裂的人。【油嘴】（2）油嘴的人。

D.“嘴”表示情态：【努嘴】（～儿）向人噘嘴示意。【撇嘴】下唇向前伸，嘴角向下，是表示轻视、不相信或不高兴的一种动作。【咂嘴】（~儿）舌尖抵住上颚发出吸气音，表示称赞、羡慕、惊讶等。【亲嘴】（~儿）两个人以嘴唇相接触，表示亲爱。

E. “嘴”表示吃：【贪嘴】贪吃。【偷嘴】偷吃东西。【吃零嘴】吃零食。【抢嘴】②抢着吃。【缺嘴】②指食欲没有得到满足。

按照转义类型，词典中“腹”构成的单字转义词语有以下几种：

A. “腹”表示中心位置：【腹地】靠近中心的地区；内地。【韵腹】指韵母中的主要元音。

B. “腹”表示内心：【腹诽】<书>嘴里虽然不说，心里认为不对。也说腹非。【腹稿】已经想好但还没写出的文稿。【腹议】<书>嘴上没说出，心里有看法。【满腹经纶】比喻人很有政治才能，也比喻很有才学。

C. “腹”表示情态：【捧腹】捧着肚子，形容大笑：令人~｜~大笑。

“膝”在《现汉》（2005 版）中除了作姓以外，只有一个名词义项：大腿和小腿相连的关节的前部。通称膝盖。因此，可以推测出“膝”的转义构词应该是进入词后的整词转义。按照转义类型，词典中“腹”构成的单字转义词语有以下几种：

A. “膝”代指人：【膝下】儿女幼时常在父母跟前，因此旧时表示有无儿女，常说‘膝下怎样怎样’；给父母或祖父母写信时，也在开头的称呼下面加‘膝下’两字：~犹虚（还没有儿女）｜父亲大人~。

B. “膝”表示情态：【促膝】膝与膝相接，形容两个人面对面地靠近坐着。【盘膝】<书>盘腿：~而坐。【屈膝】下跪，比喻屈服：~投降。【膝行】古指跪着行进，表示畏服。

C. “膝”表示物品：【护膝】保护膝部的用品。

按照转义类型，词典中“腹”构成的单字转义词语又有以下几种：

A. “肠”表示内心情感：【衷肠】<书>内心的话：畅叙～。【枯肠】<书>比喻写诗作文时贫乏的思路：搜索～，不成一句。【回肠】②<书>形容内心焦虑，好像肠子在旋转：～九转。【断肠】形容悲痛、忧伤到极点。【愁肠】郁结愁闷的心肠：～百结。【肠断】形容极度悲痛。【热肠】热心；热情。【直肠子】<口>直性子；性情爽直的人。

B. “肠”表示形状：【羊肠小道】曲折而极窄的路（多指山路）。

C. “肠”表示状态：【饥肠】<书>饥饿的肚子：～辘辘。

“骨”在《现汉》（2005 版）中有三个义项：①（名）骨头。②比喻在物体内部支撑的架子：钢～水泥｜龙～。③品质；气概。～气｜媚～｜侠～。其中②③为转义，也是引申义。按照转义类型，词典中“嘴”构成的单字转义词语有以下几种：

A. “骨”表示人的品质、气概：【傲骨】高傲不屈的性格。【媚骨】即奴颜媚骨，形容卑躬屈膝地逢迎、讨好别人。【风骨】①刚强不屈的气概。②（诗文书画）雄健有力的风格。【骨气】(1）刚强不屈的气概。②书法所表现的雄健的气势。【骨子里】①比喻内心或实质上（含贬义）：他表面上不动声色，～却早有打算。【露骨】用意十分显露，毫不含蓄。

B. “骨”表示支撑物：【骨子】东西里面起支撑作用的架子：伞～。【骨架】骨头架子，比喻在物体 内部支撑的架子。【主心骨】①可依靠的人或事物。②主见、主意。

C. “骨”代指人：【骨干】②比喻在总体中起主要作用的人或事物。【骨头架子】<口>②形容极瘦的人。【贱骨头】指不自尊重或不知好歹的人（骂人的话）。【贫骨头】1<方>指爱贪小便宜的人或小气的人。2<方>说话多而使人讨厌的人。【软骨头】比喻没有气节的人。【硬骨头】比喻坚强不屈的人。【主心骨】(～儿）①可依靠的人。

D. “骨”表示关键：【节骨眼】(～儿）比喻紧要的、能起决定作用的环节或时机。

E. “骨”表示程度：【彻骨】透到骨头里，比喻程度极深。【刺骨】寒气侵人入骨，形容极冷。【刻骨】比喻感念或仇恨很深，牢记不忘。【入骨】（感受上）达到极点：恨之～。

上列词串中我们没将未发生转义的义位或词语记入，如“打嘴”的“打嘴巴”义和词“果腹”（吃饱肚子）等我们就未列入。我们按照本义到转义的跨域类型，将上述人体词语转义构词做了大致归类和统计，见下表：

表十五

身体部位	跨域类型	词例	小计	总计
嘴	人体→言语行为	嘴碎、嘴甜、走嘴、多嘴等	37	58
	人体→事物	奶嘴、喷嘴、山嘴等	9	
	人体→人	油嘴、豁嘴、快嘴	3	
	人体→情态	努嘴、撇嘴、亲嘴等	4	
	人体→饮食	贪嘴、偷嘴、吃零嘴等	5	
腹	人体→位置	腹地、韵腹	2	7
	人体→思维	腹诽、腹稿、腹议	4	
	人体→情态	捧腹	1	
膝	人体→人	膝下	1	5
	人体→情态	促膝、屈膝、膝行	3	
	人体→事物	护膝	1	
肠	人体→情感、性情	衷肠、回肠、肠断等	8	10
	人体→事物	羊肠小道	1	
	人体→状态	饥肠	1	
骨	人体→气性	傲骨、风骨、骨子里	6	20
	人体→事物	骨子、骨架、主心骨	3	
	人体→人	骨干、软骨头、骨头架子	7	
	人体→时间	节骨眼	1	
	人体→程度	彻骨、刺骨、入骨	3	

从上表我们可以看到，上述5个部位人体词语的转义构词能力是不一样的，相对常用和重要的人体部位语素的构词能力显然处于优势，如“嘴”“肠”是五个语素中构词最多的。

2、双人体器官语素构成的合成词

两个人体义场单字构成的词语多表示人的抽象隶属物或抽象事理，是人体词语转义构词中重要的一类，这里仍依据《现汉》，以上述“嘴”、“腹”、“膝”、“肠”和“骨”等五个单音节核心语素为例，考察一下这些人体语素与另外一个人体语素转义构成的词串：

嘴（共计2例）：【嘴脸】面貌；脸色（贬义）。【嘴皮子】<口>嘴唇（就能说会道而言，多含贬义）。

腹（共计3例）：【口腹】指饮食：～之欲｜不贪～。【腹心】①比喻要害或中心部分：～之患。②比喻极亲近的人；心腹。③比喻诚意：敢布～。【心腹】①指亲信的（人）。②藏在心里轻易不对人说的：～话｜～事。

膝（共计0例）：无。

肠（共计2例）：【心肠】①用心；存心：～好｜～坏。②对事物的感情状态：～软｜～硬｜铁石～。③<方>兴致；心思。【热心肠】<口>（～儿）待人热情、做事积极的性情。

骨（共计5例）：【骨血】骨肉①（多指子女等后代）。【骨肉】①指父母兄第子女等亲人：～团聚｜亲生～。②比喻紧密相连，不可分割的关系。【身子骨儿】<方>体格：～结实。【筋骨】筋肉和骨头，也泛指体格：学武术可以锻炼～。【皮包骨】形容极端消瘦。

由此，我们可以看到，在人体转义构词时，不但有以单个器官与外界接触反应为基础的构词，也有以多个器官之间的关系和反应为基础的构词。此外，即便上述所选5个词是人体词中构词较少的，我们也可由其扩展的非本义构词情况得出或印证一个观点：

汉语人体词语的转义很丰富，转义构词的能力非常强大。

（二）转义形成的成语

现代汉语词汇里，除了基本词汇和一般词汇以外，还有一种特殊的词汇现象，即熟语。“熟语是人们常用的定型化了的固定短语，是一种特殊的词汇单位”，“熟语包括成语、惯用语和歇后语”。[①] 汉语中的人体语素广泛参与一般词汇的构词，人体词语也广泛参与大量熟语的构成。上面我们已经对部分人体隐喻转义形成的词化词语做了抽样定量分析，下面我们再以熟语中的成语为例，来考察一下部分人体词语转义构成的成语情况。

1. 包含人体词语的成语概况

我们将收集到的13000条成语做成了语料库，通过语料库的检索，我们共搜集到包含44个人体词的2000多条成语，具体见附录一。[②]

各人体词语构成成语数见下表。

表十六

人体词语	心	头	口	手	面	身	发	眉	肉	舌	胆
构成语数	391	181	127	121	106	105	48	59	54	53	47
人体词语	指	齿	首	目	足	血	背	腹	脚	骨	皮
构成语数	44	43	43	39	38	38	37	37	37	33	31
人体词语	眼	颜	嘴	肝	牙	耳	脑	肩	肠	臂	掌
构成语数	30	30	30	27	26	26	26	24	17	15	12
人体词语	脸	肺	筋	鼻	肚	膝	颈	腰	睛	肤	胸
构成语数	11	10	10	10	10	9	8	5	3	3	3

① 黄伯荣、廖旭东主编《现代汉语》（增订四版，上册），高等教育出版社，2007年，266页。

② 注：这些成语包括一小部分同音词构成的成语，因时间有限未在附录中未全部做排除，但总体上不会影响结论。另，用作正文分析的是排除了同音词的。

由上表，我们可以按构成成语数将人体词分成几个层级。

第一层级：构成成语数最多的人体词——心，达300条以上。

第二层级：构成成语数达100条以上，200条以下的人体词——头、口、手、面、身。包含“头”的成语仅次于“心”，达181条。而“口、手、面、身”构成的成语数也都在百条以上。

第三层级：构成的成语数在30－60条之间的人体词——眉、发、舌、肉、胆、首、指、齿、目、足、血、背、腹、脚、骨、皮。

第四层级：构成的成语数在15－30条之间的人体词——眼、颜、嘴、肝、牙、耳、脑、肩、肠、臂。

第五层级：构成的成语数在1－11条之间的人体词——掌、脸、肺、筋、鼻、肚、膝、颈、腰、睛、肤、胸。

处于第一层级的“心”，其构成成语数最多，前面第二节我们已经对其扩展能力和特点做了一定分析。接下来我们仅选取第二层级和第三层级中本文前面分析较少的人体部位词“手”和“舌”相关的成语以及部分双人体器官部位词构成的成语情况做分析。

2. 人体器官部位词语构成成语的情况

（1）“手”构成的成语

A. 单个人体部位词“手”构成的成语

人体词语在成语中的出现情况有两种，有的以非本义出现，有的则以本义出现。成语的意义往往是通过整体意义的转喻、隐喻等而得到的。

我们先看“手”的非本义构成的成语：

①表示帮助，如：假手于人、高抬贵手等。

②表示手段、手法，如：不择手段、出手得卢、措手不及、翻手为云，覆手为雨、上下其手、手下留情、先下手为强等。

③表示擅长某种技能的人，如：棋逢对手、强中更有强中手、斫轮老手等。

④表示某种技能、本领，如：妙手丹青、妙手回春、妙手空空、妙手偶得、拿手好戏、手到病除、手高手低、着手成春等。

⑤表示凭借的基础，如白手起家等。

⑥表示范围，如强将手下无弱兵等。

⑦表示动作持拿，如人手一册等。

⑧表示亲手，如手泽之遗等。

⑨代指单独一个人、独立，如一手包办、一手托天、一手遮天等。

再看“手”与其他词语一起经整体比喻表达非字面义的成语。例如：

断手续玉、拱手而降、拱手让人、拱手听命、河梁携手、举手之劳/一举手之劳、两手空空、鹿死谁手、拍手称快、额手称庆、人多手杂、如左右手、唾手而得、垂手可得、寸铁在手、大打出手、反手可得、手不释卷、手不停挥、手到拈来、手到擒来、手无寸铁、手无缚鸡之力、束手待毙、束手就擒、束手无策、顺手牵羊、唾手可得、握手言欢、洗手奉职、信手拈来、袖手旁观、摇手触禁、一朝权在手，便把令来行、一手独拍，虽疾无声、游手好闲、右手画圆，左手画方、炙手可热等。

上述“手”以非本义进入成语的共27例，“手”与其他词语一起经整体比喻表达非字面义的成语共39例。

B. “手”与另外一个人体词语共同构成的成语

“手”经常与另外一个人体词语共同构成转义成语，这里我们从收集的成语中共得到54例。

①手+脚/足（27例）

碍手碍脚（形容妨碍别人做事）、搓手顿脚（形容焦急不耐烦）、大手大脚（形容随便花钱、用东西，毫不吝惜，毫无节制）、狠心辣手（形容心肠手段残忍）、慌手慌脚（形容做事慌张忙乱）、举手投足（一抬手一踏步，泛指一举一动）、毛手毛脚（形容做事粗心大意，不沉着）、捏手捏脚/蹑手蹑脚（形容放轻手脚走路或形容以轻微的举动向人作某种暗示）、胼手胝足/手足胼胝（形容长期辛勤劳动）、七手八脚（形容多而杂乱）、亲如手足（形容关系彼此关系很亲密）、轻手轻脚（形容手脚动作很轻，尽量少发出响声）、情同手足（形容彼此之间的感情如同亲兄弟一样亲密）、如手如足（形容彼此紧密相关）、手零脚碎（指手脚不干净，小偷小摸或形容人好动，手脚不闲）、手忙脚乱（形容慌张忙乱，动作毫无条理）、手舞足蹈（形容高兴到极点的情状）、手足无措/无所措手足（形容举动慌乱或没有办法应付）、手足之情（比喻弟兄之情）、手足重茧（形容长期奔波劳累）、束手束脚（比喻做事顾虑多，不敢放手去干）、缩手缩脚（指因寒冷而四肢不能舒展的样子或形容做事顾虑多，不大胆）、小手小脚（形容不大方或形容不敢放手做事，没有魄力）、指手画脚（形容说话时兼用手势示意，也形容轻率地指点、批评）

②手+心（6例）

得心应手（心里怎么想，手就能怎么做，形容运用自如）、心狠手辣（形容心肠凶狠，手段毒辣）、心灵手巧（指心思灵敏，动作灵巧，形容人聪明能干）、心慕手追（指一心爱慕而随手模仿，形容对精湛技艺的高度赞赏和竭力效法）、心手相应（心里想的和手上做的相应，形容技艺熟练）、心闲手敏（指技艺娴熟，得心应手）

③手+拳（4例）

赤手空拳（形容两手空空，一无所有）、大显身手（形容充分显露自己的本领）、毒手尊拳（原指厉害的 对打，后指恶毒而凶狠地攻打，无情地打击）、拳不离手，曲不离口（形容技能的获得离不开时时刻刻的练习）、三拳不敌四手（比喻寡不敌众）、

④手+身（1例）

大显身手

⑤手＋额（3 例）

额手称庆/以手加额/举手加额（将手放在额头上，表示庆幸）、

⑥手＋面（1 例）

革面敛手（比喻去掉旧的、不好的，完全悔改）、

⑦手＋目/眼（6 例）

目送手挥/手挥目送（形容送别的不舍）、手疾眼快/眼疾手快（形容动作机警而灵活）、眼高手低（自己要求的标准高，而实际工作的能力低）、眼明手快（眼力好，动作快，形容形容反应快）

⑧手＋指（4 例）

伸手不见五指（形容很黑）、十目所视，十手所指（表示监督的人很多，不允许有背离社会道德的言行）、手眼通天（形容手段高超，善于钻营，也比喻跟有权势的高层人物有交往）、

⑨手＋口（2 例）

水来伸手，饭来张口/衣来伸手，饭来张口（形容生活懒惰，依赖于人）等。

由上可见，因“手”与“脚”在人体动作中紧密协调的相互关系，使得由“手”与“脚/足”构成的成语为最多。

（2）“舌”构成的成语

同“手”一样，“舌”构成的成语意义有透明的，也有非透明的，即“舌”在成语里，有的是以本义出现，有的以非本义出现。

A. 单个人体部位词“舌”构成的成语

我们先看“舌”的非本义构成的成语：

①指辩论或说话的本领，如百舌之声、三寸不烂之舌/三寸之舌、掉三寸舌（指用言辞打动或驳倒对方，多指游说）、巧舌如簧（舌头灵活得就像乐器里的簧片一样，形容能说会道，善于狡辩）等。

②指传言，如长舌之妇等。

③指谗言，如赤舌烧城等。

④指说的话，如驷不及舌（四匹马拉的车子也追不回已经说出口的话，指话一出口就无法再收回）、舌锋如火、两面二舌（形容耍两面手法）等。

再看“舌”常与其他词语一起经整体比喻表达非字面义的成语。例如：

酒入舌出、舌端月旦、舌挢（jiǎo）不下（舌头伸出来一时缩不回去，形容惊讶的样子）、一簧两舌、鹦鹉学舌等。

上述“舌”以非本义进入成语的共10例，“手”与其他词语一起经整体比喻表达非字面义的成语共5例。

B. “舌”与另外一个人体词语共同构成的转义成语

与“手”相比，“舌”则是更多地与另外一个人体词语共同构成转义成语，这里我们从收集的成语中共得到37例。

① 舌＋唇（7例）

搬唇递舌（比喻好传话）、唇焦舌敝/舌敝唇焦（形容话说得太多，费尽唇舌）、唇枪舌剑/舌剑唇枪（嘴唇像枪，舌头像剑。形容能言善辩，言辞锋利）、摇唇鼓舌/摇吻鼓舌（耍嘴皮子，大发议论。多指卖弄口才进行煽动或游说）等。

② 舌＋嘴/口（29例）

笨嘴拙舌/笨口拙舌（最笨，形容没有口才）、闭口藏舌（封住嘴，比喻轻易不开口说话）、赤口毒舌（形容出口伤人或赌咒，言辞十分恶毒）、尖嘴薄舌（形容说话尖酸刻薄）、缄口结舌（比喻因某种原因闭嘴不说）、金口木舌（即木铎，木铎以金为铃，以木为舌，摇动则出声。古代宣布政交法令，摇动木铎以引人注意。后多用来借喻宣扬某种政教或学说的人）、贫嘴薄舌/贫嘴贱舌（絮絮叨叨地说些废话，指言语多而尖酸刻薄）、七嘴八舌（形容人多而杂乱地说话）、轻嘴薄舌（指说话轻薄）、调嘴弄舌/调嘴学舌（指背地里说人长短，搬弄是非）、甜嘴蜜舌（指为了讨人喜欢或红骗人而说好听的话）、枉口拔舌/妄口巴舌（肆意胡说八道。多指散布流言，恶意中伤）、咸嘴淡舌（比喻无事生非或没话找话说）、虚嘴掠舌（比喻花言巧语）、油嘴滑舌/油嘴骗舌/油嘴油舌（形容说话油滑轻浮）、咂嘴弄舌（吧嗒嘴巴，摆弄舌头以品尝滋味，形容贪馋、欣羡或自得的样子）、张口结舌/张口结舌/钳口结舌/结舌杜口/卷口噤舌/缄口结舌（张着嘴说不出话来，形容理屈而无言对答或紧张、害怕而语塞）、嘴尖舌头快（形容言语灵敏快捷）等。

③ 舌＋目（1例）

瞠目结舌（瞪着眼镜说不出话来，形容受窘或惊呆的样子）等。

由上可见，“舌”与“嘴/口”在功能上既相似（吃和说话的功能）又相关，成语四字格的对称形式，使得“舌”与“嘴/口”对举共现的例子最多。

（3）其他双人体器官部位词构成的成语

为了比较，我们这里看看前面所分析过的“嘴、腹、膝、肠、骨”五个人体词语与另外一个人体词语共同构成的转义成语：

嘴（共计16例）：“嘴”与另外的人体语素构成的成语中，以与“舌”一起转义表示“言语”的最多，例如尖嘴薄舌、贫嘴薄舌 贫嘴贱舌、七嘴八舌、轻嘴薄舌、调嘴弄舌、调嘴学舌、甜嘴蜜舌、咸嘴淡舌、虚嘴掠舌、油嘴滑舌、咂嘴弄舌、嘴尖舌头快等。还有尖嘴猴腮、嘴甜心苦、嘴直心快等少数与其他人体语素一起转义表示外部形态或人内外矛盾状态的成语。

腹（共计11例）：与“腹”构成成语的主要有“背、心、口”等，如腹背受敌、腹背之毛、腹诽心谤、腹心相照、腹心之疾、口腹之累、口蜜腹剑、推心置腹、心腹之患、心腹之交，还有以小人之心，度君子之腹等。他们多转义表示内心情感或肚量。

膝（共计4例）：“膝”与其他人体词语一起主要构成成语，

如膝痒搔背、卑躬屈膝、促膝谈心、奴颜婢膝等。他们多转义表示情态。

肠（共计 12 例）：与“肠”一起构成成语的另外的人体语素主要有“心、肚、肝、肺、脑、腹”等，如铁石心肠、儿女心肠、锦心绣肠、熬肠刮肚、牵肠挂肚、割肚牵肠、倾肠倒肚、肝肠寸断、锦绣肝肠、别具肺肠、肠肥脑满、撑肠拄腹等，他们多转义表示情感或智慧。

骨（共计 29 例）：与“骨”一起构成成语的另外的人体语素主要有“肌、胎、肉、心、筋、身、颜、皮”等，如皮包骨头、冰肌玉骨、铭肌镂骨、刻肌刻骨、脱胎换骨、夺胎换骨、凡胎浊骨、骨肉相残、骨肉相连、骨肉至亲、亲如骨肉、情同骨肉、骨腾肉飞、生死肉骨、镌心铭骨、刻骨镂心、刻骨铭心、镂骨铭心、镂心刻骨、铭心镂骨、柔心弱骨、伤筋动骨、铜筋铁骨、钢筋铁骨、抽筋拔骨、骨软筋酥、颜筋柳骨、粉身碎骨、奴颜媚骨、舐皮论骨等，他们或表示至亲的关系或表示至深的程度或表示人的状态等。

（三）转义构词与本义构词的比较

以上是部分人体转义构成的词语情况，那么，相同语素构成的本义词语有多少呢？这里我们依据《现汉》（2005 版）的收词，仅将“嘴、腹、膝、肠、骨”五个人体语素的本义构词列举出来，不再列举其转义构词词例（因为大部分前面已列举出来）。

“嘴”的本义构词有（共计 6 例）：嘴巴、嘴唇、嘴角、掌嘴、缺嘴（即唇裂）、打嘴（即打嘴巴）等。

“腹”的本义构词有（共计 13 例）：大腹贾（旧时形容富商，含讥讽意）、腹股沟、腹面、腹膜、腹膜炎、腹腔、腹水、腹泻、果腹、空腹、气腹、小腹、遗腹子等。

“膝”的本义构词有（共计 3 例）：膝盖、膝盖骨、磕膝盖等。

“肠”的本义构词有（共计 40 例）：肠子、肠管、肠梗阻、肠骨、肠激酶、肠结核、肠绒毛、肠伤寒、肠套叠、肠系膜、肠线、肠炎、肠液、肠衣、肠痈、肠子、肠阻塞、大肠、大肠癌、大肠杆菌、腓肠肌、横结肠、回肠、急性胃肠炎、降结肠、结肠、空肠、盲肠炎、烂肠瘟、盲肠、盲肠炎、腔肠动物、升结肠、十二指肠、十二指肠溃疡、小肠、小肠串气、乙状结肠、直肠、直肠癌等。

“骨”的本义构词有（共计83例）：坐骨神经、坐骨、椎骨、指骨、正骨、枕骨、砧骨、掌骨、胸骨、尾骨、腕骨、外骨骼、头骨、听骨、锁骨、尸骨、勺状软骨、筛骨、软骨病、软骨、桡骨、颧骨、球状软骨、琵琶骨、排骨、内骨骼、眉棱骨、颅骨、头骨、肋骨、髋骨、胯骨、胫骨、筋骨、接骨、肩胛骨、胛骨、甲状软骨、脊椎骨、脊梁骨、会厌软骨、踝子骨、骸骨、股骨、肱骨、腓骨、短骨、顶骨、蝶骨、骶骨、镫骨、大骨节病、脆骨、锤骨、耻骨、尺骨、长骨、髌骨、扁骨、骨殖、骨折、骨头节儿、骨头、骨痛热、骨炭、骨盆、骨牌、骨膜炎、骨膜、骨痨、骨库、骨结核、骨节、骨胶、骨架、骨灰、骨化、骨骺、骨关节病、骨鲠、骨骼、骨骼肌、骨粉等。

我们将上述人体语素在《现汉》（2005版）中的构词总量与本义构词数、转义构词数做了一个简单的统计对比，具体见下表：

表十七

身体部位语素	本义构词数	转义构词数	总词数	转义词语比例
嘴	6	77	83	93.5%
腹	13	21	34	61.8%
膝	3	9	12	75%
肠	40	24	64	37.5%
骨	83	56	139	40.3%

由上表可以看到，由“肠”和“骨”本义构成的词语较其转

义构成的词语数多，这大概是因为作为人体器官的肠子和人体组织的骨头都是比较庞杂的，其内部结构和组成部分很多，所以他们构成的表示名称的本义词语也较多。但总的来讲，人体语素转义构成的词在构词的总数中还是占了相当大的比例。

而从词性上考察，我们发现人体词语转义词语各种词性都有，比如名词性的，如：口吻、门口、内心、心目、眉头、阵脚、冷眼、苦心、眼前、嘴巴、笑脸等；动词性的，如：小心、有心、操心、伤心、担心、关心、潜心、见面、理发、转眼、注目、放眼、带头、牵头、埋头等；形容词性的，如：灰心、会心、恶心、起眼、透顶、眼巴巴等；副词性的，如：回头、倾心、浴血等；还有代词性的，如：本身等。可见由人体词转义构成的词语在汉语中的功能也非常多。

以上这些都说明人体转义对汉语词汇的丰富起了非常重要的作用，即人体词语转义极大地丰富了汉语的词汇构词。而这些构词的系统性又说明了人体词语具有极强的生成能力，许多包含人体名称的词语也正是循着转义认知的规律，构成与人体生理对称结构相似的对称结构的词语，如嘴硬心软、口是心非、心狠手辣、心灵手巧、心明眼亮等就是内（心）外（嘴、手、眼）对称的反映，手忙脚乱、手舞足蹈等则是人体部位位置关系对称的反映等。

二、对汉语词义系统的影响

传统的词汇语义学将词义的发展归于外部因素时，更多地归于历史、社会的因素，而缺少从语言使用者的角度探讨认知思维对词义发展的影响。历史、社会等因素说明词义发展的必要性，而认知因素才是词义发展的内在机制。从词义角度看，从人体本义引出的转义，通过连锁式、发散式或综合式的联系促进了汉语词义系统的丰富。当人们用人体词来给其他事物命名或说明事理时，词义的范畴就扩大了，当然这种扩大不是任意的，而是建立在人们隐喻等认知思维方式之上。运用隐喻和转喻等实现语义的增长和转移似乎是世界上各种语言体系用来衍生、扩展、改变词义的最重要手段之一，前面我们已就此做了说明，这里着重说明其影响汉语词义系统的表现：一是本义义素消减；二是丰富词义系统。

（一）本义义素消减

大量的人体词语由其原义衍生出既有关又有区别的新义，无疑丰富了汉语语义的表达系统，而这种转义结果在微观词义系统中往往表现为如下两种情况：

1. 本义义素部分消失

大部分人体词语在表示人体器官部位的本义基础上发生转义后，仍可从中找到本义的部分义素，因为转义是通过本义的某个特征衍生出来的。我们看“脸”的意义（摘自《现汉》2005 版）：

脸：①头的前部，从额到下巴：圆～｜洗～。②（～儿）某些物体的前部：门～儿｜鞋～儿。③情面；面子：丢～｜不要～。④（～儿）脸上的表情：笑～儿｜把～一变。

将上述词典中“脸”的四个义项用语义成分表示则为：①［人体部位］［头上］［前部］［额到下巴］；②［物体］［前部］；③［人］［情面］；④［人］［头上］［前部］［额到下巴］［情态］。用图表示其间的联系就是：

↗②［物体］［前部］
①［人体部位］［头上］［前部］［额到下巴］
↙　↘④［人］［情态］
③［人］［情面］

也就是说从②③④的义项里还可以看到①义素的影子，最明显的是②继承了①的特征义素，而③④的意思虽然不能直接从①的语义成分中找到相关显性义素，但实际上他们是继承了①的附加隐性义素，如①的附加隐性义素还可以列出［人］［表情部位］［区别于其他人的标志部位］等，因为这些不是“脸”的本质区别特征意义，所以一般也未列入其中。事实上，很多人体转义产生的依据可能是人体词语基本语义中的附加隐性义，这一点从前面所举“嘴”等的转义构词上也可以看到。

那么，“脸”所构成的相关词语的转义能否也从“脸”的本义得来呢？我们看如下词语意义：

【脸红】指害臊：说这话也不～？

【脸面】②情面；面子：看我的～，不要生他的气了。

【脸皮】②指情面：撕不破～。③指羞耻的心理，容易害羞叫脸皮薄，不容易害羞叫脸皮厚。

【脸软】过分重情面：他一向～，总是不好意思拒绝别人的要求。

【脸色】②脸上表现出来的健康情况；气色：经过几个月调养，他的～比过去好多了。③脸上的表情：～温和｜～阴沉｜一看他的～，我就知道准是有什么好消息。

【脸子】②不愉快的脸色：他不会给你～看的。③情面；面子：他是要～的人，不能当着大伙儿丢这个丑。

【老脸】①谦辞，年老人指自己的面子。②厚脸皮。

【变脸】翻脸。【翻脸】对人的态度突然变得不好：～无情｜～不认人｜两口子从来没翻过脸。

【绷脸】＜口＞板着脸，表示不高兴：他绷着脸，半天一句话也不说。

【刮脸皮】＜方＞用手指头在脸上划，表示对方不知羞耻。

【拉下脸】①指不顾情面：他办事大公无私，对谁都能～来。②指露出不高兴的表情：他听了这句话，立刻～来。

【不要脸】不知羞耻（骂人的话）。

【冷脸子】＜方＞冷淡的脸色；不温和的脸色。

【哭丧着脸】心里不痛快，脸上流露出很不高兴的样子。

【老着脸皮】不顾丢面子。

不难看出，上述带“脸”的各种词语的转义，也可以在“脸”的转义中找到相应的本义义素的影子，如脸红、脸色、脸子、变脸、翻脸、绷脸、冷脸子、哭丧着脸等中“脸”的意义都可归入④；脸面、脸皮、脸软、老脸、刮脸皮、老着脸皮等中“脸”的意义都可归入③。

2. 本义义素全部消失

人体词语表示人体器官部位是其本义，当相关词语的意义系统中不再有人体范畴的本义存在时，如果不追溯，在共时层面我们往往不会意识到他的人体本源义，也就是某些人体词语的本义已经全部消失，其所产生的新义与本义之间已经没有共同的义素或语义因子，这种本义全部消失的情况在人体词语的静态意义中还不算突出，但也有一些，例如：

“掌”在《现汉》（2005 版）中的义项有：①手掌：鼓～｜易如反～｜摩拳擦～。②用手掌打：～嘴。③掌管；掌握：～舵｜～印｜～权。④某些动物的脚掌：熊～｜鸭～。⑤马蹄铁：这匹马该钉～了。⑥（～儿）钉或缝在鞋底前部、后部的皮子等：前～儿｜后～儿｜钉一块～儿。⑦<方>钉补鞋底：～鞋。⑧<方>加上（油盐等）：～点儿酱油。⑨<方>把：～门关上。⑩姓。

将上述词典中“掌”的几个义项进行语义成分分析为：①［人体部位］［手］［握拳时指尖触着一面或手自然下垂时朝脸后的部分］；②［人的具体动作］［用手掌］［击］［在嘴附近］；③［人的抽象动作］［管理］；④［动物的脚］［接触地面部分］；⑤［铁］［在马蹄上］［接触地面的部分］；⑥［皮子或橡胶］［鞋底］［前部或后部］；⑦［人的动作］［用手］［用皮子或橡胶］［加在鞋底］；⑧［人的动作］［用手］［加］［油盐］；⑨［把］。用图表示个义项间的联系就是：

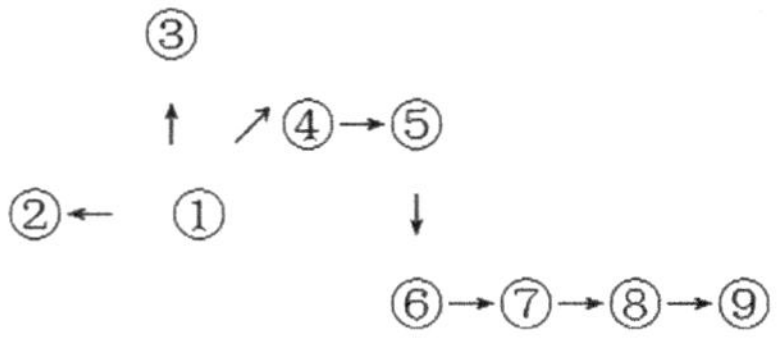

②④⑦⑨的词义里都能找到①里含有的共有义素［手］，⑤⑥的词义里则都能找到①里含有的共有义素［自然下垂朝脸后的部分］，③里的义素则可以在①的附加义素［握］里找到共有特点，而⑨因为已经成为介词，手的动作意义已经看不到，所以⑨这个义项中的本义义素已经完全消失了。

一般来说，虚化为构词词缀的人体词语（如作为词缀的“手”、“面”和“头”等[①]），或虚化为连接词的人体词语（如“一面……一面”“一头……一头”等），或者如上虚化为介词的人体词语，其本义义素已经完全消失。

另外，有一些人体语素构成的双音实义动词，其词义中也很难直接看到与人体本义共有的义素。例如：

【掌控】掌握控制：公司的人事任免权~在总经理手中。（《现汉》2005 年第 5 版）

【掌握】①了解事物，因而能充分支配或运用：~技术｜~理论｜~原则｜~规律◇~自己的命运。②主持；控制：~会议｜~政权。（《现汉》2005 年第 5 版）

掌控 =［+掌握］［+控制］

掌握 =［+支配］［+运用］

⇨ 掌控 =［+控制］［+支配］［+运用］

从“掌握”“掌控”的语义成分里，我们看不到任何与“手掌”本义特征义素或附加义素相同的成分，人们使用时也不会感

① ②具体可参见本人博士论文（2003）的有关论述。

觉到他们与“手掌”有直接的语义联系。

类似的还有“指”（手指）与“指控”（指责和控诉，属于言语行为）“指望”（依靠，属于精神行为）等也没有了联系等。

（二）丰富词义系统

从中观词义系统看，人体词语的转义还使得汉语词的同义、反义系统更加丰富。如“掌”的转义增加了“控制”的同义系统，“指”的转义增加了“说明”的同义系统等。

根据《现汉》（2005 版）的释义义项，我们初步统计出前述31 个核心人体词语的本义和转义情况，具体见下表（做姓氏讲的义项排除在外）：

表十八

词语	皮	肉	血	骨	发	头	耳	眼	总计
本义义项数	1	1	2	1	1	1	1	1	9
非本义义项数	9	3	2	2	0	12	2	5	35
义项总数	10	4	4	3	1	13	3	6	44
词语	鼻	嘴	牙	舌	脚	膝	手	腹	总计
本义义项数	1	1	1	1	1	1	1	1	8
非本义义项数	1	2	2	2	3	0	6	2	18
义项总数	2	3	3	3	4	1	7	3	26
词语	脖	乳（房）	心	肝	背	肠	腿	脸	总计
本义义项数	1	3	1	1	1	1	1	1	10
非本义义项数	1	2	3	0	1	2	2	3	14
义项总数	2	6	4	1	2	3	3	4	24
词语	胸	肩	臂	肺	胆	指	掌	总计	
本义义项数	1	1	1	1	1	1	1	7	
非本义义项数	1	1	0	0	2	6	8	18	
义项总数	2	2	1	1	3	7	9	25	

由上表，我们可以看到，上述 31 个单音节人体核心词语的总义项数为 119，其中本义义项为 34（约占 28.6%），非本义义项为 85（约占 71.4%）。仅此，人体词语的转义对丰富汉语词义系统所起的重要作用就可见一斑了。

第四章 汉语人体词语的语义组合及语用变异

词汇语义具有系统性和网络性，汉语人体词汇语义的关系，一方面体现为词和词之间的聚合关系，另一方面则体现为词和词之间先后相续的组合关系。在把握词义系统时，仅仅依靠抽象的、难以把握的语义因素是不够的。传统的词汇学是不大研究组合关系的，“现代词汇学，特别是现代词汇语义学应该突破传统词汇学的研究范围，把组合问题作为自己的新课题”，[①]“而大量的词语的约定俗成的语义特征，虽在聚合状态中可以在一定程度上得到显现，却只有在组合关系中其语义特征才能够最后得以说明和验证；至于词的深层隐含义、语境变义、特别是语法语用特征的说明，聚合关系几乎是无能为力的。”[②] 董振东先生 1993 年提出了“意义互感论”，认为意义是关系的系统，关系是词汇语义的灵魂，只有通过“关系”才可能教会计算机懂得或在某种程度上懂得“意义”，也只有通过“关系”才可能教会计算机对意义进行运算。[③]其所谓的“关系”本质上也是语义之间的组配关系。以上都说明词汇语义的组合研究是十分重要和必要的。事实上，语义场包括静态词汇场和动态联想义场，而动态联想义场所体现的主要是词义与词义之间的组合关系，其形成的就是组合义场。

对于人体词语来说，同一层级各小义场的词语内部多是位置

---

① 张志毅、张庆云《词汇语义学》，商务印书馆，2001 年版，第 206 页。

② 苏宝荣《词义研究与辞书释义》，商务印书馆，2000 年，第 198 页。

③ 董振东《面向计算机的词汇语义学》，icl. pku. edu. cn/w_ cls2001/abstract/dongzhendong. htm。

相邻关系，在古代汉语里，还有同一部位的几种同义名称存在，如“颜”“面”“颜面”等就曾都是表示脸的同义词，将他们的横向聚合关系用义素分析法加以描述和分析应该是有效的。但对于现代汉语的人体词语而言，探讨他们在共时平面的语义特征，仅前面我们各层级的整体——部分关系和本义及转义的静态描述和分析是不够的，因此，本章将着重从义位的线性横向组合和语用的角度，探讨人体词语更多的语义特征，包括其义位组合的选择规律、不同义位的组合能力及义位进入组合后的语义变异特征等。

第一节　汉语人体词语语义的组合

本书的探讨是在词义的层面，所以探讨人体词汇语义组合就应以义位组合为本，而“义位组合包括：A. 义位内部组合，即语素之间的组合；B. 义位外部组合，即义位之间的组合。B 类也叫义位搭配。义位搭配是深层现象，词语搭配是表层现象”[①]。

这里首先要说明的是，在探讨语义内部组合时，其描述的基本单位还应该是语素义，虽然目前汉语研究中，一说到“语素”大家一般都把它看作语法分析的基本单位，中国多数语义理论著作也主张语义分析以义位为基本描述单位。不过目前已有人看到语素义在汉语语义分析中的重要性，如苏宝荣先生认为：词义是可分析的，但分析的诸方必须附着于一定的载体，而义素是通过语素来体现的、以语素为载体的，义素附着于语素义；而语素不仅是语法形式的底层，也是语义结构的底层。[②] 邱震强先生更是认

① 张志毅、张庆云《词汇语义学》，商务印书馆，2001 年版，第 207 页。
② 苏宝荣《词义研究与辞书释义》，商务印书馆，2000 年，第 203—204 页。

为语素义才是汉语语义研究的最小单位。① 除了载体因素、汉语特点因素外，我们认为义素分析法的工具——元语言的难以确定恐怕也是在做词义组合分析时不得不直接用自然语言中的语素为单位的一个重要原因。事实上义素更适合做外延内涵都非常明确的静态语义分析，而分析自然语流中的义位内部组合时，则不如以语素为单位好操作。因为义素与其形式标记——语素义之间并非一一对应的关系，有些义素可以通过语素来一一标记，如“眼镜框”中“眼”标记了义素“眼睛”，“框”标记了义素“边框”，有些义素则由几个语素共同标记，如“骨肉”不好分开标记，只能合在一起共同标记其组合义素“像骨头和肉一样紧密相连”，有些义素则是几个语素都标记同一义素，如“脸面”中“脸”和“面”都标记了“脸”的本义义素“脸”或其引申义素“情面”。

一、义位内部组合的选择限制

义位内部的组合，表现为语素之间的组合，义位内部组合的选择限制也主要表现为词内部的语素选择。人体词语作语素时，能与之组合的语素很多，从语义范畴讲，大体包括人体和非人体的；从词性功能讲，则包括动、名、形、数、助等。下面，我们以《现汉》（2005 版）中的词条为基本材料，分别从语义范畴和功能对“眼”和“心”两个不同人体语义场的人体语素组合进行了考察。

（一）“眼”“心”的义位内部组合

义素的载体是语素，义位的载体是词语，因此考察义位内部的义素组合，某种意义上就是考察语素义构成词义的规律。我们先看“眼”“心”与其他语素组成的双音节词语（包括少数三音

① 邱震强《汉语语义研究》第一章第二节“为汉语语素义正名”，中南大学出版社，2006 年。

节词语）：

1. “眼”的语素义组合

（1）“眼”居后位，共114例

动+眼（41例）：

碍眼、背眼、不起眼儿、刺眼、打眼、瞪眼、斗心眼儿、翻白眼、放眼、飞眼、干瞪眼、过眼、害眼、合眼、晃眼、开眼、抠字眼儿、扣眼、裸眼、起眼儿、抢眼、惹眼、入眼、耍心眼儿、睡眼、顺眼、挑眼、挑字眼儿、偷眼、瞎眼、现眼、养眼、咬字眼儿、耀眼、扎眼、眨眼、招眼、着眼、转眼、走眼、醉眼

形+眼（25例）：

白眼、单眼、斗眼、对眼、复眼、红眼、花眼、慧眼、急眼、老花眼、冷眼、满眼、媚眼、偏心眼儿、青眼、傻眼、实心眼儿、死心眼儿、显眼、小心眼儿、斜象眼儿、斜眼、贼眼、正眼、直心眼儿

名+眼（44例）：

板眼、报眼、虫眼、丹凤眼、电眼、电子眼、耳朵眼儿、法眼、凤眼、火眼、鸡眼、节骨眼、孔眼、窟窿眼儿、泪眼、龙眼、猫儿眼、猫眼、卯眼、眉眼、炮眼、气眼、钱眼儿、枪眼、青光眼、泉眼、雀盲眼、肉眼、沙眼、砂眼、势利眼、手眼、榫眼、网眼、象眼、心眼、心眼儿、杏眼、杏眼、芽眼、芽眼、腰眼、针眼、字眼

副+眼（1例）：亲眼

数（量）+眼（3例）：二五眼、千里眼、双眼皮

（2）“眼”居中位，共15例

动+眼+名（6例）：

跌眼镜、丢眼色、使眼色、掩眼法、障眼法、遮眼法

形+眼+名（9例）：

白眼儿狼、白眼珠、赤眼鳟、单眼皮、独眼龙、黑眼珠、红

眼病、亮眼人、明眼人

(3)“眼”居前位，共57例

眼+形（13例）：

眼白、眼馋、眼岔、眼红、眼尖、眼热、眼拙（客套话，表示没认出对方或记不清跟对方见过面没）、眼生、眼熟、眼花、眼浅、眼巴巴、眼睁睁

眼+动（6例）：

眼见、眼见得（<方>显然，多用于疾病等不如意的事情）、眼看、眼跳、眼晕、眼睁睁

眼+名（38例）：

眼波、眼袋、眼虫（生活在静水中的单细胞生物，前端有红色眼点，并有一根细长鞭毛）、眼眵、眼底、眼底下、眼福（看到珍奇或美好事物的福分）、眼光、眼角、眼睑、眼睫毛、眼界、眼睛、眼镜、眼眶、眼泪、眼力、眼帘、眼眉<方>、眼面前、眼目（①指眼睛：强烈的灯光炫人~。②为人暗中察看情况并通风报信的人：安插~。）眼泡、眼皮（子）、眼前、眼球、眼圈、眼色、眼梢、眼神、眼屎、眼窝、眼线、眼下、眼罩、眼珠（子）、眼影、眼压、眼中钉

2.“心”的语素义组合

(1)“心”居后位，共152例

动+心（共72例）：

爱心、安心2、熬心、变心、操心、称心、成心、吃心、存心、担心、当心1、动心、堵心、恶心、烦心、放心、犯疑心、费心、分心、负心、甘心、隔心、攻心、挂心、关心、归心、过心、合心、横心、灰心、会心、夹心、交心、戒心、尽心、经心、揪心、居心、开心、可心、亏心、劳心、离心、留心、昧良心、昧心、扪心、铭心、耐心、念心儿、呕心、赔小心、潜心、惬心、倾心、屈心、散心、伤心、上心、烧心、省心、收心、舒心、顺

心、死心、随心、遂心、贪心、谈心、贴心、同心、痛心、违心、窝心、无心、歇心、信心、疑心、用心、有心、愿心、在心、专心、醉心

名 + 心（共 32 例）：

靶心、版心、背心、笔心、菜心、春心、灯心、点心、顶心、芳心、腹心、垓心、核心、祸心、机心、脚心、街心、军心、莲心、眉心、民心、内心、气门心、球心、人心、砂心、身心、手心、铁心 1、童心、外心、型心（用来形成铸件内腔的东西）、岩心、焰心、页心、圆心、贼心、掌心、枕心、中心、轴心

形 + 心（共 44 例）：

安心 1、本心、诚心、痴心、赤心、初心、粗心、醋心、歹心、丹心、当心 2、多心、凡心、公心、寒心、好心、黑心、狠心、恒心、后心、红心、欢心、慧心、匠心、焦心、精心、静心、决心、空心、苦心、宽心、良心、满心、偏心、齐心、虔心、清心、热心、善心、实心、私心、铁心 2、悉心、细心、闲心、小心、雄心、虚心、野心、疑心 1、忧心、糟心、真心、忠心、衷心、重心、壮心

数/量 + 心（共 4 例）：一心、二心、贰心、一条心、寸心

（2）“心”居中位，共例

动 + 心 + 名（共 10 例）：包心菜、穿心莲、得人心、定心丸、斗心眼儿、对心思、卷心菜、开心果、开心丸儿、强心药

名 + 心 + 名（共 6 例）：灯心草、灯心绒、地心说、冠心病、鸡心领、人心果

形 + 心 + 名（共 5 例）：空心菜、空心砖、宽心丸儿、偏心眼儿、热心肠

（3）“心”居前位，共 99 例

心 + 动（共 20 例）：

心爱（衷心喜爱）、心包、心裁、心传、心得、心浮、心甘、

心梗、心怀1、心慌、心悸、心焦、心领、心思、心算、心疼、心跳、心仪、心照、心醉

心+名（共59例）：

心病、心肠、心潮、心胆、心底、心地、心房、心扉、心腹、心肝、心怀2、心火、心机、心肌、心迹、心计、心间、心尖、心劲（思考分析问题的能力）、心境、心坎、心里、心口、心理、心力、心灵、心率、心律、心路、心目、心皮、心魄、心气、心窍、心情、心曲、心神、心声、心事、心室、心术、心数、心态、心田、心头、心窝儿、心弦、心性、心胸、心绪、心血、心眼（儿）、心意、心音、心愿、心语、心脏、心志、心智

心+形（共20例）：

心毒、心烦、心寒、心黑、心慌、心急、心焦、心静、心宽、心切、心软、心盛、心酸、心细、心秀、心虚、心硬、心窄、心宽、心重

以上“眼”“心”居前位、居后位时，能与其组合的语素属性的情况，可用简表略览如下：

表十九

	与“动”组合	与“名”结合	与“形”结合	与“数（量）”结合
眼	47	82	38	3
心	92	91	64	4
总计	102	113	77	4

（二）内部组合的选择规律

从以上“眼”“心”词例的组合，我们可以总结出以下关于人体语素与其他语素组合的规律：

1. 组合的语法范畴选择规律

与“眼”组合最多的语素是名词性的，其次为形容词性的，再次为动词性的，而与“心”组合最多的语素是动词性的，与名

词性的组合稍少，与形容词性的组合要更少一些，与数量组合的最少。总的来说，人体语素与名词性、动词性及形容词性的语素组合最多，且与这些语素组合的总体可能性，按上面列表数据看，是按名词性 > 动词性 > 形容词性依次递减的。粗粗考察其他人体语素的组合情况也大抵如此。

语法因素中，除了词类性质，另外值得注意的是句法到词法的降级对组合的影响。古汉语中，名词作状语比较常见，人体器官部位名词作状语也很常见，据何乐士先生的考察①：《史记》中人体名词做状语有 14 例：肉（袒），膝（行），腰（碟），肩（蔽），耳（语），腹（诽），鼻（息），皮（相），目（笑、视、留、摄、睹、挑、送），面（缚、谀、折、见、欺、对、结、质），口（辩、议、对、受），心（非、谤、意、恐、惭、知、战、结、招），手（搏、格），何面目（见）。《世说新语》中的人体名词做状语则有 9 例：骨（立），肤（立），心（丧），色（养），目（送），神（伏、解），何颜（谢），厉色（曰），厉声（曰）。而这些人体名词状语结构中，属于两字组的［NV］句法组合到现代汉语中已有很多成为双音节词，即从古汉语句法组合降级为现代汉语中的词法组合，如耳语、腹诽、目睹、目送等即是。现代汉语中，我们见到了大量内部结构类似“状 + 中”式的词语，如“掌握”“指示”“面谈”“面试”“手记”“口授”“口述”等等。

语法因素影响只是一定程度的，因为词内部的义位组合顺序是不能等同于句法上词语间的组合关系的，只是有一定的对应关系。刘叔新先生早就对复合词结构的词汇属性作了论述②，我们也认为将复合词内部的语素组合顺序给予词汇语义的关注更适合，

---

① 何乐士《〈世说新语〉的语言特色——〈世说新语〉〈史记〉名词作状语比较》，《湖北大学学报》（哲社版），2000 年，第 6 期。

② 刘叔新《复合词结构的词汇属性——兼论语法学、词汇学同构词法的关系》，《中国语文》，1990 年，第 4 期。

比如“耳语”的意义“（口贴近）耳朵边说话”并不能完全用句法上的组合形式就能得到，又如“打拳”，其词法结构是“动宾”式，而语义结构是“状中”式，因为其意义为“用拳击打”，更明显的是如“护膝”一类，其词法结构也是“动宾”式，而语义结构则是须补充隐含语义才能得到的“定中”式。

2. 组合的语义制约规律

人体语素组合多是与现实同构的，关于现实同构组合，张志毅、张庆云先生曾总结了义位组合与现实同构的16条语义组合规律。其实，组合词类范畴选择的背后是义位内部组合中的“同素规则”和“同类规则”起着作用。所谓“同素规则”，就是“组合成一个义位或义丛的各语义单位常至少含有一个共同的义素”①。这共同的义素，多为反映词义本质特征的显性词库贮存义素，少数则为反映词义次要特征的隐性非词库贮存义素，义位内部的语素组合有时就是人体语素的隐含义素与另一语素的显性义素有着相同义素。如：

眼波＝眼（a. 视觉器官 b. 在脸上方 c. 小椭圆形 d. 有如水的光亮 e. 视线能在不大的范围移动）＋波（a. 水 b. 不大的移动起伏 c. 由近及远）

“眼c”与“波a”都含有相同的义素成分“水”，“眼d”与“波c”都含有相同的义素成分“近至远”，“眼e”与“波b”都含有相同的义素成分“微小的”。因此“眼”和“波”可以组合，但“眼”不能与“浪”或“涛”组合，因为“浪”或“涛”不含有“眼d”的义素（“不大的范围”）。其中眼c、眼d、眼e都属于“眼”的隐含次要义素，这种义素是客观存在的，人们在组合使用时就会让它浮现出来的，如在“针眼”的组合中，眼c的义素就浮现出来了。而且从不同角度挖掘，这种次要义素可能还有

① 张志毅、张庆云《词汇语义学》，商务印书馆，2001年，第212页。

一些，当然，有些次要义素经反复组合和扩大使用，已经成为一个独立的固定义位了，如由眼 c 而来的“小洞”义就已是“眼”的一个义位。而这本质上也是词义系统 为“静—动”连续系统的一种反映。

而“同类规则”中的“类”，是指名词和形容词的两个次范畴——具体（concrete）和抽象（abstract），“同类”有两种模型：一是义位内部具体名词性语素和具体名词性语素组合，即可表示为 CN1 + CN2，抽象名词性语素和抽象名词性语素组合，即可表示为 AN1 + AN2；一是义位或义丛内部，具体的名词性的语义单位和抽象的名词性语义单位分别跟其具体的和抽象的修饰成分（ad-nominal）组合，即可分别表示为 CAD + CN 和 AAD + AN。[①] 其实，这一条也同样适用于逆序的组合，只不过不是修饰成分，而是描述成分（descrptive）了，即 CN + CDE 或 AN + ADE。例如上述例子中，属于 CN1 + CN2 的有 70 例：

心眼、芽眼、眼波、眼虫、眼角、眼睫毛、眼睛、眼镜、眼圈、眼梢、眼屎、眼窝、眼线、笔心（同“笔芯”）、气门心（同“气门芯”）、灯心（同“灯芯”）、掌心、轴心、圆心、页心、焰心、岩心、背心、版心、民心、眉心、匠心、腹心、心室、心目、心田、心窝儿、心弦、心胸、心血、心眼、心肠、心潮、心胆、心底、心地、童心、铁心 1、身心、砂心、人心、球心、手心、心电图、心毒、心房、心扉、心腹、心肝、心声、心音、心怀 2、心火、心机、心肌、心迹、心尖、心坎、心路、心目、心窍、心室、心田、心弦

属于 AN1 + AN2 的有 31 例：

眼底、眼下、眼色、眼神、眼界、眼光、外心、内心、祸心、核心、春心、心里、心中、心计、心理、心力、心灵 2、心魄、心

① 张志毅、张庆云《词汇语义学》，商务印书馆，2001 年，第 223 页。

气、心情、心曲、心神、心事、心术、心数、心性、心绪、心意、心愿、心脏、心志

属于 CAD + CN 的有 14 例：

斜眼、小心、细心、粗心、黑心、红心、丹心、赤心、雄心、实心、空心、满心、热心、寒心

属于 AAD + CN 的有 30 例：

显眼、壮心、安心 1、忠心、忧心、良心、疑心 1、重心、衷心、真心、齐心、野心、虚心、本心、闲心、悉心、偏心、决心、精心、慧心、欢心、恒心、狠心、好心、公心、多心、痴心、诚心、私心、善心

属于 CN + CDE 的有 11 例：

眼热、眼岔、眼白、眼生、眼熟、心寒、心细、心软、心硬、心窄、心宽

属于 CN + ADE 的有 10 例：

眼馋、眼拙、眼尖、眼晕、心绞痛、心静、心灵 1、心切、心盛、心秀、心虚

与语素“眼”“心”组合的其他义素，其语义范畴的抽象或具体是跟参与组合的“眼”“心”的义素类相应的。例如若“眼”附着的具体类义素［视觉器官］参与组合，则与“眼”组合的也是具体的名词性语素“芽、镜”等或形容词性语素“斜、生”等，而“眼”相对抽象的特点义素［光亮］或功能义素［看］等参与组合，则与之组合的也是较抽象的名词性语素“神”“下”等或形容词性语素“拙”“晕”等。又例如“心”，其附着的具体直觉（或曰主观）义素［人体中间器官］［三维立体］参与组合时，则与之组合的也是具体的名词性语素“灯”“田”“童”“铁”等或形容词性语素“粗”“黑”“硬”“窄”等，若其附着的相对抽象的功能义素［思维情感］参与组合时，则与之组合的也是较抽象的名词性语素“外”“情”“意”“神”等或形容词性语素“衷”“善”“秀”“虚”等。

人体语素附着的义素范畴一般为名词性的，也有动词性的，还有形容词性的。当他们与动词性语素组合时，一般也是遵循“具体——具体”，“抽象——抽象”的参与组合规则，比如“心”附着的义素为［思维情感］时，与其组合的一般为较为抽象的心理动词性语素，当“心”附着的义素为［人体中间器官］［三维立体］时，与其组合的一般为较为具体的动词性语素。当他们与数量语义组合时，一般参与组合的人体语素附着的义素表层是具体的，实际为抽象的，因为数词与具体、抽象名词性语素皆可组合，如“一心”“二心”等即属于此类。

3. 组合的声调顺序选择规律

前面两点，实际是从语法范畴与语义范畴的角度做了一点规律和限制的探讨，而语音对义素组合的表层顺序即语素顺序也有着影响，“两个语素搭配成词，常会因声调的不同而在次序上做出选择”[①]。例如，对于并列结构复合词而言，其语素组合多遵循声调前平后仄的序列规律。我们考察了汉语中“人体+人体”双音并列结构复合词[②]：头脑（2+3）、头目（2+4）、首领（3+3）、头颅（2+2）、首脑（3+3）、元首（2+3）、颜面（2+4）、脸面（3+4）、面目（4+4）、须眉（1+2）、题目（2+4）、头面（2+4）、面首（4+3）、项目（4+4）、耳目（3+4）、眼目（3+4）、眉目（2+4）、眉眼（2+3）、嘴脸（3+3）、唇齿（2+3）、咽喉（1+2）、口齿（3+3）、口舌（3+2）、喉舌（2+2）、唇舌（2+2）、唇吻（2+3）、嘴唇（3+2）、口吻（3+3）、牙口（2+3）、心腹（1+4）、腹心（4+1）、心肠（1+2）、心肝（1+1）、心胆（1+3）、心肺（1+4）、心胸（1+1）、肝肠（1+2）、肝胆（1+3）、肠胃（2+4）、手脚（3+3）、拳脚（2+3）、手足（3+2）、

① 周荐《词语的意义和结构》，天津古籍出版社，1994年，第10页。

② 下文词后括号中的1、2、3、4分别表示第一、二、三、四声的声调。

股肱（3+1）、腿脚（3+3）、骨肉（3+4）、骨血（3+3）、血肉（3+4）、肌体（1+3）、心目（1+4）、心口（1+3）、心眼（1+3）、要领（4+3）、要目（4+4）、口腹（3+4）、项背（4+4）、手眼（3+3）、心血（1+4）等。我们对上述57个词语的声调顺序做了统计，如下：

表二十

调序	平+仄				平+平			仄+平			仄+仄			
	2+3	2+4	1+3	1+4	1+2	2+2	1+1	3+1	3+2	4+1	4+4	3+4	4+3	3+3
词例	头脑	颜面	肝胆	心腹	须眉	喉舌	心胸	股肱	手足	腹心	项目	骨肉	要领	骨血
小计	7	6	5	4	4	3	2	1	3	1	4	6	2	9
总计	22				9			5			21			

（注：其中1、2、3、4分别代表汉语声调的第一、二、三、四声）

这些语素组合也大致符合语音的前平低、后高扬的规律，我们可以看到平声语素在前的联合组合共有31（22+9）例，占总词数的54.4%，而仄声语素在前的联合组合有27（5+21）例，占总词数的45.6%，而单纯就平仄组合而言，更是平在前的占优势，比例是22：5。此外，历史上新旧词汇更替时，同义词连用的历史顺序习惯也是影响上述复合词组合顺序的一个因素。

而上述三者中，语义上同素、同类的语义协调制约规则是义位内部组合的核心规则。

二、义位外部组合的能力及特征

义位的外部组合就是义位之间的组合，组合而成的是比义位更大的义丛。义位的载体通常是词，所以义位外部组合探讨的多是附着某个义位的词之间的搭配。一个人体词语通常有多个义位，不同的义位在组合选择上表现出不同的组合特点和规律。

（一）人体词语义位的外部组合能力对比

张志毅、张庆云先生指出，义位有两个系统：自由意义系统，即第一性义位（本义或基本义）；非自由意义系统，即第二性义位系统（派生义）。前者选择限制较少，后者选择限制较多。[1] 王惠则从句法功能分布的角度，将具有全部5项优势分布——能单独出现在主语、宾语、定语和中心语（受数量词、名词直接修饰）等语法位置上的名词义位称为名词的自由义，相反，那些不能直接充当上述5种语法成分或必须连带其他成分后才具有这些语法功能的名词义位就称为名词的非自由义。[2] 我们这里不关注这种自由义与非自由义概念的分歧，只是想从两种定义的角度切入，基于北京大学汉语研究中心电子语料库的现代汉语的文献语料进行检索分析，综合考察一下汉语人体词语本义和引申义的组合能力有什么明显不同的规律。在此仅以“脸”和“口吻”为例，以北京大学语料库中的现代文为基础，参照王惠的词义组合框架[3]进行了如下检索和分析：

【脸】：①头的前部，从额到下巴。②（～儿）某些物体的前部。③情面；面子。④（～儿）脸上的表情。（《现汉》）

“脸”共有上述4个义位，因此我们下面从其充当句法成分、所结合的词类义位及特定的搭配要求方面分析其义项①②③④的组合能力：

1. 作主语

①义可以单独作主语，谓语为一般动词。如：

秃头胖子坐在写字台后面，脸藏在后台灯罩后的阴影里。（王朔《千万别把我当人》）

屋里都是四星以下的将军，我一进屋，全站起来立正，脸仰到天上，手按着裤线，一动不动！（王朔《一点正经没有》）

但更多的是前面一般有表人的名词、代词或前面有指示代词

① 张志毅、张庆云《词汇语义学》，商务印书馆，2001年，第207页。
② 王惠《现代汉语名词词义组合分析》，北京大学出版社，2004年，第41页。
③ 同上，第60页。

后，一起作主语，而谓语多是表颜色的形容词，如：

他的脸苍白、安详、光洁平滑。（王朔《千万别把我当人》）

吕志国的脸红了。（汪曾祺《羊舍一夕》）

那个女人的脸又黄下来，头发又蓬乱了。（汪曾祺《落魄》）

与“脸”搭配表示脸色变化的谓语还有其他用例：（李建平）脸苍白、（我脸）一红、（林蓓脸）通红、（脸儿）绿了、（阮琳）脸腾地红了、（阮琳）脸又白了；还有一些表示状态的，如（丈夫侧卧着，脸）冲外、脸儿对脸儿、（林蓓）脸冲墙、（元豹）脸颊在腿间、（一张大白脸）悬浮于人头之上等，以及少数表示脸形的，如“脸如莲萼”等。

②义未见单独作主语。

③义可以单独作主语，但很少见，用于表义说理的句子中，后面谓语常为“要”“丢”等。如：

罪是息不受也不成，脸是压根没几个要的。（王朔《千万别把我当人》）

④义也可以单独作主语，但不多见，后面接表情态的动词，如：

大佛的声音变了，脸虽仍是笑嘻嘻的，嗓音却露出惊恐。（王朔《千万别把我当人》）

2. 作宾语

①义可以单独作宾语，谓语常为表姿态行为动词、具体动作动词或表状态的动词，如：

张全义不动声色，仰着脸让对方细察，这是规矩。（陈建功、赵大年《皇城根》）

只有有时他剃了头，刮了脸，才看到本来的肤色。（汪曾祺《小说三篇》）

主持人通红着脸，强作潇洒地问：“请问你是做什么工作的？”（王朔《千万别把我当人》）

②义未见单独作宾语的。

③义可以单独作宾语，前面谓语一般是“给”“丢”“有”“没有”等，如：

今儿能来，还一齐来了，真是给你脸了。(王朔《一点正经没有》)

我没有脸再戴这祖先的圣物，你既然看我作英雄，我把这给你，算做礼物。(冯向光《三晋春秋》)

④义较少单独作宾语，谓语多为动词“翻”，如：

但有一天，她们真的闹开了分歧，差点翻脸。(陆星儿《一个和一个》)

3. 作定语

①义作定语，常与方位名词“上”组合成“脸上”，如：

马青脸上出了汗。(王朔《顽主》)

刘顺明脸上露出微笑，踮起脚来拍拍元豹肩膀。(王朔《千万别把我当人》)

②③④义都不可以单独作宾语。

4. 作中心语

①义可以受指人的名词、表形状等的具体形容词、代词、指示代词、颜色词、数量结构等修饰，如：

一张完整的人脸、红花、绿叶、黑黑的脸、明亮的眼睛、白的牙，这是李小龙天天看的一张画。(汪曾祺《晚饭花》)

两个孩子，大儿子长得像妈，圆乎乎的脸，两个眼睛笑起来一道缝。(汪曾祺《异秉》)

大胖子对着这张粉脸堆下一脸媚笑。(王朔《一点正经没有》)

两个人的眼睛都看着前方，西斜的阳光投在水面上，反射出粼粼波光，在波光活泼泼的晃动中，两张脸愈发显得木然。(陈建功、赵大年《皇城根》)

②义作中心语，修饰语一般限于“门”等。

有天我乘电车从东北角去梨栈，秦佩贤在东门脸上了车。（邓友梅《无事忙杂记》）

没法子，拉吧，打永定门一直转悠到德胜门脸儿。（老舍《龙须沟》）

③义作中心语，前面多是表人的名词作修饰语，如：

当时咱们的先民脸朝黄土背朝天、你们的父母的脸都让你们丢尽了！（王朔《你不是一个俗人》）

纵观当今世界，我等于事难与人争，打架再打不出个金牌，祖宗的脸就算让咱们这些不肖子孙丢尽了。（王朔《千万别把我当人》）

④义较少作中心语，修饰语一般为状态形容词，如：

哥哥做着苦脸，说："玩是好玩的，就是肚子饿，吃的没有，你的，你的……"（曾卓《小鲁宾孙的一天》）

求生的挣扎，惜别的眼泪，只有我看见这一个临终的苦脸。（唐韬《心上的暗影》）

我给过她一个笑脸，可她视而不见。（王朔《过把瘾就死》）

咱不是得先作出点成绩人家才能给好脸么？（王朔《一点正经没有》）

将"脸"的上述4个义位组合能力情况总结一下，即可用下表明示：

表二十一

语法功能		①义	②义	③义	④义
作主语	～＋动词	～＋状态动词： ～冲外/～夹在腿间/～悬浮于头上	/	道理：罪是息不受也不成，～是压根没几个要的。	～＋表情动词： ～笑嘻嘻的
	～＋形容词	～＋颜色词： ～红了/～黄下来/～苍白	/	/	/

续表

语法功能		①义	②义	③义	④义
作宾语	动词+～	姿态动词+～： 仰～/侧～/转～/扬起～/掉～/扭～/伸着～ 一般动词+～： 贴～/露出～/画～/洗～/捂着～/遮着～	/	给、争、丢、有、没有等+～： 争～/给你～/丢不起这个～/给我长～了/有～见他/没（有）～回家	一般动词+～： 翻～ 情态动词+～： 板起～/虎着个～/呆着～/哭丧着～/皱着～/阴沉
					着～/铁着～涎着～/腆着～
作定语	～+名词	～上	/	/	/
作中心语	名词+～	人/物+～： 致秋的～/人～/鬼～/紫棠～/猴子的～/兔子～	门+～： 德胜门～/前门～/东门～	人+～： 父母的～/祖宗的～	/
	数/代量词+～	一张～/这张～/那张～	/	/	/
	形容词+～	颜色词+～： 白白的～/黑～姑娘/黄～/粉～ 状态词+～： 瘦长～/长方～/尖～/圆乎乎的～/大～/老～/满～	/	/	状态形容词+～： 好～/苦～/笑～/哭～/臭～
	代词+～	你的～/我的～/他的～我们的～/他们的～	/	（丢）你的～/我的～/（赏）我们的～	（看）你的～

从上表可见，“脸”的几个义位的组合能力是很不相同的，尤其是义位②，除了常与“门”或“鞋”进行义位内部组合外，较少参与义位外部的词语组合，而义位①是组合能力最强的。

类似的还有：眼（眼睛/小洞；窟窿/事物的关键所在）、口（嘴/容器通外面的地方/出入通过的地方）、嘴（口/形状或作用像嘴的东西/说话）、腿（人和动物用来支持身体和行走的部分/器物下部象腿一样起支撑作用的部分）、脚（人或动物的腿的下端，接触地面支持身体的部分/东西的最下部）、头（人身最上部或动物最前部长着口、鼻、眼等器官的部分/物体的顶端或末梢/头发的样式/事情的起点或终点/头目）、舌头（辨别滋味、帮助咀嚼和发音的器官/为侦讯敌情而活捉来的敌人）、骨头（人体的坚硬组织/人的品质）、手腕（手腕子/手段）、脑袋（头/脑筋）、肚子（腹部/物体圆而凸出的部分）等，这些人体词语的本义义位和引申义位都属于名词，但引申义位所表名词义的类一般转到非有生物或更抽象的义域。因此，义位外部的组合，即在句子中的组合也就有差异。如上看到的，多数本义单表一个人体部位的人体名词，其本义义位通常能像普通名词一样，能单独充当句子的主语、宾语和中心语等，但引申义的组合因语义的变化而受到一些组合限制，因而组合能力不如本义义位自由。

再看双音节词语“口吻”义位的不同组合能力：

【口吻】①某些动物（如鱼、狗等）头部向前突出的部分，包括嘴、鼻子等。②口气❸：玩笑的～｜教训人的～。(《现汉》)

在我们的检索中，未见①义的用例。②义也少作主语，在我们的检索中仅见一例，如：对方沉下了脸，口吻已经变得有点盛气凌人了。(梁晓声《钳工王》) ②义几乎全作中心语，作中心语时，其修饰语主要有以下几类：

1. 表示情感态度的动词。如：

请你不要用教训的口吻对我说话，你以为你还是团支书呢？(王朔《刘慧芳》)

我以鼓励的口吻说：“讲吧！”(梁晓声《表弟》)

他不乐于谈论事物的有些方面，起码是不愿以别人惯用的口

吻和方式（张炜《羞涩和温柔》）

在我们的检索中，类似的还有：玩笑的～/怀念的～/厌恶的～/毋庸置疑的～/亵昵的～/嘲讽的～/教训的～/商量的～/征求的～/忠告的～/警告的～/建议的～/批判的～/教诲的～/议论的～/调侃的～/嘲笑的～/戏谑的～/同情的～/戏谑的～/恳求的～/揣测的～/贪便宜的～/下命令的～/公事公办的～/息事宁人的～/导人宽心的～/本能设防的～/至诚相托和衔恩必报的～等。

2. 表示情感态度或评价的形容词。如：

他甚至开始有些喜欢儿子跟他说话时那越来越无拘束、随便的口吻。（王朔《我是你爸爸》）

电话那一端沉默了片刻，以坚定不移的口吻又说。（梁晓声《冉之父》）

我用同样的口吻跟躺在卧床的关义讲时，他叹了口气，也没说什么。（王朔《空中小姐》）

在我们的检索中，类似的还有：坦率的～/傲然的～/郑重的～/权威的～/亲热的～/客气的～/随便的～/自谦的～/谦虚的～/轻慢的～/无聊的～/天真幼稚的～/坚定不移的～/严肃～/坚决的～/庄重～/客观～/温雅～/轻佻～/沉重～/肯定的～/平等的～/正常的～/同样的～等。

3. 表示人或物（少数）的名词。如：

何茹关切地注视着这个不亚于一个家庭成员的伊汝，这种友谊来自战火纷飞的年代，所以她以老大姐的口吻说："……"（李国文《月食》）

但我既然能写得出不成东西的东西，也可冒充一下什么文学家口吻，说一句自己忠实于艺术！（沈从文《致唯刚先生》）

霍沧粟以学术的口吻说道，一脸认真。（莫怀戚《陪都旧事》）

在我们的检索中，与②义组合的有三类名词修饰语：一是表人的名词，如遗老的～/作者的～/陆九渊的～/老大姐的～/九五

~/圣贤的~/少年人的~/长辈的~/平辈的~/对方的~/胜利者的~/主人的~等；二是表人职务或行业的名词：如办公室主任的~/教师爷~/哲学家的~/文学家~/银行老板的~/学方的~等；三是表物的名词，如学术的~/初级外国语教科书的~等。其中第一类最多。

4. 指示代词作修饰语，这种很少。如：

听她那口吻，倒好像我是冒牌儿货。（梁晓声《感觉日本》）

现在是连两脚直立的东西，当“内疚神明”，无法自解的时候，也学会这样的口吻了。（唐韬《以虫鸣秋》）

5. 数量结构或“指代＋量”结构作修饰语，这种也非常少。如：

于是像大多数青年人一样，遇到这种口吻，我便又想听又不想听地说：“真的吗？”（刘心武《如意》）

当然他讲述时用的是另一种方式，另一种口吻。（刘心武《如意》）

可见，①②两个义位的组合能力有着明显的巨大的差距。②义主要作中心语，虽然为名词性，但几乎不能单独作主语、宾语或定语，其前面必定带有修饰语。而①义在现代汉语一般语体里几乎不用了。

类似的还有：眉眼（眉毛和眼睛/容貌）、眼目（眼睛/容貌/纲要条理）、面目（脸的形状/事物呈现的状态、景象/面子）、脸面（脸/情面）、眼目（眼睛/为人暗中察看情况并通风报信的人）、肌体（身体/组织机构）、血肉（血液和肌肉/特别密切的关系）、心胆（心和胆/意志和胆量）、唇吻（嘴唇/口才言辞）、咽喉（咽头和喉头/形势险要的交通孔道）、喉舌（喉咙和舌头/说话的器官）等，这些双音人体词语本义的组合能力较之其转义义位的组合能力要差一些，一些本义义位较少单独使用或不使用。而其主要原因是由于上述双音人体词语在古代多数表示人的两个器官部位，在沿用时，受词汇双音化的影响，现代汉语中则很少这样用了。这样，各人体词语转义的组合能力当然就不一样了。

以上所论是就语义的大范畴——名词性不变的一些人体词语所做的探讨，有些人体词语的本义与转义在大范畴上都不相同，其组合能力当然就更是不同了，如“头”的“头部”名词义与“次序在前的”形容词义，前者基本上具备一般名词的各种组合能力，而后者只具备形容词的部分能力，即只能单独作修饰语，如“～三天”，而不能单独作谓语等，不能说“很头”等。另外，意义范畴从动转名的“手”“掌”“肩”“顶”和“指”，其中“掌”和“指”附着的本义已经降为义素，一般只参与义位内部的组合而不能参与义位外部的组合，其本义受词汇双音化的影响，一般也不像其他普通名词单独作句子的主语或宾语，倒是经常作方位名词“上”的定语组成“手上”“掌上”“肩上”“顶上”。而他们的动词性转义多数较其名词性本义能更加自由地参与义位外部的组合，在我们的检索中，除了“手”仅限于“人手一册”的用语外，其他都具有一般及物动词义位的基本用法：“掌”的［用手掌打］义后常接中心语为［嘴］的宾语，［掌管/掌握］义后则可接具体的名词，如“灯火”“舵”“车龙头”“方向盘”，这时常用“掌着”，也可以接抽象名词，如“（生杀大）权”等，这时常用“掌了”；“肩”的［扛］义后常接具体名词，如“柴火”“脚案”“箱笼”“担子”“剃头挑子”“长枪”等，多用“肩着”，也有少数带上助词“了”成“肩了”；“指”的［用手指头指着］义后可接各种具体名词，如表示人的名词“刘美萍”“吴胖子”“儿子”“媳妇”等，表示动植物的名词“鸡冠花”“芦花鸡”等，表人体部位的名词“脑门子”“头”“嘴”“脸”“肩部”“胸部”“鼻子”等，表示器物用具的名词“自行车”“椅子”“皮袄”“床”“镜框”“录音机”“保险柜”，表示一般事物的名词“路”“蓝天”“山头”“楼房”“铺子”“钱”“条幅”等，表示空间方位的名词

“东边”“前边”“右边”“右前方”等，也可以接代词，如“我”“我们”“他”等，接名词或代词宾语时常用“指着”，而带上助动词“了”成“指了”时，则常用动词的重叠式“指了指”或带上补语“一下”后再接各种宾语；“顶”的［用头支承］义也常带上助词“着”接各种宾语，具体名词如“枪子”“子弹”“草帽”“草屑”“秋霜”“风沙”“雪”“太阳”“星星”“激流”“江水”“发髻”“大青包”，抽象名词如“名字”“徽号”“头衔”“名义”“危险”等，“顶”的另一抽象动词义位［顶撞］则常接指人名词或代词，如“人”“姑妈”“他”等。

据我们的这种初步考察，发现这些本义与转义词类范畴改变的，与本义、转义词类范畴相同（同属名词性）的在义位外部组合的相同点是：本义与转义组合能力都有很大不同。不同点是：范畴未变的词语，本义义位组合能力比转义组合能力强；范畴改变的词语，则表现为本义义位组合能力不如转义组合能力。可见，最终是义位在词义系统中的中心或非中心地位在影响着它们的组合能力。

而组合在一起的词具有一定的内在联系，是以共现性为基础组合而成的。“并置理论”的基本观点是：某些词与另一些词之间是一种“相关的（或然的）”语义联系。[①] 我们的理解是，这种并置或共现，仍然是意义与客观世界的反映与被反映关系的一种语言表现，意义的组合（或搭配）受客观世界关系的限制，比如前述“脸”，可以与颜色词、形状词组合，因为客观世界的“脸”本就存在［色状］的属性隐性义位特征；可以与表人名词组合，因为其与人存在［隶属］的隐性关系义位特征；可以与表示姿态的动词组合，也是因为脸在脖子上，可以自由转动和做出各种姿势，有着［转动］的功能隐性义位特征等。当然，义位间的组合，即词与词的搭配还与语用习惯等相关。

---

① 转引自伍谦光《语义学导论》，湖南教育出版社，1997 年版，第 82 页。

（二）外部组合特点与人体词语语义特征

中心词驱动的短语结构文法认为，词语携带了丰富的句法语义信息，它在很大程度上决定了它所在的句子的句法语义结构。反过来，句子之所以表现出不同的句法语义结构，也正是因为其中所包含的关键词语不同，陆俭明先生以汉语实例具体说明了词语的具体意义对句子意思的影响与制约。[①] 而换个角度，从义位外部组合的特点也可以洞察词语的语义特征。语义特征也称语义成分、语义标示、义素等，是现代语义学中一个重要的研究内容。美国语言学家 Don L. F. Nilsen 和 Alleen Pace Nilsen 将英语语义特征分为五大类：语法—语义特征，内在语义特征，谓语性语义特征，状语性语义特征，感受性语义特征等。[②] 人体词语的内在语义特征我们已经在前几章分析过了，这里我们主要是结合人体词义位外部组合的语法特性来分析。因人体转义的情况比较复杂，我们在此只探析人体词语本义义位表现出的语法 - 语义特征，也可以说是找寻人体词语本义语法特性背后的语义动因。

1、组合的选择性与人体词语的［有生］义和［空间］义特征

一定的人体词语就规定了特定的组合对象，人体词语为中心语在句中作主语时，常有相对固定的、与之搭配的几个动词，如：头/脸/脖子→挂、转、侧、仰、扭等；手/手掌→拿、握、按等；脚→踢、踏、踩等；眼睛→看、瞥、盯等；嘴→张开、闭上、说、吃等；牙齿→咬、咀嚼等；肩→扛、挑等；鼻子→嗅、闻等；膝→跪、磕等；心→想、恨、讨厌、喜欢等；等等。这些词语组合中的动词有一个共同的特点，就是都为自主性动词，代表了相应人体部位的一定功能。可见，前面人体词语的语义里含［有生］义特征。

---

① 陆俭明《词的具体意义对句子意思理解的影响》，《汉语学习》，2004 年，第 2 期。

② 伍谦光《语义学导论》，湖南教育出版社，1997 年，第 98 页。

另外，很多人体词语都能与方位名词“里/中”组合成“在……里/中”，即便是“脸”，因其能与动词“挂”等组合，如“同他的名字一样，这位太原市的代市长满脸挂着忠厚之气。”（人民日报1995年3月2日），也显示出脸是三维立体的，可见，人体词语多具有三维［空间］语义特征。而很多人体词语也能与方位名词“上”组合，则显示了人体词语在人们的认识里，也可能是二维的，而且可能是同一个人体部位有时被当作是三维的，有时则被当作是二维的，比如从与动词的组合上我们又可以看出“脸”有动态二维空间语义特征，所以能与“漾起”搭配，如“我回头看了看冬梅嫂，只见她脸上漾起了红晕。”（人民日报1995年3月4日）

2、句法隐现制约与［隶属］义特征

人体词语的本义义位是名词性的，但很少单独作句子的主语或宾语，而多带有表示人的名词或代词作修饰语，即便单独作小句主语，大主语也会有其领属者出现。如：

小青年脸涨得通红，支支吾吾地说：“我没说啥，那是玩笑……”（张贤亮《肖尔布拉克》）

赵大爷尤其觉得适合口味，头略微仰起，眼睛轻轻一闭，领略这一霎间的愉快。（叶圣陶《晨》）

以上两句中，第一例“脸”前有大主语“小青年”，第二例“头”“眼睛”也有承前省略的大主语“赵大爷”。从配价上讲，人体名词大多属于一价名词，要求其隶属对象在句中共现。再如：

老卢端详着自己的脚，打算找逸九带他到舞场拜老师去。（林徽因《九十九度中》）

她突地活跃了起来，…然后气昂昂地走来我的面前，两手插在腰上，微微地噘起嘴巴，笑嘻嘻地嘲弄我。（艾芜《山峡中》）

另外，人体词语也常常在句中缺省，而人们在理解中却会通过联想激活自然补上，如：

（他）开来看时，只闻到一阵陈腐的气味，什么东西都没有。（叶圣陶《晨》）

这个句子中“看”是“眼睛看”，“闻”是“鼻子闻”，但句子中“眼睛”“鼻子”都未出现，因前面有承前省略的主语“他”，“眼睛”的领属关系表现为｛他［身体］、［头］、［脸］、［眼睛］｝，“鼻子”的领属关系表现为｛他［身体］、［头］、［脸］、［鼻子］｝，“眼睛”“鼻子”的［隶属］义特征显而易见，在理解时我们通过隶属者“他”激活其相关语义点，从而完成对整个句子的理解。这种要求隶属对象共现的限制和人体词语适当的缺省，反映出的是人体名词的［隶属］语义特征。

由上可见，人体词语语义组合具选择性，主要有两个方面的原因：一是受客观现实关系的制约。虽然义素与义素之间、义位与义位间的联系在人们的研究描述中带有一定主观性，但事物间的联系是客观存在的，人们的思维也有一致性，所以义位间存在的联系实际要受客观现实关系的制约，语义的组合有着共性的规则，即语义的可接受性或可能性，如一般不可能有“眼睛闻”、“鼻子看”的组合是因其没有这种现实关系，不具可接受性。身体部分的运动与身体部分的功能紧密相关。如腿和脚总是与航行有关，尽管有时他们也发挥他们在物体上的粗野行动，如踢和踩。头是最初知觉模式所在地，嘴与吃和交流（谈）有关，胸向前，是最初的方向和运动的感知所在，所以各人体部位都有相应的运动或功能动词与之搭配。二是受语义构成成分的制约，能够搭配在一起的词，在义素构成上应具有一定程度的一致性，或者有共同的义素构成成分。另外，人体义位固定组合则主要受汉语言搭配遗留和搭配习惯的影响，如“唇亡齿寒”不说“唇失齿寒”即为此类原因。

三、人体词语语义组合的认知图式

上面两点我们主要从表层单位组合的视角对人体词语语义组

合的词汇语义特征做了探讨，若从认知角度解读这些组合的规律，又是怎样的呢？义位外部组合根据语法规则或修辞规则容易理解，这里我们就试图从认知理解角度观察其义位内部组合后的新意义。

人体词语附着的义素和义素组合，呈现出的是复合词，由于复合词的结构长度（或语长）有限，词所包含的语义信息不能完全以编码符号的形式出现在词中。这里我们用认知语义学的经验图式来解释由人体核心词构成的复合词中的词义生成，以了解人体词语在构词组合中的组合认知因素。从命名学的观点看，词语组合的主要过程实际是说话者试图结合已经在语言中存在的被描述过的一个或几个其他旧有概念来描述一个假定的新概念，而旧有概念往往是一种语言里的基本词。多数人体词语是汉语的核心词，所以也往往构成各种组合结构的词语模板或样式，如“口”族词语就有“X+口”、“口 + X”最基本的两种组合模式，这两种模式一方面提供了构词的规则，另一方面则提供了“口”所构成复合词的语义范畴和语义图式。图式是人们从旧事物中抽象出的经验结构。我们来看看“X+口”的词群：

当成分X是　　　　　则复合词“X+口”的大致意思是

事物——→X的前部（刀口、窗口、风口、门口、袖口等）

自然处所——→进出X的地方（山口、海口、河口、路口等）

不作用于“口”的动作——→可以做X动作的地方（出口、渡口、插口等）

作用于言语或人的动作——→X某种意图的言语（改口、封口、夸口、灭口等）

作用于味道或事物的动作——→从某处X（适口、爽口、可口、出口、进口等）

形容人的性状特征——→某种状态地说或某种状态的人（亲口、交口、苦口、活口等）

当然，也有一些组合的意义在这个理解模式中找不到对应的语言成分，如“虎口”比喻危险的境地，其所指实体在语言模板中没有对应的成分，不能从字面得到理解，这时只能依靠人们对生活经验中的认知联想——“虎是危险动物，虎口是虎进食之处”来获得其隐藏在该词字面后的比喻意义。有一些则是与认知图式冲突，这就促使人们修正自己惯常的理解，从而获得其深层含义，如“有眼无珠”，在人们日常经验中，“眼——珠”对应“整体——部分”图式，“有”与“无”的冲突使人们必须调整原理解图式来得到“有无”冲突背后的意思。

也就是说，对人体词语参与组合的意义理解，可以按照经验图式（或语义搭配框架），在人体词语引申义的语义范畴内选择适当成分填充在语义图式中，从而得到整个组合的意义。无法用既有语言模式去理解词语时，就需要寻求对图式理解的突破和调整，从比喻和借喻的角度去理解。由此，我们也可以得知核心人体词是汉语词汇和词义生成模板中的重要的常量部分。

第二节　汉语人体词语语义组合的语用变异

义位的内部组合中，同一个语素与不同的语素组合时，附着的义素就会不同。而义位进入外部组合后，意义则常发生变异，而这种变异并非该词附着的整个义位的移植。因为组合本身就形成了一种语言环境，即通称的言语上下文。既是与语境有关，当然就属于动态的语言使用了。认知语法把语义定义为主观意象，每一个语义都对应于一种意象，名词的意象可以是静态的、具体和抽象的事物，也可以是不同抽象程度上的动态意象。人体词语如其他名词一样，也会具有动态意义。“词义对客观事物的反映是抽象的概括。用概括的、数量有限的词语去表达具体的、无限的事物，为了解决这个矛盾，更准确地表达思想，人们就有意识地将词义灵活变通使用，使之产生种种变异。一个词本来没有某项意义，使用到某一个特定的结构中却可以表达某一项意义，这就是我们通常所说的‘动态义’（也称‘临时义’、‘言语义’）”。[①]

本节将着重探讨人体词语在义位组合中表现出来的各种语用变异。语用变异就是词语静态意义系统在动态使用中的变化，而这些变化都是以词语的静态意义为基础的，是静态意义的延伸。要说明的是，我们认为语境不仅包括上下词、上下句和上下段等，还包括更小的上下语素，从下文的考察就可以知道语境的参与实际从语素组合就开始了，本节也主要在上下语素和上下词的语境里做考察。

一、人体词语义位组合的变异类型

参照张志毅、张庆云先生归纳的十种义位组合变异及各变异的定义，[②] 我们考察了汉语人体的义位组合变异情况，发现大约共有八种：

（一）异化

人体词语义位组合的异化，主要表现为同一语素或词语在具体组合中，指称的是同一义位的不同方面的某一义素，有的人也称之为语境偏指义。人体词语义位的这种偏指，包括对那些反映事物次要特征及其主观认识的“隐性义素”的偏指。如“眼睛”在下列组合里产生了有差异的不同变体：

她眼睛漂亮→指眼睛外形

她眼睛好→指视力

她眼睛小→指眼眶

她眼睛红→指眼珠

① 王惠，《从构式语法理论看汉语词义研究》，Computational Linguistics and Chinese Language Processing，2005，第4期，第495－508页。

② 张志毅、张庆云《词汇语义学》，商务印书馆，2001年，第244—258页。

……

又如，与“首”组合搭配的语素很多，如“搔首”“稽首”“疾首”等，但在具体组合语境中，“首”所指并非都是包括整个人体颈上部所有器官在内的头，如“搔首”中“首”只指头皮，“疾首”中“首”则指头内部或太阳穴那个地方，“稽首”则指称整个头。还有，“手表”“手镯”中“手”指手腕，“手心”中“手”指手掌等，“脚镣”中“脚”指脚腕子，“脚心”中“脚”指脚掌等。

不过，人体词语义位变异还是在类似“眼睛”列举的这种自由组合中较常见。

（二）特指化

人体词语义位组合的特指化是指在具体组合中人体义位由具有概括性的大类变为指特定的小类或个体，通常也称为专指，在意义的变化上也属于人体词语义位组合中的狭化。如：

掌 1：她是父亲的掌上明珠→手掌

掌 2：鱼和熊掌不能得兼→脚掌

臂：臂章→上臂

腿 1：宣腿（云南宣威出产的火腿）、火腿→猪腿

腿 2：护腿（保护小腿的用品）、裹腿、绑腿→小腿

腿 3：飞毛腿、二郎腿、拔腿就走→（人）腿

牙：拔牙→阻生牙

在上述例中，“掌”“臂”“腿”“牙”的所指都变为小类了，他们更多地发生在义位内部组合中。另外，某些义位的转义在组合中也会特指化，如“收心”中“心”特指不好的心思和念头。

（三）虚化

虚化，是说语素意义在组合里成为羡余信息，没有实指意思。人体词语义位组合的虚化大概有两类情形：一是参与组合的各语素都不包含词义的义素，整个组合通过借代的手法使得原有组合

意义由实转虚；二是组合中以一个语素为主，另一个语素似虚设，即通常所谓偏义复合词。我们说“似”虚设，是因为虽然在词义的义素组成部分里见不到该语素的语义成分，但它还是起了作用的，除了通常所说的满足词汇双音化的音节形式需要以外，其实在语义上也起着一定的提示作用。因为这些“虚设”语素都与主要语素在语义上都存在或相近或相反或相关的类聚关系，这就规定了词义的基本语义生成或引申的范畴，给人以一定的提示。汉语人体词语义位组合的虚化，这两种情形都有，但不多见，主要集中在两个语素都为人体语素的组合中。如：

眉目清秀→“眉目”代表整个脸部容貌

面目 = 面→“目”无义似虚设

心肠、心肝 = 心→肠、肝无义似虚设

“眉目”是部分代整体的借代形成的第一种虚化，“面目”“心肠”“心肝”则属于第二种虚化。

另外，有些人体词语在具体组合中从部位转指功能，按认知语言学的“整体——部分”图式看，部位义也包含该部位的功能义，是属于“整体—部分”关系，在具体组合中，部位义无，所指只是其功能义素方面，如：

手脚利落→“手脚”代表举动或动作

腿脚利落→“腿脚”代表走动的能力

口齿清楚→“口齿”代表发音

口齿伶俐→“口齿”代表说话

类似的还有“唇舌”“臂膀”等固定组合中的变异也属于部分代整体的一种虚化。

（四）强化

表达强化义的组合形式，基本有两种：一是表层的语义重复达到深层的语义强化，一是表层的语义对立达到深层的语义强化，这类异化在人体词语义位组合中似乎不多见。如：

①硬骨头；②软骨头。

①是属于语义重复的强化，因为“骨头”的本质特征［人体坚硬组织］中已经包含义素［坚硬］，②属于语义对立的强化，［软］与［硬］是对立的，这两种强化使得原词义有了比喻性的深层转义。

（五）显化

所谓显化，就是通过组合，义位的某些隐含义素得到显现。人体词语的本质属性常为构成部分、功能、位置和性质等，外形、颜色等就是隐性义素，但通过组合的语境，他们往往得到显现，如“瓜子脸”，因前面是“瓜子”，所以“脸”的义素［形状］得到显现，同样“三角眼”中“眼”因“三角”而显现出眼睛的形状这个次要义素。又如“唇红齿白”，这使得“唇”的［红］、“齿”的［白］义素由暗转明。这种变异在汉语人体词语义位组合中也不多见。

（六）广化

人体词语义位组合的广化是指在具体组合里扩大了义域，即扩大了概念所指的范围，用公式表示则为：语素义 1 + 语素义 2（ + 语素 n） < 义位。如：

胸 + 像 < 腰部以上的人像→“胸”所指扩大，包括腹胸颈头

脚 + 力 < ①两腿的力气（《现汉》）→“脚”所指扩大至包括腿的整个下肢

坎 + 肩 < （ ~ 儿）不带袖子的上衣（《现汉》）→“肩”所指扩大至上半身躯

这种广化在人体词语义位组合中并不多见。

（七）贬化

贬化，就是义位由中性倾向贬抑。某些人体词语引申出的抽象名词义位在一些固定组合中获得一种贬化意义，主要有耍心眼/嘴皮子。如：

“耍”的意思是“施展、表现出来”，而组合后“心眼”从“心智”变为“小聪明”，“嘴皮子”从“说话的嘴唇”变为“不实的口才”。

在一定的组合义从中，人体词语也可能贬化，如“嘴脸”本指“面貌、表情”，在“瞧他那副嘴脸”中“嘴脸”就变为“坏表情”。

（八）褒化

所谓褒化，就是义位由中性倾向升扬，人体词语的一些转义抽象义位本是中性，但进入一些组合框架后，常由中性转为褒义变体。如：

1、（很/非常）有＋（些/点）＋N（A）

正如其他一些抽象名词进入此组合会获得一种升扬的评价意义一样，一些人体词语引申出的抽象名词义位也能进入这个固定组合获得一种褒化意义，常见的有：有眼光/头脑/脑子，有脸/面子/脸皮/头脸，有心肝/心胸/心眼（儿），有眉目，有胆量（子），有一手/两手等。如：

她挑剔过全厂所有女人的服饰，觉得她们都不会穿衣服，她因此充满了自信，觉得自己很有眼光。（毕淑敏《女人之约》）

一个有头脑的，聪明的匠师！（汪曾祺《天山行色》）

他觉得自己很有脑子，虽然他的脑子只是一块软白的豆腐。（老舍《四世同堂·惶惑》）

可你，到外地贩了一回牲，明明挣了一千多，你咋有脸拿过三百块来！（张平《姐姐》）

那都是冲你的面子，我发觉你很有面子。（王朔《橡皮人》）

因为找你那个熟人的丈夫，人家态度都冷淡了，如何有脸面再找人家？（刘震云《一地鸡毛》）

看你这个老革命有没有脸皮！（邓友梅《我们的军长》）

“丁”部是地方上有头脸的人。（老舍《四世同堂·偷生》）

至于桐芳，她有心肝，有胆量，有见识。（老舍《四世同堂·偷生》）

管他呢，反正给谁做事都是一样，只要自己肯去做事便是有心胸。（老舍《四世同堂·偷生》）

小伙子一天无忧无虑，不大有心眼。（汪曾祺《羊舍一夕》）

我说倒不必，说已经办得有些眉目了。（梁晓声《冉之父》）

你乘着忙乱之中，多拿了十双，还怨我们，你真有胆子！（老舍《四世同堂·偷生》）

我心里觉得国庆比我更有胆量，我这样说了，丝毫不是为了谦虚。（余华《在细雨中呼喊》）

吴教授科研上有一手。（方方《白雾》）

他还真有两手，这么难的事都搞定了。（自造句）

从例句我们看到，这些“（很/非常）有＋（些/点）＋N（A）”组合结构的意思是：不仅领有名词所表示的那种事物，而且领有得多、大、好等。结构中“有”表示领有、具有，而“眼光”表示观察事物的能力，“头脑”“脑子”表示思考记忆的能力，“脸”“面子”“脸皮”“头脸”表示情面，“心”“心肠”“心肝”“心胸”“心眼”表示的或为思考或为情感或为气量等，“眉目”表示事情的头绪，“胆”表示胆量，“一手”表示一种技能或本领，这些人体词语所表义均为中性的，单根据“有”和他们的意义推不出他们组合在一起的含升扬的语义，如将“有”和“眼光”的词义加合在一起得不出“很有能力”的意思，二者组合后却能有这种包含程度深的意义。而且这些组合中的褒义含义一直延续至他们的否定式中，如：没（有）眼光/头脑/脑子，没（有）脸/面子/脸面/脸皮/头脸，没（有）心肝/心胸/心眼（儿），没（有）眉目，没（有）胆量（子），没（有）一手/两手等。还有些口语中我们可以经常听到的说法，如“有/没有肚子”“有/没有胃口”等也是属于这类褒化，如：这件衣服太小了，他有肚子穿不了。/她这个年龄没肚子真难得。/你今天很有胃口呀！/我生病了，没胃口。在这肯定和否定的组合中，已经增加了作为区别特征的评价义素，如“没肚子”是否定其中“肚子”的评价义素“大”而非“肚子”本身的理性义素。

其实有些双音固定组合已经成为词，让人不易感受到，如“有心”的“故意”意其实就是从“很有意图、想法”得来，只不过用“故意”两字代替而看不出来，又“用心”的“集中注意力”就是从“特别使用心智”而来，单从“使用”和“心智”的义位中推导不出包含的“特别、集中”的程度意义。

除了“有N（A）”的固定组合外，另有一些是两个人体词语义位进入由“有N1有N2”格式形成的固定语中，如“有头有尾”“有头有脸”“有血有肉”“有眉有眼”“有鼻子有眼儿”等，这种褒化是通过固定格式达到的。如：

他没法，也不会，把自己的话有头有尾地说给大家听。（老舍《骆驼祥子》）

不知为什么，在北京越是有头有脸的人吧，在这就混得越惨。（电视剧记录《北京人在纽约》）

这时分，山的模样，屋、田畴、梯土的模样才有眉有眼——天亮了。（彭见明《那山那人那狗》）

通过个人的探讨，才会更有血有肉地感受“人的觉醒”的意义。（曾卓《文学长短录》）

我还问了她半天，她说得有鼻子有眼儿，姐弟失散那场简直和你说的如出一辙。（王朔《玩儿的就是心跳》）

这些“有N1有N2”固定组合在上述各例句中或充当状语或充当谓语或充当补语，带有一定的副词程度意味。

要说明的是，具体语境中这些褒义还可以贬用，如“有一手/两手”“有心眼”等在具体语境中可能指一种不太好的本领，那就纯属语用的临时意义问题了。

2、“N1 是 N1，N2 是 N2”

进入这种格式的人体词语不多，主要有：头、脚//眉、眼//鼻子、嘴等，他们都是两个部位词语成对地进入。如：

浑身上下，头是头，脚是脚。（汪曾祺《受戒》）

杨妈说：“人家关大妈可跟我说啦，那丫头，眉是眉，眼是眼的，俊着呢。”（陈建功；赵大年《皇城根》）

你看，老莫学的鼻子是鼻子，嘴是嘴了。（王朔《编辑部的故事》）

这些“N1 是 N1，N2 是 N2”表示的都是“清楚、像样的、可称赞的”意思。

上述人体词语义位组合的变异主要是一些相对固定组合中的变异，受前后词或语素的影响较大。从构式语法理论的角度看，这些人体词语所产生的临时动态词义必须在特定的结构式中才能应用，离开了上述结构式的位置，就不再存在。可见，具有结构意义的结构式是词的临时言语义的产生途径之一。

从上述人体词语贬化较少、而褒化较多的情形看，人体名词的褒化和贬化在汉语中是不对称的。人体词语不管是抽象意义还是事物意义的组合变异都是以趋向上扬的褒化为多，为什么会出现这种褒贬意义不对称的情形呢？对这种词汇语义向强势、积极一方偏移的规律，张家骅等先生认为可用心理语言学的一些研究来解释：“波里安娜假说”认为“人们的心理特征要求在交际过程中减少或排除不愉快的话题或报道”，“心理语言学实验表明，儿童对于肯定评价语词掌握较早，使用较频繁”。[①] 而且，这种名词的积极偏移意义在俄语中也存在，是一种跨语言的普遍现象。

① 张家骅等《俄罗斯当代语义学》，商务印书馆，2005 年，第 94 页。

二、人体词语义位组合变异与语文辞书的释义

人体词语义位组合变异产生的义位变体，很多已经在辞书中反映出来，成为一个固定的义项，如“眉目”“手脚”“口齿”等的虚化借代意义都成为词典里该词条下的义项，而一些固定组合中的意义变体该在语文辞书中做什么样的处理呢？

因为难以断言这些与语用相联系的义位变体已经固定下来，所以在标准性语文辞书中，可以采取谨慎的态度。但对于实用性、学习型的语文辞书来讲，可以多一点提示。因为“用法词典与一般性的语文词典不同，它主要是对词的用法，即各种组合情况进行描写的，尤其是对那种比较特殊的用法更要着重给予描写、解释，这样才能显示出用法词典的特色。”①

谭景春先生认为“有年头”表示时间长久的意义是从结构中获得的，这类结构意义表示的大、长等意义不能归入某个词语义项下，而应在“有”的词条下说明，② 他的这种处理意见是有道理的。也就是说人体名词在“有X”结构中获得的意义，是格式带有的结构意义，而不是进入格式的词语本身特有的意义。但进入“有+N（某些抽象性的）”这种固定组合的名词也并不多，而且就进入格式的人体词语而言，他们相应的否定式“没（有）+N（某些抽象性的）”中，虽常不出现“有”，但整个组合还是对一种褒义的否定，这时的褒义似乎就落在N上了，如“没心肝”表示的是“没良心”，其中“心肝”就与“良心”对应了。所以，我们认为这种褒化意义至少也可以作为一种例示附在相应的名词后。

我们发现辞书中，与人体词语组合义位相关的问题主要集中

---

① 谭景春《词的意义、结构的意义与词典释义》，《中国语文》，2000年，第1期。

② 同上。

在褒化词语的释义上。由于没有区分语言结构带来的词语动态义与词语本身的静态词义，不同的编纂者对这类词的解释就具有一定的主观随意性，同类词语现象的释义就出现了不同的处理。如《现代汉语词典》中，有时就把人体词的动态义误作词义，设立一个专门的义项，有的又没有。

这里，我们先看看人体词语相关的“褒化”意义是否该归入相关词义中？先看《现汉》（2002 年增补本）中相关人体词语是如何处理的。如：

【眼光】②观察鉴别事物的能力；眼力：这辆车挑得好，你真有～。

【头脑】①脑筋；思维能力：有～｜～清楚｜胜利冲昏～。

【脑子】②脑筋：这个人太没～了，才几天的事就忘了。

【心眼儿】③聪明机智：他有～，什么事都想得周到。

【心肝】①良心；正义感：他不是那种没～的人。

【心胸】③志气；抱负：他有～，有气魄。

【头脸】②指面子；体面：他在地方上是个有～的人。

【胆量】不怕危险的精神；勇气：～小｜有～。

【一手】①（～儿）指一种技能或本领：留～。

【两手】①（～儿）指技能或本领：有～儿｜留～儿｜给大家露～。

在《现汉》2002 增补版中，这些词语的释义可以分为两类：一是褒性的，如“心眼儿”“心肝”“心胸”“胆量”等；一类是中性的，其余“眼光”“头脑”“脑子”“头脸”“一手”“两手”各例即是。

再看《现汉》（2005 版）对上述词语的释义：

【眼光】②观察鉴别事物的能力；眼力：这辆车挑得好，你真有～。

【头脑】①脑筋；思维能力：有～｜～清楚｜胜利冲昏～。

【脑子】②脑筋❶：他～好，又用功，学习成绩很好｜这个人太没～了，才几天的事儿就忘了。（按：脑筋❶即指思考、记忆等能力：动～｜他～好，多少年前的事还记得很清楚。）

【心眼儿】③指思维能力：他有～，什么事都想得周到。

【心肝】①良心；正义感：他不是那种没～的人。

【心胸】③志气；抱负：他有～，有气魄。

【头脸】②指面子；体面：他在地方上是个有～的人。

【胆量】不怕危险的精神；勇气：～小｜有～。

【一手】①（～儿）指一种技能或本领：留～。

【两手】①（～儿）指技能或本领：有～儿｜留～儿｜给大家露～。

在《现汉》2005版中，这些词语的释义同样分为褒性释义和中性释义两类。对比《现汉》两个版本的释义，不同的是，词条“心眼儿”的释义从2002版的“聪明机智”变为2005版的“思维能力”，从带褒义的义位变为中性的义位。其他带“有/没～”释例的词条释义均无变化。这显示了《现汉》（2005版）在这类有褒义变异词义的释义处理上做到了标准一致。

这种一致具体表现为，严格区分词语的动态结构义和其静态词义。“心眼儿”与“心胸”、“胆量”、“一手”“两手”几个词语非常相似，都采取了统一的中性释义。“心眼儿”的“聪明机智”义即“较强的思维能力”不是词语本身有的，所以2005版的《现汉》将其改为“思维能力”。“心肝”、“心胸”、“胆量”三个人体词语的褒性义素［＋良；＋正义］［＋志气］［＋不怕危险；＋勇］似乎也并不是词语本身有的，而是在“有/没＋N（A）”这个结构中才产生的。我们可以用“相同意义是否只出现在格式‘有＋N（某些抽象性的）’”中的标准来检验。这里，通过对老舍多部作品的检索，我们来检查一下四个词语上述义项的用法情况。

“心肝”（良心；正义感）

①他们无聊、无知、无心肝、无廉耻。(《四世同堂》一)

②老天是无知、无情、无一点心肝的。(《四世同堂》二)

但是常二爷既不是泛泛的朋友，又不是没有心肝的人。(《四世同堂》二)

③至于桐芳，她有心肝、有胆量、有见识、你却拿她当作玩物。(《四世同堂》二)

④可他们是怎么报答我的？一场空，没有心肝。(《四世同堂》三)

⑤她不是没心肝的人，这是讲究实际。(《老舍作品集．鼓书艺人》)

⑥这个老太婆倒还有些心肝。(《老舍作品集．鼓书艺人》)

⑦居然能在这种地狱里非常的得意，非常的傲慢，我真不晓得他们有没有心肝。(《老舍作品集．猫城记》)

⑧他们还有心肝没有呢？(《归去来兮》)

⑨别只想你自己委屈，别人都没有心肝！(《全家福》)

⑩可是细心一想呢，抗战八股总比功名八股有些用处，有些心肝。(《老舍作品集．老牛破车》)

由上述 10 个用例，我们可以看到，“心肝”的例子，全都出现在“有/无/没（有）（一些、一点）+N”结构中，根据上下文语境，也全都作“良心、正义感”讲。“心眼”则不然，且看“心眼”的用例：

“心眼”

①他心里说；“傻瓜，当是妇女真没心眼呢!”(《离婚》)

②他有自己的打算，有些心眼，但不好向别人讲论。(《骆驼祥子》)

③他对这姑娘真是死心眼。《老舍作品集．鼓书艺人》

④吃得饱，睡得熟，傻乎乎的只有一个心眼。(《老舍作品集．火车集》)

⑤虽然他心眼慢，他也由桂枝的行动上看出点不大妥当的地方来。(《老舍作品集. 集外》)

⑥我这个人的好处就是心眼儿灵便，老随着时代走！(《老舍作品集. 方珍珠》)

⑦你们年轻，心眼快，大概已经入了党 好升官发财。(《老舍作品集. 方珍珠》)

⑧大璋，你有本事，脑筋活，心眼快，才参加了几天，就当了副科长。(《老舍作品集. 春华秋实》)

⑨人民政府的法律一定好，可惜我，心眼迟钝，了解不深。(《老舍作品集. 柳树井》)

⑩加添的东西除去，用心眼去设想它的原形。(《老舍作品集. 文学概论讲义》)

在上述众多例子中，“心眼”不仅能用在“有/无/没（有）（一些、一点） + N”结构中，而且还能用在如下组合里：死心眼、心眼慢、心眼儿灵便、心眼快、心眼迟钝、用心眼去设想等，显然，这些组合里的“心眼”与“有/没心眼”里的“心眼”是同样的意思，即“思维能力”。我们再看“心胸”用例：

“心胸”

①管他呢，反正给谁做事都是一样，只要自己肯去做事便是有心胸。(《四世同堂》二)

②这不是为结束自己，而是每一个有心胸有灵魂的中国人应当去做的事。(《四世同堂》二)

③咱们的那些壮小伙子简直没有心胸，没有志气，没有人味儿！(《老舍作品集. 火车集》)

④今天的哪一个有心胸的青年，不应当像你那样赶到战场，死在战场？(《老舍作品集. 归去来兮》)

⑤现在 是一个有点心胸的青年，都得为国家出点力！(《老舍作品集. 归去来兮》)

⑥我们姑娘的心胸啊，可是高，她一心一意要作电影明星。（《老舍作品集．女店员》）

上述用例中，虽然“心胸”多用在“有/无/没（有）（一些、一点）+N”结构中，但显然还能用于其他组合中，因有歧义，排除“心胸大”的用例，也有一例不是出现在该结构中的，如最后一例就是“心胸高”的组合。我们的检索仅限于老舍先生的作品，其他现代文学作品中很难说就没有类似的例子。因此，我们认为“心胸”在词典中的释义也应该注意区别其褒化的义项究竟是否已经成为静态词义，或者仍处在词义内化的过程中？这样，“心胸”的释义是否也应该采取一种中性态度？正如“有心眼”表示有较强的思维能力即聪明才智一样，“有心胸”也表示有较完美的目标，这些［+较强］［+较完美］的褒义义素是结构带来的。那么，“心胸”就可以做如下解释：［心胸］即目标，多用于“有/没～”，表示抱负、气魄。

综上考察，虽然“心肝、心眼、心胸”三个词语的表层结构相同，均是由“人体+人体”构成的双音节词语，但是它们的非本义在褒贬性上却是有差别的。“心肝”的结构意义已经内化为词义了，或者说其结构义已经与词义重合了，因为“心肝”作为一个词，只出现在结构“有/无/没（有）（一些、一点）+N”中。而“心眼”与“心胸”类似，同样的意义不仅能出现在“有/无/没（有）（一些、一点）+N”的结构中，而且还能出现在其他组合中，其褒化的词义只是一种暂时的变异，并不能作为词典的静态意义。我们看到，这三个词语的释义在2002版中是一致的，说明编者当时认为它们是相同的现象。至2005版中，只有“心眼儿”的释义改为中性的，“心胸”却没改。为何不改呢？也许是“心胸”在结构式以外的用例不如“心眼”多，没引起人足够的重视，或是别的原因，我们不得而知，但这终究会造成读者的一种困惑和释义体例的不一致。

最后，我们来看看词语“胆量”的用例：

①你看透她的心理，壮着你自己的胆量，你就算是恋爱大家！（《老张的哲学》）

②小坡虽然以为张秃子的计划不甚光明正大，可是很佩服他有这样的胆量。（《老舍作品集．小坡的生日》）

③假若一山那小子有胆量，敢回文城来呢，他和举人公都有逮捕他，交给日本人的责任。（《老舍作品集．火葬》）

④假若老二是因为不放心老三的安全而责备老大，瑞宣一定不会生气，因为人的胆量是不会一样大的。（《四世同堂》一）

⑤她有势力，有本领，有胆量，有日本人帮助她，咱们，在她的眼里，还算得了什么呢？（《四世同堂》二）

⑥不过，他为什么不像银幕上的人那么有胆量？（《老舍作品集．鼓书艺人》）

从上面的用例看，“胆量”显然不是褒义词，如例②中“张秃子的计划不甚光明正大”，可见他的“胆量”绝不是不怕牺牲的精神或者勇气（《现汉》释义：“敢作敢为毫不畏惧的气魄”），例⑥中“她”是有日本人帮的人，她的“胆量”也不会是牺牲精神或勇气。真正与词典释义相吻合的也就是例③。“有胆量”就是胆量大，“没有胆量”就是胆量小。“胆量”应该做出相对客观的中性释义，我们认为“胆量”应该解释为中性义“不害怕的程度”比释为褒性义“不怕牺牲的精神或者勇气”更为合适。

为了是语文工具书中类似上述词语的释义做到体例统一，就得有明确的区分结构义和静态词义的方法。我们不妨使用上述的结构检验法，即只出现于“有/没＋N（A）”的固定组合中的人体词语可采取褒性释义，而那些还能出现于别的一般组合的词语，则只能做出中性释义。如“头脑”除了与“有”组合显示出褒义外，还可与“清楚/不清楚”组合显示出中性义，所以对于“头脑”采用中性的释义。当然，在实用性辞书中，我们认为在那些中性义位的例释里，应将“有/没～”作为必须例子列举出来，并在相应例子后加上括号解释其褒性变体意义，如“面子”下释例应加“（很）有～（面子大）”，“胆量”下释例“有～”可改为“有～（即胆大）”等。

有些应用性语文词典已经注意到这种组合义位变体，其中某些组合义位变体的释义已经被当作词义解释了。如对“一手”的解释：

【一手】①名（～儿）指一种技能或本领：留～。（《现汉》）

①名（～儿）指一种较高的技能或本领：今天，我给大家露～儿｜小陈在发球方面很有～儿。（《应用汉语词典》）

在《现汉》中对“一手”“两手”的释义均为中性词义“技能”（本领：技能），而《应用汉语词典》（商务印书馆，2000年）只收了“一手”，对“一手”的释义则多了“较高”二字的褒义评价。我们仍然对老舍文学作品进行了检索，“一手”的相关用例如下：

八爷！看这一手妙不妙，洋炉改冰箱，冬暖夏凉，一物两用。（《老张的哲学》）

再说当着温都太太，总得显一手儿，叫她看看咱这传教的到底与众不同。（《老舍作品集．二马》）

李太太看有人来解劝，更要露一手儿。（《离婚》）

他最头疼的是，自打日本女人们抢开东西以后，中国人也学会了这一手。（《四世同堂三》）

可见，“这一手”“露一手”“显一手”“留一手”中的“一手”意思是“一种技能和本领”，进入结构“有/无/没（有）（一些、一点）+N”中，得到褒化的意义，即“较高的技能或本领”义。符合前面“心眼儿”一类释义的原则，所以《应用汉语词典》的褒性释义似乎欠妥。当然，《应用汉语词典》“一手”所举固定组合用例较《现汉》多，作为应用性词典是可取的，而且，因其组合有限，我们认为还可以加上“留～”的例子，以举尽为宜。

此外，“两手”与“一手”用法类似，但《应用汉语词典》中并未收入“两手”。由此，该词典对“一手”“两手”的相关释义可以改为：

【一手】①（～儿）名指一种技能或本领：留～｜露～儿｜（很）有～儿。

【两手】①（～儿）名指一种技能或本领：有～儿｜留～儿｜给大家露～。

另外，《现汉》中上述相关词条的收录也应该统一起来：我们发现2002版和2005版《现汉》的词条都收了“一手”“两手”，收了“留一手”却未收“留两手”，这种不一致应统一。如前述，既然在“一手”的释义举例里有“留～”，那么词条【留一手】就可以去掉不收了。

除了“一手、两手”词条收录标准不统一以外，《现汉》（2005版）中关于“手”的释义也与相关词条的释义相矛盾：

“一手”“两手”是作为名词收录的，但在“手”的词条下却有：⑥（～儿）量用于技能、本领等：他真有两～｜他有一～绝活儿。显然，“他真有两～”的例子在此是不当的，应该归入词条【两手】下。因为“两手”既作为一个词，其意义当是一个整体，例中“两手”就不能拆开，其中“两”也不能理解成表示实际的数字。这种固定格式中人体词语意义的变异，词典的处理显然欠妥。

与固定组合的褒化收词和释义相关的还有进入“有N1有N2”结构的人体词语，如《现汉》（2005版）将“有血有肉”“有鼻子有眼儿”“有头有尾”收为词条，而未将“有头有脸”收为词条，甚至在“有……有……”的格式列举中都没列入，而事实上“有头有脸”用得较多，例如我们在老舍相同的几部文学作品集里检索，查到“有头有脸”为8例，而“有头有尾”只有6例，“有血有肉”只有1例，可见这些词条的收录都需要做统一的处理。

三、语句语境中人体词语组合的临时义位变体

（一）人体词语与其他词语组合时的语境义位变体

人体词语同其他词语一样，词义具有概括性，人体词语往往也是多义词，因而在具体语句中的组合不同，它的义位变体也是不一样的。另外有一些实义、虚义组合形式相同的人体词语往往也会有虚实不同的意思，如“瞎了眼（睛）”分别有实指“眼睛看不见了”和虚指“比喻看不清事情的真相”的不同义位，再如“一口气”可以实指“呼吸一次空气”和虚指“人的尊严面子”（如“争一口气”），到底指哪个意思则应该依据具体语境。这两种情形就是词义多义性和词语同形造成的歧义，需要依据具体语句来判断，在此也不多论。

下面需要我们借助具体语句语境来确定该义位组合意思的情形，与前述有所不同。如“脸”的临时语境义位变体：

> 张全义连连点头苦笑，又扭脸对妻子说：“听见没有，连金枝这现代青年都说了，这是天意。（陈建功；赵大年《皇城根》）

上述例子中的“脸”的意思实际已扩展至整个“头”。

> 他很兴奋，能够“带”这位红角儿来会多位朋友，不啻往自己脸上擦粉、贴金。（陈建功；赵大年《皇城根》）

上述例子中的“脸”虽未与“要/有/没”搭配，但与“贴金”搭配，同样产生了临时比喻意义“情面”。

> 马青皱着脸摇手，盯着于观难过地说，“哥儿们你太不够意思了。（王朔《一点正经没有》）

上述例子中的“脸”实际指的是其包含的部分——“眉头”的意思

农民企业家脸憋得猪肝一样：“这都什么时候了，他们还这么欺负中国人。(王朔《千万别把我当人》)

上述例子中的“脸”实际指的是次要义位特征“脸的颜色”。

白度和元豹双手拿掌站在楼口伸着脸瞪着眼，让一个穿皂袍的小和尚手执毛笔，饱蘸红漆在他们眉心、鼻尖点上两个大红痣。(王朔《千万别把我当人》)

上述例子中的“脸”实际指的是其包含的部分——“脖子”的意思。

不过，这些义位变体多是临时的，他们不包含“脸”的本质义素，但与本质义素都有隶属的联系，他们与句中动词的搭配也不是固定的，比如在同样的情形下，张三可能用“扭脸”，李四则可能用“扭头”，而他们要表达的意思是一样的，但这些意思则需由具体语句来领会。

结　语

一、本书所做工作总结

（一）主要内容

本书以系统的语义观为指导，从性质论、结构论、演变论和语用论等多个视角对汉语人体词汇语义系统做了描述和分析。

词汇语义最基本的载体是词，而词的形音义都有历史继承性和变异性，因此本书首先描写了上古汉语表示人体概念的词汇系统，并探讨了主要更替词语的情况及其演变特点和原因。从词汇系统演变更替的角度，结合斯瓦迪士二百核心词表以及我们的原则，最后确定了本书描写分析的主要对象——人体核心概念词语，并在共时平面对同一核心概念的古今人体词语的不同用法做了比较和考察。

接着，本书从义位性质和结构角度，对核心人体概念词的古今义场做了描述，在逻辑外延和内涵的基础上，着重对现代汉语人体核心词汇的本义做了语言调查和意义系统的系联，验证了汉语人体词语本义获得的心理依据主要为感知，同时也有其他知觉和文化特性参与作用。人体词的本义则靠位置关系、隶属关系和连接关系等系联起来构成一个人体词汇本义系统。人体词语在人体本义范畴中的古今义位变化包括扩大、缩小和易位等，在此本书综合了不同意见，对人体词所指部位范围扩大与缩小的义位变化做出了合理的归类。此外，本书在本义范畴内对中外人体概念词语的意义做了一定的比较，由此可以看到，即便全世界的人体生理结构一样，但对人体部位的指称范围或对人体部位的划分并不一样等。

接下来，本书从共时角度考察了人体词语非本义范畴，分析了人体非本义跨域引申的结果类型和引申方式的过程类。特别从意义范畴将跨域引申的结果类型分为人体域到具体事物域、抽象事物域、动作域、人称域和称量域等，指出人体词语本义到非本义的内外动因以及隐喻、转喻的机制等。除了上述共性非本义扩展方式外，我们还试图挖掘人体词语非本义的扩展特点，并对古今同一部位概念人体词语非本义扩展的差异进行了横向对比。在转义范畴的描写分析中，我们也注意到人体词语词义的共性和差异分析，希望通过对汉语与其他类语言中人体词语的简单对比达到进一步认识词义民族性特征的目的。此外，我们以人体词构成的成语、词语等为例，分析了人体词语转义对汉语词汇和词义系统的影响，指出人体词语转义对汉语词汇和词义系统的丰富起着重要的作用。

前面讨论人体词语本义和转义的两章，主要是从静态角度描写汉语人体词语的语义系统，后面义位组合的一章则主要从动态的角度讨论义位内部组合的限制和义位外部组合的语用特征等。这一章中，我们指出人体词义位内部组合的选择限制包括语法范畴的对应限制，即与人体语素组合中，其他语素的属性频率呈现出名词性 > 动词性 > 形容词性依次递减的组合规律，还有句法到词法的降级对组合的影响，比如古汉语名词状语对形成现代大量的“人体名语素 + 动语素”组合的影响就非常直接，人体词义位组合也要受语义内部组合的“同素规则”和“同类规则”制约，而人体词语的义位“同素”不一定全是显性贮存义素相同，有许多组合就是人体语素的隐性义素与其他语素的显性义素相同，这是词义系统“静———动”连续性的反映，而这也似乎是词性范畴对应规则的一种深层原因。另外，人体词义位内部组合还要受制于汉语语音组合声调平仄协调的规则，比如双音节复合词的内部组合多遵循前平后仄的规律，也就是说，是符合中国审美文化的抑扬顿挫协调规律的。而人体义位外部组合的探讨中，我们对比了人体词语本义义位与转义义位的组合能力，得到了一个初步的认识，就是多数本义表示单个人体部位的人体名词，其本义义位通常像普通名词一样，能单独充当句子的主语、宾语和中心语等，但其引申义的组合因语义的变化而受到一些限制，因而组合能力不如本义义位自由，但是多数本义表示由两个器官部位语素构成的双音人体词语，其本义组合能力较之其转义义位的组合能力则要差一些。也就是说，最终是义位在词义系统中的中心或非中心地位在影响着它们的组合能力。这一章，我们还通过分析义位外部组合表现的选择性，指出人体词语的［有生］和［空间］义特征，通过句法隐现制约的分析，指出人体词语的［隶属］义特征等。最后，我们还试图用认知语义学的经验图式解释人体核心词构成的复合词的词义生成，指出核心人体词是汉语词汇和词义语言生成模板中重要的常量部分。义位组合和语用紧密相连，因此，这一章我们还讨论了人体词的义位在组合中的语用变异，归纳了人体词义位变异的 8 种类型，即异化（通常称为偏指）、特指化、虚化、强化、显化、广化、贬化、褒化等，而这些人体词义位组合产生的义位变体，很多已经固定下来，并在辞书中有所反映。我们着重讨论了在固定组合“有 + N”中发生褒化的人体词语的释义问题，指出应用性语文词典应全面注意到这种组合意义变体，而有些组合格式单一、固定的义位变体则应被《现汉》吸收。另外，我们还简单讨论了语句语境中不同于多义义位变体和同形歧义的一种临时义位变体。

（二）本书研究工作的理论和应用价值

本书试图通过对人体词汇语义系统的描写和分析，提出一点对汉语词汇语义研究有帮助的思考和看法。本书关注的几个重点是：

1、语言的形成基于客观自然世界，在词汇语义类型学的共性观照下，各民族对事物本身认知的差异到底对同一事物范畴的语义系统带来多大的影响？用什么方法弄清？

我们说，客观世界是相对同一的，对相同实体范畴的事物给予命名或赋予含义，首先涉及一个心理过程：感觉——表象——认知，接下来是将认知结果用各语言符号系统的规则形成语言中的词汇，也就是语言表达。这两个基本过程中都涉及主观因素，但我们往往强调语言规则造成的表象差异，而忽略了其在心理划分的过程中就种下的差异根源。本书通过对人体部位的调查，指出人体部位词语表人体的本义在同一民族不同人的认知中都并不完全一样，可见各民族对人体部位的认知和划分是不完全一样的。认知不同，即便同是遵循“具体——抽象”的思维方式来使用人体词语，也不会在同时存在语言规则差异的情况下获得相同的转义（或派生义）。可见，要研究词汇语义的共性也好，差异也罢，需先分清各民族对事物本身认知的差异。

这种基本认知差异直接关系到语言层面词汇的基本语义，所以我们在研究词汇基本语义系统，特别是基本词汇的基本语义系统时，不应拘泥于语言学的二手材料，应借鉴心理学、社会学等的调查方法。不止人体范畴词语，还有其他颜色、动物、植物等范畴词语，都可用此种调查方法来确定词汇的基本语义。本书将词语的理性概念意义纳入语言词汇的基本意义的调查中，似乎在词汇语义学的著作文章中还少见。

2、义素分析常用于词汇的本义聚合系统分析，因此人们也常将之用于词义对比研究以及词义演变研究，① 既然可用于历时的词义演变研究，义素分析法是否适合单个词基本义到派生义的扩展

① 蒋绍愚先生较早将义素分析应用于词义的演变分析，见《古汉语词汇纲要》，北京大学出版社，1989 年

分析和释义呢？我们发现很难用义素的增减等变化来分析基本义到派生义的扩展，事实上，应用义素分析法分析词义演变也只局限于分析显性义素的变化，如“臭”从“气味”变为“臭气”，是限定义素增加了，“兵”从“兵器”变为“士兵”，是中心义素变了，其相关义素［兵器］还在。而对于那些主要依靠相似性而得到的派生义就不好用义素的增减等来分析其与基本义之间的关系了，如“眼”派生出的“小洞”义，我们在“眼”的基本意义成分中就找不到其隐含义素“小洞形状”，若我们将一个词语的所有显性义素和隐性义素都列入其基本语义中，大概就能通过义素间的变化来找到他们的联系，但这似乎是不可能的，因为隐性义素会随语境被激发出来，有的固定下来了，有的则是临时的。人体词语意义的扩张，大量的是通过相似引申得到的，少数则由转喻得到，所以在分析人体词汇这类词语的非基本语义系统时，我们认为基于“原型”的隐喻认知图式来分析会更合适，因为“原型”实体包含了认知扩展方方面面的根源因素。当然，相应地，其释义用比喻式的比用定义式的也会更合适。

3、本书的目标之一是想以人体词语意义系统的分析为例，探讨一点关于词汇语义系统的建构问题：共时平面上，一般着眼于静态和动态，将词义分为词库的贮存义和一定语境下的使用义。从哲学的意义使用论讲，意义就是使用，那么，语义和语用是什么关系？一个词语的意义系统怎么建构，一个范畴的词汇语义系统又该如何分析？

词语的意义是具有系统性的，但是个开放、动态的系统，在维特根斯坦看来，词语的言语意义正是其动态系统表现的一部分，是静态系统的延伸，这种阐释为语言研究开启了新的意义空间。虽然语义学与语用学之间难以划界，但静态意义是动态意义的固化，同时也是动态意义产生的基础，这一点已成为共识。而词语的动态使用意义大致又可分为两种：一是表层义，一是深层义，表层义即词的静态贮存义的具体使用义，这种意义属于对静态词义的选择，毫无疑问属于词义系统，而对于深层义的归属则有分歧，苏新春先生[①]、苏宝荣先生[②]都认为深层义是属于词义静态系统中的隐含的部分，葛本仪先生则认为[③]深层义属于词义动态系统中依赖语境的临时意义。无论深层义做何种归类，都有两个共同点：即隐含性和属于词义系统组成部分，这从一个侧面也说明语义与语用的紧密关系。我们认为词义系统如葛本仪先生主张的，可分为静态系统和动态系统，但隐含的深层义应该是词语静态系统中的隐含部分，因为语言对一个概念的定义总是只抓住它本质的、主要的、有限的特征义素，其他非本质的、次要的义素则不会出现在人们的词义描写中，但在特定的语境中，这些隐含义素会在语言组合或其他语言语境的帮助下呈现出来，这正是语言静态意义系统延伸的一种表现，而另一种延伸表现是我们非常熟悉的词库中的多个意义通过语境得到确定和呈现。至于属于语用范畴的会话含义等则不应该归入词汇语义的动态系统中，如具体语境中用“你真聪明!”来表达“你真傻!”的意义就无法从词语“聪明”中找到任何包含“傻”的显性或隐性义素成分。所以词义的动态系统中不应该包含这类属于语用范围的“意图”、“反语”、“双关”等含义。

我们希望在此认识基础上建立一种属于“静——动”连续系统的词汇语义分析模式。在分析人体词汇语义的过程中，表面上本书遵循一般的认识，分静、动两大块来进行的，实际却包含我们建构有机的“静——动”词汇语义系统的想法在内。“静”的方

① 苏新春《汉语词义学》，广东教育出版社，1997 年，第四章“汉语词义成分的构成——深层义”。

② 苏宝荣《词义研究与辞书释义》，商务印书馆，第 147—156 页“表层所指义与深层隐含义”。

③ 葛本仪《现代汉语词汇学》，山东人民出版社，2001 年，第 230——231 页。

面，我们确定和描写了汉语人体词汇基本所指意义及其变化，在此基础上又对词库中，也就是词典中的人体转义系统做了规律分析，“动”的一块则是着重探讨义位内部和外部组合的意义特点，在义位内部组合的语义同素原则下，提出“同素”包含很多显性与隐性义素相同的情形。这个过程中，我们不是将“静”与“动”截然分开，而是非常注意二者之间的意义联系，如我们从认知的角度、从语用组合的动静转化等角度的探讨都是这种想法的实践表现。

单个词的义位系统是“静态——动态”的连续系统，其中共时静态部分包括词库中的本义及其非本义（或派生义），共时动态部分则包括词库中未包含但词语本身隐含的次要的隐含义素以及词语通过组合表现出的语义特征，但人们常忽略了语义组合特征，而组合特征也应是词义组成的一个部分，不过它属于词义最高的、最抽象的层次。一个范畴的词汇语义系统同样是“静态——动态”的连续系统，不过静态系统和动态系统中还应有纵向的聚合关系特点。

二、本工作进一步的研究计划

本书的研究工作只是围绕“汉语人体词汇语义”做了一部分，还有许多方面有待进一步补足和深入：

1、在对语义系统进行探讨的基础上，进一步研究它的外部“接口”问题。具体地说，就是立足于语义来研究词汇和语法的接口规则，探寻词汇语义对语法的选择和制约。这是近些年来词汇学界、语法学界和计算语言学界不约而同大力开垦的一个前景无限的新领域。这方面的研究对于探明词汇、语义、语法的内在联系，揭示语言的生成机制和系统运行规律，解决有关理论和应用问题，都具有重要意义。本书相关部分只是分析了大多数人体词语的人体本义义位的共性语义特征，对一些人体词语的特殊用法还未照顾到，如“心目”虽为名词，但与一般名词不同，常只用于“在……中”的组合，多在句中作状语等，这些现象还需要我们细致挖掘、描写、分析和解释，最后才能说为句法语义的“接口”问题提供更多的实际参考。

2、虽然我们借鉴了心理语言学调查的方法，以一位以上受访者的结果为参考，但我们认为调查范围还可扩大，可以在今后有条件的情况下访问更多的人。虽对不同国家的人也做了调查，但对人体词语基本意义系统的确定和比较工作范围可以做得更大、更细致、更深入。

3、研究词汇语义问题自然要联系到词典问题，这也是词汇语义应用研究的一个方面，而词汇和词汇能力已经成为当今语言理论和应用研究的一个重要方面，虽然本书有所涉及，但今后我们可以结合汉语词典中有关核心人体词的收词、释义及词性标注等有关认知和词汇能力的部分做更多的研究。

主要参考文献

《词汇学理论与应用》编委会，《词汇学理论与应用》（三），商务印书馆，2006 年。

房德里耶斯《语言论》，商务印书馆，1980 年。

曹逢甫《身体与譬喻：语言与认知的首要介面》，台北文鹤出版有限公司，2001 年。

曹炜《现代汉语词义学》，学林出版社，2001 年。

程淑贞《汉语人体部位特征的隐喻研究》，《语文教学与研究》，2000，第 1 期。

崔希亮《汉语熟语与中国人文世界》，北京语言大学出版社，2006。

戴耀晶《人体词语的引申用法》，《修辞学习》，1992，第 5 期。

董绍克《汉语方言词汇差异比较研究》，民族出版社，2002 年。

董振东《面向计算机的词汇语义》，见 icl. pku. edu. cn/w_cls2001/abstract/dongzhendong. htm。

董志翘《“脚”有“足”义始于何时?》《中国语文》，1985 年，第 5 期。

冯凌宇《汉语人体词语演变特点概述》，《武汉大学学报》（人文版），2006，第 5 期。

符淮青《词义的分析和描写》，语文出版社，1996 年。

符淮清《现代汉语词汇》，北京大学出版社，1985 年。

高守纲《古代汉语词义通论》，语文出版社，1994 年。

葛本仪《现代汉语词汇学》，山东人民出版社，2001 年。

耿占春《隐喻》，东方出版社，1993 年。

龚群虎《人体器官名词普遍性的意义变化及相关问题》，《语文研究》，1994，第 4 期。

郭锐《现代汉语词类研究》，商务印书馆，2002 年。

何乐士《〈世说新语〉的语言特色——〈世说新语〉〈史记〉名词作状语比较》，《湖北大学学报》（哲社版），2000 年，第 6 期。

胡爱萍、吴静《英汉语中 N + N 复合名词的图式解读》，《语言教学与研究》，2006，第 2 期。

胡敕瑞《从隐含到呈现——试论中古词汇的一个本质变化》，《语言学论丛》第三十一辑。

黄伯荣、廖旭东主编《现代汉语》（增订四版，上册），高等教育出版社，2007 年。

黄金贵《古代文化词义集类辨考》，上海教育出版社，1995 年。

黄树先《说“手”》，《语言研究》，2004 年，第 3 期。

黄中祥《哈萨克语中含有人体器官词惯用语的文化内涵》，《语言与翻译》（汉文），2002 年，第 4 期。

贾彦德《汉语语义学》，北京大学出版社，1999 年。

蒋绍愚《古汉语词汇纲要》，北京大学出版社，1989 年。

蒋绍愚《关于汉语词汇系统及其发展变化的几点想法》，《中国语文》，1989，第 1 期。

杰弗里·利奇［英］《语义学》，上海外语教育出版社，1987 年。

解海江、张志毅《汉语面部语义场历史演变——兼论汉语词汇史研究方法论的转折》，《古汉语研究》，1993 年，第 4 期。

李济生《论词义的民族性与模糊性》，《外语研究》，1995，第

1 期。

李如龙《词汇系统在竞争中发展》，载《词汇学理论与应用》（三），商务印书馆，2006 年。

李如龙《谈谈词汇的比较研究》，李如龙、苏新春《词汇学理论与实践》，商务印书馆，2001 年。

李宇明《整体与部分同词现象及其认知理据》，《汉语学习》，2002 年，第 2 期。

李运富《论意域项的赘单、偏单与复举》，《中国语文》，1998，第 2 期。

凌云《汉语类比造词初探》，《汉语教学与研究》，1999，第 2 期。

刘大为《比喻、近喻与自喻》，上海教育出版社，2001 年。

刘叔新《复合词结构的词汇属性——兼论语法学、词汇学同构词法的关系》，《中国语文》，1990 年，第 4 期。

刘叔新《汉语描写词汇学》，商务印书馆，1990 年。

刘顺《现代汉语名词的多视角研究》，学林出版社，2003 年。

刘翔《中国传统价值观诠释学》，上海三联书店，1996 年。

刘又辛，张博《汉语同族复合词的构成规律及特点》，《语言研究》，2002 年 ，第 1 期。

卢植《论认知语言学对意义与认知的研究》，《外语研究》，2003 年，第 4 期。

陆国强《现代英语词汇学》，上海外语教育出版社，1983 年。

陆俭明《词的具体意义对句子意思理解的影响》，《汉语学习》，2004 年，第 2 期。

罗欣《汉语和波斯语含人体词惯用语对比研究》，2012 年，上海外国语大学，硕士论文。

吕传峰《“嘴”的词义演变及其与“口”的历时更替》，2006 年，第 1 期。

马清华《词义变化的动因》,《松辽学刊》,2000 年,第 5 期。

马清华《词义类扩的相貌知觉倾向》,《语文研究》,1999,第 2 期。

彭宣维《认知发展、隐喻映射与词义范畴的延伸———现代汉语词汇系统形成的认知机制》,《北京师范大学学报》(社会科学版),2004 年,第 3 期。

沈家煊《“语法化”研究综观》,《外语教学与研究》,1994 年,第 4 期。

沈家煊《转指与转喻》,《当代语言学》,1999 年,第 1 期。

史锡尧《常用词语漫话》,北京师范大学出版社,2000 年。

束定芳《论隐喻的本质及语义特征》,《外国语》,1998,第 6 期。

束定芳《现代语义学》,上海外语教育出版社,2000 年。

宋春阳《面向信息处理的现代汉语“名 + 名”逻辑语义研究》,学林出版社,2005 年。

苏宝荣《词义研究与辞书释义》,商务印书馆,2000 年。

苏新春《汉语词义学》,广东教育出版社,1997 年。

孙常叙《汉语词汇》(重排本),商务印书馆,2006 年。

孙良明《词义与释义》,湖北人民出版社,1982 年。

谭景春《词的意义、结构的意义与词典释义》,《中国语文》,2000 年,第 1 期。

汤志祥《当代汉语词语的共时状况及其嬗变》,复旦大学出版社,2001 年。

唐莉《近代汉语词语发展的更替现象》文中的统计,《古汉语研究》,2001 年,第 4 期。

涂纪亮主编:《语言哲学名著选辑》,三联书店,1988 年。

汪维辉《东汉——隋常用词演变研究》,南京大学出版社,2000 年。

王艾录、司富珍《汉语的语词理据》，商务印书馆，2001 年。

王洪君《动物、身体两义场单字及两字组转义模式比较》，《语文研究》，2005 年第 1 期。

王惠，《从构式语法理论看汉语词义研究》，Computational Linguistics and Chinese Language Processing，2005，第 4 期。

王惠《现代汉语名词词义组合分析》，北京大学出版社，2004 年。

王军《汉语词义系统研究》，山东人民出版社，2005 年。

王力《<古汉语字典>序》，《语文研究》，1986 年，第 2 期。

王力《汉语词汇史》，商务印书馆，1993 年。

王力《汉语史稿》，中华书局，1980 年 6 月新 1 版。

王力《谈谈学习古代汉语》，山东教育出版社，1984 年版。

王宁《训诂学与汉语双音词的结构和意义》，《语言教学与研究》，1997 年，第 4 期。

王珏《现代汉语名词研究》，华东师范大学出版社，2001 年。

威廉·冯·洪堡特《论人类语言结构的差异及其对人类精神发展的影响》，商务印书馆，1997。

吴金华《“脚”有“足”义始于汉末》，1986 年，第 6 期。

吴兴明《中国传统文论的知识谱系》，四川人民出版社，2001 年。

伍谦光《语义学导论》，湖南教育出版社，1997 年第 2 版。

武占坤、王勤《现代汉语词汇概要》，内蒙古人民出版社，1983 年。

谢庆芳《英语中人体器官名词作动词用法探讨》，《江西大学学报》（哲学社会科学版），1984 年，第 2 期。

邢福义主编《现代汉语》，高等教育出版社，1992 年。

徐朝华《上古汉语词汇史》，商务印书馆，2003 年。

徐国庆《现代汉语词汇系统论》，北京大学出版社，1999 年。

徐烈炯《语义学》，语文出版社，1990 年。

徐通锵《历史语言学》，商务印书馆，2001 年。

徐友渔、周国平等《语言与哲学》，生活 · 读书 · 新知三联书店，1996 年。

许威汉《二十世纪的汉语词汇学》，书海出版社，2000 年。

许余龙《对比语言学概论》，上海外语教育出版社，1992 年。

杨树达《积微居小学述林 · 释足》，中华书局，1983 年。

杨晓黎《传承语素在现代汉语词语构成中使用情况的考察——以一组与人体相关的传承语素为例》，《语言文字应用》，2006，第 3 期。

应雨田《比喻型词语的类型及释义》，《中国语文》，1993，第 4 期。

袁毓林《一价名词的认知研究》，《中国语文》，1994，第 4 期。

詹人凤《现代汉语语义学》，商务印书馆，1997 年。

张岱年《中国哲学大纲》，中国社会科学出版社，1982 年。

张辉《熟语及其理解的认知语义学研究》，军事谊文出版社，2003 年。

张家骅、彭玉海等《俄罗斯当代语义学》，商务印书馆，2005 年。

张联荣《古汉语词义论》，北京大学出版社，2000 年。

张联荣《汉语词汇的流变》，大象出版社，1997 年。

张敏《认知语言学与汉语名词短语》，中国社会科学出版社，1998 年。

张文国《古汉语名动词类转变及其发展》，中华书局，2005 年。

张永言、汪维辉《关于汉语词汇史研究的一点思考》，《中国语文》，1995 年，第 6 期。

张永言《词汇学简论》，华中工学院出版社，1982 年。

张志毅、张庆云《词汇语义学》，商务印书馆，2001 年。

章宜华《语义学与词典释义》，上海辞书出版社，2002 年。

赵克勤《古代汉语词汇学》，商务印书馆，1994 年。

赵彦春《认知词典学探索》，上海外语教育出版社，2003 年。

赵艳芳《认知语言学概论》，上海外语教育出版社，2001 年。

赵永新《反映人体器官的词语及其文化因素》，《语言文字应用》，1993 年，第 2 期。

周国光《现代汉语词汇学导论》，广东高等教育出版社，2004 年。

周建设《西方逻辑语义学》，武汉大学出版社，1996 年。

周建设《语义逻辑与语言哲学》，学苑出版社，2005 年。

周建设《语义学的研究对象与学科体系》，《首都师范大学学报》，2000 年，第 2 期。

周荐《词语的意义和结构》，天津古籍出版社，1994 年。

周荐《基本词汇与一般词汇划分刍议》，《南开大学学报》（哲社版）1987 年，第 3 期。

周与沉《身体：思想与修行》中国社会科学出版社，2005 年。

朱星《汉语词义简析》，湖北人民出版社，1981 年。

Alice Deignan 著，丁建民译《隐喻》，外文出版社，1999 年。

Andersen, E. S. , . *Lexical universals of body - part terminology*. In: Greenberg, J. H. (ed.), Universals of Human Language. Stanford University Press, Stanford, 1978。

Andersen, E. S. *Lexical universals of body - part terminology*. In: Greenberg, J. H. (Ed.), Universals of Human Language. Stanford University Press, Stanford, 1978。

Blank, Andreas, and Peter Koch (eds.) . *Historical semantics and cognition*. Berlin and New York: Moutonde Gruyter. 1999。

Blank, Andreas. *Why do new meanings occur?: a cognitive typology of the motivation for semantic change.* Historical semantics and cognition, ed. by Andreas Blank and Peter Koch, 61 – 89. Berlin and New York: Mouton de Gruyter, 1999。

Cruse, D. A. , *Lexical Semantics.* Cambridge University Press, Cambridge, 1986。

Eve Sweetser*FROM ETYMOLOGY TO PRACMAT – Metaphorical and Cultural Aspects of SemanticStructure*（西方语言学丛书——从词源学到语用学：语义结构的隐喻和文化内涵），北京大学出版社；剑桥大学出版社，2002。

Eve Sweetser, *From etymology to pregmatics: Metaphorical and cultural aspects of semantics structure*, Cambridge University Press. 北京大学出版社，2002 年。

F. R. Palmer《语义学》，周绍珩译述，《国外语言学》，1984 年，第 1 期。

N. J. Enfeld, *Elicitation guide on parts of the body*, Language Sciences 28 , 2006。N. J. Enfield, Asifa Majid, Miriam van Staden , *Cross – linguistic categorisation of the body: Introduction*, Language Sciences 28 , 2006。

N. J. Enfield, *Elicitation guide on parts of the body*, Language Sciences 28 , 2006。

Tilley, C. 1999. Metaphor and material culture. Blackwell Publishers Ltd. W. V. O. Quine, *Word and Object*, 陈启伟等译，中国人民大学出版社，2005 年。

Ungerer & Schmid*An Introduction to Cognitive Linguistics*, 外语教学与研究出版社，2001 年。

Zoltan koVecses. *Metaphor: A practical introduction* . New York: Oxford University Press. 2002。

附录一：人体语素成语构成情况表

表 1　“心”构成的 391 条成语

哀莫大于心死	丹心如故	甘心瞑目	匠心独运	镂骨铭心
白首之心	胆大心粗	甘心情愿	降心相从	镂心刻骨
白水鉴心	胆大心细	甘心首疾	焦心热衷	大快人心
包藏祸心	胆大心小	肝心若裂	竭力虔心	丹心碧血
碧血丹心	胆破心寒	高下在心	锦心绣肠	腹心相照
别出心裁	胆战心寒	革面洗心	锦心绣口	腹心之疾
别具匠心	胆战心惊	耿耿于心	尽心竭力	计上心来
别有用心	当面输心背面笑	攻心为上	惊心掉胆	见猎心喜
不臣之心	悼心失图	钩心斗角	惊心动魄	处心积虑
不到黄河心不死	得心应手	钩心斗角	可心如意	苦心经营
不得人心	低首下心	苟且之心	刻骨镂心	路遥知马力，日久见人心
恻隐之心	雕心雁爪	古貌古心	刻骨铭心	
臣心如水	掉以轻心	蛊惑人心	抠心挖肚	戮力同心
称心如意	动魄惊心	归心如箭	口不应心	大得人心
成算在心	动人心魄	归心似箭	口是心非	关心民瘼
诚心诚意	动人心弦	鬼迷心窍	口诵心惟	将心比心
痴心妄想	动心怵目	寒心酸鼻	扣人心弦	笼络人心
赤胆忠心	动心骇目	好心做了驴肝肺	枯形灰心	椎心泣血
赤心报国	动心忍性	狠心辣手	苦口婆心	鼓舞人心
赤心相待	独出心裁	怀恨在心	苦心孤诣	江心补漏衡虑
赤子之心	独具匠心	坏人心术	困心衡虑	烈士暮年，壮心不已
出以公心	儿女心肠	灰心槁形	兰心蕙性	
处心积虑	耳软心活	灰心丧气	兰质蕙心	狼心狗肺

续表

怵目惊心	耳听心受	回心转意	狼心狗肺	
触目惊心	二人同心，其利断金	蕙心兰质	狼心狗行	
触目恸心	二心两意	蕙心纨质	狼子野心	
船到江心补漏迟	发短心长	疚心疾首	劳心苦思	
从心所欲	费尽心机	居心不良	离心离德	
粗心大意	费力劳心	居心叵测	亏心短行	
粗心浮气	佛口蛇心	居心险恶	里丑捧心	
促膝谈心	福至心灵	镌心铭骨	力不从心	
摧心剖肝	扪心自问	眷眷之心	利欲熏心	
存心养性	负心违愿	开心见诚	良工心苦	
寸心千古	腹诽心谤	剑胆琴心	聊表寸心	
驴心狗肺	全无心肝	身心交瘁	清心寡欲	心安理得
乱箭攒心	全心全意	身在曹营心在汉	清夜扪心	心谤腹诽
瞒心昧己	人面兽心	身在江湖，心存魏阙	蛇蝎为心	心病还须心药医
漫不经心	人同此心，心同此理	深入人心	身心交病	心不在焉
貌合心离	人心不古	师心自用	推心置腹	心长发短
眉头一皱，计上心来	人心不足蛇吞象	十指连心	挖空心思	心长力短
扪心无愧	人心归向	实获我心	万箭攒心	心潮澎湃
扪心自问	人心惶惶	世道人心	万众一心	心驰神往
铭心镂骨	人心齐，泰山移	世上无难事，只怕有心人	枉费心机	心慈面软
漠不关心	人心如面	司马昭之心，路人皆知	违心之论	心粗气浮
木人石心	人心所向	私心杂念	问心无愧	心胆俱裂
目挑心招	人心惟危	死心塌地	我心如秤	心荡神迷
乃心王室	人心向背	随心所欲	无所用心	心到神知
怒从心头起，恶向胆边生	仁心仁术	贪心不足	五心六意	心烦技痒
呕心沥血	仁心仁闻	痰迷心窍	洗心涤虑	心烦意乱

续表

怦然心动	忍心害理	提心吊胆	洗心革面	心服口服
披心相付	日久见人心	天下无难事，只怕有心人	先得我心	心浮气躁
平心而论	柔心弱骨	铁石心肠	相视而笑，莫逆于心	心腹之患
平心静气	肉跳心惊	同心合力	倾心吐胆	心腹之交
齐心合力	三心二意	同心戮力	上下一心	心甘情愿
齐心协力	丧心病狂	同心同德	吐胆倾心	心高气傲
切齿腐心	煞费苦心	同心协力	小鹿触心头	心广体胖
惬心贵当	伤心惨目	痛心拔脑	小心谨慎	心狠手辣
琴心剑胆	赏心乐事	痛心疾首	小心翼翼	心花怒放
沁人心脾	赏心悦目	痛心入骨	协力同心	心怀鬼胎
心怀叵测	心平气和	心有余悸	一寸丹心	运用之妙，存乎一心
心慌意乱	心虔志诚	心余力绌	一德一心	真心诚意
心灰意懒	心去难留	心猿意马	一见倾心	真心实意
心灰意冷	心如刀割	心悦诚服	一片冰心	振奋人心
心回意转	心如刀绞	心照不宣	一身五心	震撼人心
心活面软	心如古井	心照神交	一体同心	正心诚意
心急火燎	心如死灰	心之官则思	一心一德	知人知面不知心
心急如焚	心如铁石	心织笔耕	一心一计	中心摇摇
心急如火	心如悬旌	心直口快	一心一意	忠心赤胆
心坚石穿	心神不定	心中无数	疑心生暗鬼	忠心耿耿
心惊胆战	心神恍惚	心中有数	以小人之心，度君子之腹	诛心之论
心惊肉跳	心手相应	心拙口夯	以心传心	专心一志
心口如一	心术不正	心醉神迷	亿兆一心	专心致志
心宽体胖	心无二用	雄心壮志	意马心猿	自出心裁
心旷神怡	心闲手敏	熊心豹胆	用尽心机	嘴甜心苦
心劳日拙	心向往之	修心养性	忧心忡忡	嘴直心快
心力交瘁	心小志大	悬心吊胆	忧心如焚	做贼心虚

续表

心灵手巧	心心念念	言为心声	忧心如焚	做贼心虚
心领神会	心心相印	研桑心计	有口无心	
心乱如麻	心血来潮	眼不见，心不烦	于心何忍	
心满意足	心痒难挠	眼明心亮	娱心悦目	
心明眼亮	心有灵犀一点通	野心勃勃	语重心长	
心慕手追	心有余而力不足	一瓣心香	欲得而甘心	

表 2　构成成语数为 100 – 200 者

头 181	口 127	手 121	面 106	身 105	发 104
巴头探脑	碍口识羞	爱不释手	八面见光	安身立命	白发苍颜
白头如新	百口莫辩	碍手碍脚	八面玲珑	百身何赎	白发红颜
白头相守	闭口不言	白手起家	八面威风	百身莫赎	白发千丈
白头偕老	闭口藏舌	不择手段	八面莹澈	半身不遂	白发青衫
百尺竿头，更进一步	病从口入	赤手空拳	八面圆通	病魔缠身	百发百中
抱头大哭	赤口毒舌	出手得卢	八面张罗	薄技在身	不差毫发
抱头鼠窜	冲口而出	垂手而得	白面书生	厕身其间	不悱不发
豹头环眼	出口成章	唾手可得	白首北面	赤身露体	苍颜白发
不劣方头	出口入耳	寸铁在手	半面之交	摧身碎首	初发芙蓉
蚕头燕尾	出口伤人	搓手顿脚	半面之旧	大显身手	触机便发
藏头露尾	唇干口燥	措手不及	北面称臣	独善其身	春笋怒发
草头天子	杜口裹足	大打出手	本来面目	断发文身	踔厉风发
彻头彻尾	杜口吞声	大手大脚	表面文章	反治其身	从宽发落
冲昏头脑	顿口无言	大显身手	别开生面	分身无术	大发慈悲
出人头地	顿口拙腮	得心应手	不看僧面看佛面	粉身碎骨	大发雷霆
出头露面	多口阿师	毒手尊前	嗔拳不打笑面	奋不顾身	弹无虚发
出头之日	防民之口，甚于防川	断手续玉	出头露面	感同身受	蹈厉奋发
楚尾吴头	风口浪尖	额手称庆	春风满面	感遇忘身	东窗事发

续表

头181	口127	手121	面106	身105	发104
床头金尽	佛口蛇心	翻手为云，覆手为雨	当面锣，对面鼓	功成身退	断发文身
垂头丧气	河目海口	反手可得	当面输心背面笑	孤身只影	发策决科
粗服乱头	虎口拔牙	蝮蛇螫手，壮士解腕	当头对面	黄袍加身	发短心长
大难临头	虎口逃生	高抬贵手	东风人面	浑身解数	发凡起例
大头小尾	虎口余生	革面敛手	独当一面	浑身是胆	发愤图强
呆头呆脑	黄口孺子	拱手而降	耳红面赤	积财千万，不如薄技在身	发愤忘食
戴头识脸	黄口小儿	拱手让人	耳提面命	即以其人之道，还治其人之身	发号施令
当头棒喝	祸从口出	拱手听命	反面教员	降志辱身	发奸擿伏
当头对面	鸡口牛后	河梁携手	反面文章	孑然一身	发聋振聩
当头一棒	缄口结舌	狠心辣手	反面无情	洁身自好	发蒙解惑
刀头舔蜜	交口称誉	慌手慌脚	粉面油头	仅以身免	发蒙振聩
得胜头回	金口木舌	假手于人	富面百城	进身之阶	发蒙振落
点头哈腰	金口玉言	举手加额	改头换面	科班出身	发人深省
掉头鼠窜	金舌蔽口	举手投足	革面敛手	立命安身	发人深思
都头异姓	锦心绣口	举手之劳	革面洗心	立身处世	发棠之请
独占鳌头	绝口不道	两手空空	灰头土面	立身扬名	发秃齿豁
断头将军	空口说白话	鹿死谁手	借面吊丧	了身达命	发硎新试
对头冤家	空口无凭	毛手毛脚	鸠形鹄面	卖身投靠	发言盈庭
方头不劣	口碑载道	妙手丹青	就汤下面	明哲保身	发扬踔厉
肥头大耳	口不应心	妙手回春	冷面寒铁	被发文身	发扬蹈厉
粉面油头	口齿伶俐	妙手空空	两面二舌	披发文身	发扬光大
奉头鼠窜	口齿生香	妙手偶得	两面三刀	漆身吞炭	发引千钧
佛头加秽	口出不逊	目送手挥	两头白面	牵一发而动全身	发政施仁

续表

头 181	口 127	手 121	面 106	身 105	发 104
佛头着粪	口出大言	拿手好戏	庐山真面目	惹火烧身	发指眦裂
改头换面	口多食寡	捏手捏脚	满面春风	人百其身	发综指示
改头换尾	口耳并重	蹑手蹑脚	面壁功深	容头过身	奋发蹈厉
竿头日进	口耳之学	拍手称快	面不改色	丧身失节	奋发图强
竿头直上	口沸目赤	胼手胝足	面缚舆榇	杀身成仁	奋发有为
赶浪头	口腹之累	七手八脚	面红耳赤	舍得一身剐，敢把皇帝拉下马	锋发韵流
狗头军师	口含天宪	棋逢对手	面黄肌瘦	舍身求法	毫发不爽
狗血淋头	口惠而实不至	棋高一着，缚手缚脚	面面俱到	设身处地	鹤发鸡皮
狗血喷头	口讲指画	强将手下无弱兵	面命耳提	身败名裂	鹤发童颜
顾头不顾尾	口角春风	强中更有强中手	面目可憎	身不由己	洪炉燎发
挂羊头，卖狗肉	口口声声	亲如手足	面目全非	身不由主	后发制人
鬼头鬼脑	口口相传	轻手轻脚	面目一新	身后识方干	厚积薄发
贵冠履轻头足	口蜜腹剑	情同手足	面墙而立	身后萧条	黄发垂髫
国难当头	口若悬河	拳不离手，曲不离口	面如傅粉	身怀六甲	黄发儿齿
含着骨头露着肉	口尚乳臭	人多手杂	面如冠玉	身家性命	鸡皮鹤发
恨如头醋	口是心非	人手一册	面如土色	身价百倍	间不容发
虎头虎脑	口说无凭	如手如足	面授机宜	身经百战	剪发杜门
虎头蛇尾	口诵心惟	如左右手	面似靴皮	身临其境	箭不虚发
虎头燕颔	口头禅	三拳不敌四手	面无人色	身强力壮	结发夫妻
灰头土面	口吐珠玑	上下其手	面有菜色	身轻言微	解发佯狂
回头是岸	口吻生花	伸手不见五指	面折廷争	身首异处	借题发挥
昏头昏脑	口血未干	十目所视，十手所指	面面相觑	身体发肤	精彩秀发
鸡蛋里找骨头	口燥唇干	手不释卷	南面百城	身体力行	精神焕发

续表

头 181	口 127	手 121	面 106	身 105	发 104
鸡头鱼刺	口中雌黄	手不停挥	鸟面鹄形	身外之物	举例发凡
尖担两头脱	口中蚤虱	手到病除	牛头马面	身无长处	可发一噱
剑头一吷	口诛笔伐	手到拈来	抛头露面	身先士卒	燎发摧枯
交头接耳	苦口良药	手到擒来	蓬首垢面	身心交病	令人发指
焦头烂额	苦口逆耳	手高手低	蓬头垢面	身心交瘁	毛发丝粟
街头巷尾	苦口婆心	手挥目送	千部一腔，千人一面	身在曹营心在汉	毛发之功
臼头深目	脍炙人口	手疾眼快	千里犹面	身在江湖，心存魏阙	明发不寐
科头跣足	拉家带口	手零脚碎	青面獠牙	慎身修永	怒发冲冠
磕头礼拜	朗朗上口	手忙脚乱	囚首垢面	守身如玉	被发文身
磕头碰脑	良药苦口	手无寸铁	人面兽心	首身分离	被发缨冠
磕头如捣	免开尊口	手无缚鸡之力	人面桃花	束身自好	被发左衽
空头支票	目瞪口呆	手舞足蹈	人心如面	死无葬身之地	庞眉皓发
口头禅	讷口少言	手下留情	肉袒面缚	挺身而出	披发文身
浪子回头	宁为鸡口，不为牛后	手眼通天	三对六面	无官一身轻	披头散发
老虎头上扑苍蝇	弄口鸣舌	手泽之遗	三头两面	五短身材	起根发由
老虎头上搔痒	钳口不言	手足胼胝	神头鬼面	现身说法	千钧一发
愣头愣脑	钳口结舌	手足无措	十面埋伏	陷身囹圄	牵一发而动全身
两头白面	拳不离手，曲不离口	手足之情	拭面容言	象齿焚身 象	巧发奇中
菱角磨作鸡头	如出一口	手足重茧	四面八方	修身洁行	青山一发
乱头粗服	三缄其口	束手待毙	四面楚歌	言传身教	容光焕发
埋头苦干	蛇口蜂针	束手就擒	铁面无私	羊毛出在羊身上	身体发肤
茫无头绪	狮子大开口	束手束脚	铁面御史	摇身一变	生发未燥
没头没脑	十字路口	束手无策	廷争面折	一身都是胆	诗书发冢
眉头不伸	矢口抵赖	水来伸手，饭来张口	头面人物	一身而二任	丝恩发怨

续表

头 181	口 127	手 121	面 106	身 105	发 104
眉头一皱，计上心来	矢口否认	顺手牵羊	唾面自干	一身两头	童颜鹤发
迷头认影	守口如瓶	缩手缩脚	网开三面	一身两役	吐哺握发
摸不着头脑	水来伸手，饭来张口	唾手可得	网开一面	一身是胆	先发制人
牛不喝水强按头	脱口而出	握手言欢	闻名不如见面	一身五心	心长发短
牛头不对马嘴	万口一谈	无所措手足	洗心革面	以身试法	雄姿英发
牛头马面	枉口拔舌	洗手奉职	笑面虎	以身许国	一触即发
怒从心头起，恶向胆边生	妄口巴舌	先下手为强	笑面夜叉	以身殉国	一发破的一发千钧
抛头露面	心服口服	小手小脚	心慈面软	以身殉职	意气风发
蓬头垢面	心口如一	心狠手辣	心活面软	以身作则	引而不发
蓬头历齿	心直口快	心灵手巧	羞面见人	艺不压身	英姿焕发
披头散发	心拙口夯	心慕手追	颜面扫地	引火烧身	云程发轫
劈头盖脸	信口雌黄	心手相应	仰面唾天	殒身不恤	朝发夕至
品头评足	信口开河	心闲手敏	一面如旧	葬身鱼腹	振聋发聩
平头正脸	信口开河	信手拈来	一面之词	澡身浴德	整装待发
评头论足	血口喷人	袖手旁观	一面之交	置身事外	擢发难数
评头品足	牙白口清	眼高手低	油头粉面	终身大事	眦裂发指
掐头去尾	哑口无言	眼明手快	有何面目	著作等身	
千头万绪	掩口葫芦	摇手触禁	知人知面不知心		
强龙不压地头蛇	养家活口	一朝权在手，便把令来行			
墙头马上	一口两匙	一举手之劳			
拳头上立得人，胳膊上走得马	一口三舌	一手包办			
人头畜鸣	一口吸尽西江水	一手独拍，虽疾无声			
容头过身	一口咬定	一手托天			

续表

头 181	口 127	手 121	面 106	身 105	发 104
三天两头	衣来伸手，饭来张口	一手一足			
三头对案	贻人口实	一手遮天			
三头两面	异口同声	衣来伸手，饭来张口			
三头两绪	异口同音	以手加额			
三头六臂	有口皆碑	游手好闲			
搔头摸耳	有口难分	右手画圆，左手画方			
搔头弄姿	有口难言	指手画脚			
少头缺尾	有口无心	炙手可热			
伸头缩颈	誉不绝口	斫轮老手			
神头鬼面	赞不绝口	着手成春			
十字街头	张口结舌				
舒头探脑	众口纷纭				
缩头缩脑	众口难调				
太岁头上动土	众口铄金				
探头探脑	众口一词				
铜头铁额	拙口钝腮				
头出头没					
头高头低					
头会箕敛					
头角峥嵘					
头没杯案					
头面人物					
头破血流					
头上安头					
头上末下					
头疼脑热					

续表

头 181	口 127	手 121	面 106	身 105	发 104
头童齿豁					
头痛医头，脚痛医脚					
头头是道					
头痒搔跟					
头晕目眩					
头重脚轻					
头足倒置					
顽石点头					
万头攒动					
乌头白马生角					
无头告示					
吴头楚尾					
显露头角					
小鹿触心头					
绣花枕头					
摇头摆尾					
摇头晃脑					
一块石头落地					
一蛇两头					
一身两头					
依头缕当					
银样镴枪头					
迎头赶上					
迎头痛击					
蝇头微利					
蝇头小利					
油头粉面					

续表

头 181	口 127	手 121	面 106	身 105	发 104
油头滑脑					
有头无尾					
有头有脸					
有头有尾					
冤有头，债有主					
源头活水					
晕头转向					
在人矮檐下，怎敢不低头					
贼头贼脑					
斩头去尾					
崭露头角					
獐头鼠目					
朱衣点头					
竹头木屑					
撞头磕脑					
钻头觅缝					
嘴尖舌头快					

表 3　构成成语数在 40—60 者

眉 59	肉 54	舌 53	胆 47	指 44	齿 43	首 43
安眉带眼	髀里肉生	百舌之声	尝胆卧薪	不吝指教	不齿于人	白首北面
白眉赤眼	髀肉复生	搬唇递舌	赤胆忠心	寸指测渊	不足齿数	白首空归
百龄眉寿	不知肉味	笨嘴拙舌	胆粗气壮	发指眦裂	不足挂齿	白首穷经
愁眉不展	臭肉来蝇	闭口藏舌	胆大包天	发综指示	瞋目切齿	白首相知
愁眉苦脸	凡夫肉眼	长舌之妇	胆大如斗	戟指怒目	齿白唇红	白首之心
愁眉泪眼	骨肉离散	瞠目结舌	胆大妄为	交臂历指	齿若编贝	不堪回首

续表

眉 59	肉 54	舌 53	胆 47	指 44	齿 43	首 43
愁眉锁眼	骨肉团圆	齿亡舌存	胆大心粗	口讲指画	齿亡舌存	布衣黔首
愁眉啼妆	骨肉未寒	赤口毒舌	胆大心细	了如指掌	齿牙春色	摧身碎首
慈眉善目	骨肉相残	赤舌烧城	胆大心小	令人发指	齿牙余论	低首下心
摧眉折腰	骨肉相连	唇焦舌敝	胆裂魂飞	眄视指使	唇齿相依	顿首再拜
攒眉蹙额	骨肉至亲	唇枪舌剑	胆破心寒	颐指气使	唇齿之邦	俯首就缚
低眉垂眼	骨腾肉飞	掉三寸舌	胆小怕事	骈拇枝指	唇红齿白	俯首帖耳
低眉顺眼	挂羊头，卖狗肉	掉舌鼓唇	胆小如鼠	千夫所指	唇亡齿寒	俯首听命
低眉折腰	含着骨头露着肉	钉嘴铁舌	胆战心寒	千人所指	蛾眉皓齿	甘心首疾
蛾眉皓齿	好肉剜疮	膏唇试舌	胆战心惊	屈指可数	发秃齿豁	皓首苍颜
观眉说眼	浆酒霍肉	鼓唇弄舌	肝胆楚越	如臂使指	辅车唇齿	皓首穷经
皓齿蛾眉	酒池肉林	尖嘴薄舌	肝胆过人	伸手不见五指	共为唇齿	狐死首丘
横眉怒目	酒肉朋友	缄口结舌	肝胆相照	十目所视，十手所指	皓齿蛾眉	祸首罪魁
横眉竖眼	癞蛤蟆想吃天鹅肉	金口木舌	肝胆欲碎	十指连心	皓齿明眸	疾首蹙额
画眉举案	皮开肉绽	金舌蔽口	驟肝沥胆	食指大动	何足挂齿	疢心疾首
火烧眉毛	皮里抽肉	酒入舌出	浑身是胆	使臂使指	黄发儿齿	马首是瞻
挤眉弄眼	起死人肉白骨	两面二舌	剑胆琴心	首屈一指	驹齿未落	贸首之仇
巾帼须眉	亲如骨肉	弄口鸣舌	提心悼胆	弹指之间	口齿伶俐	蓬首垢面
迫在眉睫	情同骨肉	贫嘴薄舌	沥胆堕肝	惜指失掌	口齿生香	螓首蛾眉
举案齐眉	人为刀俎，我为鱼肉	贫嘴贱舌	沥胆披肝	一弹指顷	利齿伶牙	囚首垢面
看人眉眼	容膝之安，一肉之味	七嘴八舌	明目张胆	颐指气使	伶牙俐齿	群龙无首
狼眼鼠眉	肉薄骨并	钳口结舌	怒从心头起，恶向胆边生	以指挠沸	令人齿冷	身首异处
朗目疏眉	肉山脯林	巧舌如簧	披肝沥胆	指不胜屈	马齿徒增	神龙见首不见尾
眉飞色舞	肉食者鄙	轻嘴薄舌	琴心剑胆	指东画西	没齿不忘	首当其冲

续表

眉 59	肉 54	舌 53	胆 47	指 44	齿 43	首 43
眉高眼低	肉袒面缚	三寸不烂之舌	倾心吐胆	指腹为婚	没齿无怨	首丘之情
眉睫之祸	肉袒牵羊	三寸之舌	群威群胆	指挥若定	明眸皓齿	首屈一指
眉睫之内	肉跳心惊	舌敝唇焦	丧胆销魂	指鸡骂狗	怒目切齿	首善之区
眉开眼笑	肉眼凡胎	舌敝耳聋	提心吊胆	指鹿为马	蓬头历齿	首身分离
眉来眼去	肉眼惠眉	舌端月旦	吐胆倾心	指名道姓	切齿腐心	首鼠两端
眉毛胡子一把抓	肉中刺	舌锋如火	亡魂丧胆	指日可待	切齿痛恨	首尾呼应
眉目如画	弱肉强食	舌剑唇枪	闻风丧胆	指日可下	生齿日繁	鼠首偾事
眉清目秀	三月不知肉味	舌挢不下	卧薪尝胆	指桑骂槐	搜根剔齿	痛心疾首
眉头不伸	生死肉骨	驷不及舌	心胆俱裂	指山说磨	头童齿豁	图穷匕首见
眉头一皱，计上心来	湿肉伴干柴	调嘴弄舌	心惊胆战	指手画脚	投梭折齿	畏首畏尾
庞眉皓发	食肉寝皮	调嘴学舌	熊心豹胆	指天画地	象齿焚身象	褒然举首
迫在眉睫	挖肉补疮	甜嘴蜜舌	悬心吊胆	指天射鱼	咬牙切齿	仰首伸眉
铺眉蒙眼	剜肉补疮	枉口拔舌	一身都是胆	指天誓日	稚齿婑媠	圆首方足
菩萨低眉	剜肉医疮	妄口巴舌	一身是胆	指雁为羹	朱唇皓齿	罪魁祸首
螓首蛾眉	晚食当肉	咸嘴淡舌	贼人胆虚	眦裂发指		
燃眉之急	委肉虎蹊	虚嘴掠舌	忠肝义胆			
肉眼惠眉	心惊肉跳	摇唇鼓舌	忠心赤胆			
扫眉才子	行尸走肉	一簧两舌	坐薪悬胆			
苫眼铺眉	血肉横飞	一口三舌				
舒眉展眼	血肉相连	鹦鹉学舌				
死眉瞪眼	有血有肉	油嘴滑舌				
喜眉笑眼	鱼馁肉败	咂嘴弄舌				
胁肩低眉	至亲骨肉	张口结舌				
须眉交白	朱门酒肉臭，路有冻死骨	嘴尖舌头快				
扬眉吐气	自相鱼肉					
仰人眉睫						

续表

眉 59	肉 54	舌 53	胆 47	指 44	齿 43	首 43
仰首伸眉						
贼眉鼠眼						
张敞画眉						
直眉瞪眼						

表 4　构成成语数为 30－40 者

目 39	足 38	血 38	背 37	腹 37	脚 37	骨 33	皮 31	眼 30	颜 30	嘴 30
播糠眯目	挨肩并足	碧血丹心	挨肩擦背	蝉腹龟肠	碍手碍脚	冰肌玉骨	拔了萝卜地皮宽	安眉带眼	白发苍颜	笨嘴拙舌
疮痍满目	安分知足	兵不血刃	挨肩搭背	撑肠拄腹	搬石砸脚	抽筋拔骨	败鼓之皮	白眉赤眼	白发红颜	打牙犯嘴
慈眉善目	赤绳系足	苍蝇见血	背本趋末	大腹便便	搓手顿脚	夺胎换骨	豹死留皮	豹头环眼	苍颜白发	打牙配嘴
璀璨夺目	捶胸顿足	椎心泣血	背城借一	东床坦腹	大手大脚	凡胎浊骨	肤皮潦草	别具只眼	承颜候色	钉嘴铁舌
道路以目	杜口裹足	丹心碧血	背城一战	断脰决腹	慌手慌脚	粉身碎骨	浮皮潦草	愁眉泪眼	错认颜标	狗嘴里吐不出象牙
动心怵目	富在知足	杜鹃啼血	背道而驰	腹背受敌	急来抱佛脚	钢筋铁骨	刮肠洗胃刮地皮	愁眉锁眼	犯颜极谏	鸡烂嘴巴硬
动心骇目	高材疾足	狗血淋头	背恩忘义	腹背之毛	脚不点地	恨之入骨	鹤发鸡皮	打马虎眼	汗颜无地	尖嘴薄舌
夫妻反目	高材捷足	狗血喷头	背井离乡	腹诽心谤	脚踏两只船	画虎画皮难画骨	画虎画皮难画骨	大处着眼	皓首苍颜	尖嘴猴腮
甘心瞑目	贵冠履轻头足	含血喷人	背盟败约	腹心相照	脚踏实地	积毁销骨	鸡毛蒜皮	低眉垂眼	和颜悦色	麟角凤嘴

续表

目 39	足 38	血 38	背 37	腹 37	脚 37	骨 33	皮 31	眼 30	颜 30	嘴 30
光彩夺目	红绳系足	口血未干	背山起楼	腹心之疾	两脚书橱	镌心铭骨	鸡皮鹤发	低眉顺眼	鹤发童颜	驴唇不对马嘴
贵耳贱目	画蛇添足	柳树上着刀，桑树上出血	背水一战	腹有鳞甲	两脚野狐	刻肌刻骨	面似靴皮	独具只眼	红颜薄命	牛头不对马嘴
横眉怒目	家给民足	龙血玄黄	背信弃义	腹载五车	临时抱佛脚	镂心刻骨	皮开肉绽	凡夫肉眼	厚颜无耻	贫嘴薄舌
戟指怒目	家给人足	呕心沥血	当面输心背面笑	腹中兵甲	露马脚	迷恋骸骨	皮里抽肉	观眉说眼	花颜月貌	贫嘴贱舌
金刚怒目	救经引足	剖肝泣血	倒背如流	含哺鼓腹	毛手毛脚	铭肌镂骨	皮里春秋	横眉竖眼	抗颜为师	七嘴八舌
荆榛满目	举手投足	热血沸腾	抵背扼喉	河鱼腹疾	捏手捏脚	铭心镂骨	皮里阳秋	横挑鼻子竖挑眼	靡颜腻理	轻嘴薄舌
臼头深目	科头跣足	茹毛饮血	扼喉抚背	精神满腹	蹑手蹑脚	奴颜媚骨	皮相之见	挤眉弄眼	奴颜婢膝	人多嘴杂
举世瞩目	美中不足	杀人不见血	扼亢拊背	口腹之累	平时不烧香，急来抱佛脚	起死人肉白骨	皮之不存，毛将焉附	看人眉眼	奴颜媚骨	三寸鸟，七寸嘴
历历在目	胼手胝足	歃血为盟	拊背扼喉	口蜜腹剑	七手八脚	千金市骨	三个臭皮匠，赛过诸葛亮	铺眉蒙眼	破颜微笑	要嘴皮子
两叶掩目	品头评足	头破血流	腹背受敌	牢骚满腹	棋高一着，缚手缚脚	柔心弱骨	食肉寝皮	杀人不眨眼	强颜欢笑	说嘴郎中
琳琅满目	评头论足	心血来潮	腹背之毛	满腹狐疑	前人失脚，后人把滑	伤筋动骨	舐皮论骨	舒眉展眼	腼颜人世	调嘴弄舌
庐山真面目	评头品足	腥风血雨	拱肩缩背	满腹经纶	轻手轻脚	生死肉骨	要嘴皮子	死眉瞪眼	童颜鹤发	调嘴学舌
迷人眼目	千里之足	血海深仇	辜恩背义	满腹疑团	拳打脚踢	舐皮论骨	死皮赖脸	喜眉笑眼	五颜六色	甜嘴蜜舌
巧立名目	亲如手足	血迹斑斑	汗流浃背	剖腹藏珠	乳间股脚	铄金毁骨	嬉皮笑脸	烟云过眼	误认颜标	咸嘴淡舌

续表

目 39	足 38	血 38	背 37	腹 37	脚 37	骨 33	皮 31	眼 30	颜 30	嘴 30
倾耳注目	情同手足	血口喷人	虎背熊腰	食不果腹	手零脚碎	铜筋铁骨	涎皮赖脸	一板三眼	希旨承颜	虚嘴掠舌
伤心惨目	人给家足	血泪盈襟	鸡胸龟背	鼠腹鸡肠	手忙脚乱	痛心入骨	相鼠有皮	一板一眼	喜笑颜开	鹰嘴鹞目
赏心悦目	如手如足	血流成河	离乡背井	鼠腹蜗肠	束手束脚	脱胎换骨	小眼薄皮	有板有眼	喜逐颜开	油嘴滑舌
死不瞑目	三分鼎足	血流漂杵	力透纸背	坦腹东床	四脚朝天	仙风道骨	羊质虎皮	有鼻子有眼	笑逐颜开	咂嘴弄舌
掩人耳目	神气十足	血流如注	芒刺在背	推心置腹	缩手缩脚	悬梁刺股	杆穿皮蠹	云烟过眼	颜筋柳骨	嘴尖舌头快
以耳代目	贪心不足	血气方刚	人心向背	枵腹从公	头痛医头，脚痛医脚	颜筋柳骨	与虎谋皮	贼眉鼠眼	颜面扫地	嘴甜心苦
引人注目	无所措手足	血肉横飞	如芒在背	心谤腹非	头重脚轻	泽及枯骨	粘皮带骨	直眉瞪眼	正颜厉色	嘴直心快
鹰嘴鹞目	先天不足	血肉相连	水过鸭背	心腹之患	小手小脚	粘皮带骨	钻皮出羽			
有何面目	胁肩累足	血雨腥风	耸肩缩背	心腹之交	阳春有脚	冢中枯骨				
娱心悦目	心满意足	血债累累	袒胸露背	疑团满腹	一步一个脚印	朱门酒肉臭，路有冻死骨				
鸢肩豺目	心有余而力不足	一针见血	膝痒搔背	以小人之心，度君子之腹	有脚书橱					
在人耳目	一夔已足	以血洗血	项背相望	饮河满腹	有脚阳春					
獐头鼠目	一手一足	饮血茹毛	压肩迭背	葬身鱼腹	毡袜裹脚靴					
昭昭在目	圆首方足	有血有肉	亚肩叠背	指腹为婚	指手画脚					
遮人耳目	自给自足	浴血奋战								
助我张目										

表5 构成成语数在 20 – 30 者

肝 27	牙 26	耳 26	脑 26	肩 24
不食马肝	北门南牙	不绝于耳	巴头探脑	挨肩并足
虫臂鼠肝	齿牙春色	不堪入耳	肠肥脑满	挨肩擦膀
摧心剖肝	齿牙余论	长目飞耳	冲昏头脑	挨肩擦背
雕肝琢肾	打牙犯嘴	出口入耳	呆头呆脑	挨肩擦脸
肝肠寸断	打牙配嘴	盗钟掩耳	肝脑涂地	挨肩搭背
肝胆楚越	高牙大纛	鼎铛有耳	鬼头鬼脑	比肩并起
肝胆过人	钩爪锯牙	东风吹马耳	虎头虎脑	比肩继踵
肝胆相照	狗嘴里 吐不出象牙	肥头大耳	昏头昏脑	比肩齐声
肝胆欲碎	虎口拔牙	俯首帖耳	绞尽脑汁	赐墙及肩
肝脑涂地	佶屈聱牙	隔墙有耳	磕头碰脑	拱肩缩背
肝心若裂	佶屈聱牙	迅雷不及掩耳	愣头愣脑	毂击肩摩
好心做了驴肝肺	利齿伶牙	交头接耳	龙肝凤脑	肩摩毂击
隳肝沥胆	伶牙俐齿	苦口逆耳	没头没脑	肩摩踵接
锦绣肝肠	青面獠牙	赖有此耳	摸不着头脑	接踵比肩
沥胆堕肝	犬牙交错	两豆塞耳	脑满肠肥	摩肩击毂
沥胆披肝	犬牙相错	聊复尔耳	舒头探脑	摩肩接踵
龙肝豹胎	犬牙相制	秋风过耳	缩头缩脑	耸肩缩背
龙肝凤脑	拾人牙慧	如风过耳	探头探脑	胁肩谄笑
龙肝凤髓	鼠牙雀角	如雷贯耳	痛心拔脑	胁肩低眉
披肝沥胆	象牙之塔	搔头摸耳	头疼脑热	胁肩累足
剖肝泣血	牙白口清	迅雷不及掩耳	摇头晃脑	压肩迭背
沁入肝脾	牙签万轴	褎如充耳	一股脑儿	亚肩叠背
全无心肝	牙牙学语	言犹在耳	油头滑脑	鸢肩豺目
如见肺肝	咬牙切齿	执牛耳	贼头贼脑	比肩而立
虱胫虮肝	以眼还眼， 以牙还牙	忠言逆耳	置之脑后	
鼠肝虫臂	张牙舞爪	属垣有耳	撞头磕脑	
忠肝义胆				

续表

肝 27	牙 26	耳 26	脑 26	肩 24

表 6 构成成语数在 10－20 者

肠 17	臂 15	掌 12	脸 11	肺 10	筋 10	鼻 10
别具肺肠	把臂入林	抵掌而谈	挨肩擦脸	别具肺肠	抽筋拔骨	鼻息如雷
蝉腹龟肠	虫臂鼠肝	拊掌大笑	愁眉苦脸	别有肺肠	丰筋多力	嗤之以鼻
荡气回肠	掉臂不顾	高掌远距	戴头识脸	肺腑之言	钢筋铁骨	寒心酸鼻
兜肚连肠	割臂盟公	孤掌难鸣	急赤白脸	肺石风清	骨软筋酥	横挑鼻子竖挑眼
儿女心肠	割臂之盟	股掌之上	哭丧着脸	感人肺腑	精疲力竭	抹一鼻子灰
割肚牵肠	交臂历指	了如指掌	劈头盖脸	好心做了驴肝肺	筋疲力尽	听人穿鼻
古道热肠	交臂失之	摩拳擦掌	平头正脸	狼心狗肺	力尽筋疲	掩鼻而过
锦心绣肠	如臂使指	如运诸掌	死皮赖脸	驴心狗肺	伤筋动骨	仰人鼻息
锦绣肝肠	三头六臂	惜指失掌	嬉皮笑脸	铭诸肺腑	铜筋铁骨	一鼻孔出气
九曲回肠	失之交臂	一个巴掌拍不响	涎皮赖脸	如见肺肝	颜筋柳骨	有鼻子有眼
酒有别肠	使臂使指	易如反掌	有头有脸			
鼠腹鸡肠	鼠肝虫臂	掌上明珠				
鼠腹蜗肠	螳臂当车					
搜索枯肠	一臂之力					
铁石心肠	振臂一呼					
吞刀刮肠						
小肚鸡肠						

表 7 构成成语数在 1－10 者

膝 9	牙 8	肝 7	腰 5	睛 3	肤 3	胸 3	乳 1
卑躬屈膝	钩爪锯牙	虫臂鼠肝	摧眉折腰	画龙点睛	剥床及肤	成竹在胸	孤犊触乳
承欢膝下	狗嘴里吐不出象牙	摧心剖肝	低眉折腰	火眼金睛	身体发肤	顿足捶胸	
促膝谈心	虎口拔牙	沥胆堕肝	点头哈腰	目不转睛	体无完肤	了然于胸	
凫胫鹤膝	佶屈聱牙	沥胆披肝	虎背熊腰				
加膝坠渊	佶屈聱牙	全无心肝	虎体熊腰				
奴颜婢膝	利齿伶牙	如见肺肝					
容膝之安，一肉之味	青面獠牙	虱胫虮肝					
吾膝如铁	以眼还眼，以牙还牙						
膝痒搔背							

附录二　“摔交”“摔跤”形义流变考[①]

0.《现代汉语词典》1978年版、1983年版均收有“摔交”一词，而未收“摔跤”；1996年第3版至2005年第5版则相反，未收“摔交”而收有“摔跤”，其释义为：“①摔倒在地上…… ②体育运动项目之一，两人相抱运用力气和技巧，以摔倒对方为胜。”那么，究竟该是“摔交”，还是“摔跤”？二者是什么关系？“摔交”、“摔跤”是怎么来的？其构词理据如何？所列两个义项的关系又如何？在写法上究竟该怎样规范？这些问题还未见人详细论述，有必要探究其源流，弄清其是非。

1.“摔”字出现较晚，据我们对数千部各类文献的穷尽性检索，发现最早用例是在宋代。例如：

（1）废畦添粪壤，胼手摔荒芜。（宋·王禹偁《种菜子雨下》）

（2）右除巴豆粉、百草霜、杏仁、乳香外，余并为細末，却同前四味摔和研匀。(旧本题宋库部郎中提辖措置药局陈师文等奉勑编《太平惠民和剂局方》)

（3）戒令勿喊，但与短兵，极力与战，士殊死斗入敌阵中，斫以刀斧，至有奋手摔之与俱坠于濠者，敌大败。（宋·无名氏《群书会元截江网》）

据我们考察，“摔”字早期的常用意义为“扔”、“抛”之类，《篇海类编》、《字汇》等字书大都释为“弃于地”。而“摔”的对象，开始多为物，后来其语域扩大，所及对象也可以是人。这种

---

① 本书已发表于《时代文学》2012年第6期。

用法到元代已经很常见了，例如元杂剧中就有大量用例：

（4）我每如今到他营寨去，军师，你只凭着我，等我一交手，先摔他一个脚稍天。你不要失了我自家的门风。（元·尚仲贤《汉高皇濯足气英布》第三折）

（5）上阵处磕搭的撲住狮蛮，交马处滴溜扑摔下雕鞍。（元·郑广祖《虎牢关三战吕布》第一折）

（6）把这厮带鞋可搭的揝定，先摔你个满天星。（元·朱凯《昊天塔孟良盗骨》第四折）

以上用例都是摔倒对方的意思。

大约至明代，“摔”开始由摔倒对方的意义引申出自己摔倒的意义，即“跌”义。例如：

（7）冯大异一听，即刻奋起逃跑，但是步伐很沉重，走了十步左右，被门槛绊了一下，摔倒在地下。（明·瞿佑《剪灯新话》卷四）

与此同时，“摔”开始与“斤斗”、“筋斗”等搭配使用，例如：

（8）月娥听了大怒，使出一路长拳，那晓这和尚纵上台来，被月娥一个双飞脚踢将过来，那和尚就一个斤斗摔下台去。（明·无名氏《呼家将》十八回）

这种搭配为后来“摔”与“交”的搭配提供了可能，创造了条件。

2. 再看“交”。“交”的本义是“交胫也”（《说文·交部》），由此引申指小腿，又由小腿义引申出“跟头”（身体失衡而摔倒）的名词义。因为摔跟头的明显标志是小腿摔出，或许摔跟头是因为小腿及以下没有站稳所致，所以有此引申是顺理成章的，恰如“跟头”一词的引申（“跟头”一词就是由指脚后跟引申出“身体失衡而摔倒”一义）。“交”的“跟头”义至迟在元代已经产生①，例如：

（9）便是黄花女儿，刚刚扯的一把，也不消这等使性，平空的推了我一交，我肯干罢！（元·关汉卿《感天动地窦娥冤》第一折）

（10）你看我家老头儿这等不中用，那拳头刚擦的一擦，便一个脚稍天哩。（下）（费无忌云）嗨，这弟子孩儿跌了我这一交，他去了么？（卒子云）去了也。（元·李寿卿《说鱄诸伍员吹箫》第一折）

（11）【随煞尾】我猛然拜罢那双脚。（卜儿哭云）儿也！则被你痛杀我也！（正末唱）哎呀！不阻防脑背后番身吃一交。（元·秦简夫《宜秋山赵礼让肥》第二折）

（12）呀！什么东西绊我这一交？（摸介）原来是一个人。（元·徐畛《杀狗记》第二十七出［见狗惊心］）

这种用法的“交”多与“推”、“跌”、“吃”、“绊”、“吓”、“放”、“颠”等动词组合，构成松散的动宾关系。

3. 由上述可见，“摔”、“交”二词不谋而合地各自向着“跌跟头”的意义方向发展，这为它们结合成词奠定了很好的基础。于是，在同化作用下，“交”与“摔”也开始像“交”与“推”、“跌”等动词搭配使用一样，组成松散的搭配形式。例如：

（13）他但说个不与，我一只手揪住衣服领上，一只手揝住脚腕，滴溜扑摔个一字交。阔脚板踏着那厮胸膛，举起我这夹钢板斧来，觑着那厮嘴缝鼻凹，恰待砍下。（元·高文秀《黑旋风双献功》第一折）

这里的“摔个一字交”是指摔别人，并非指自己跌倒。“摔”

① 王学奇、王静竹《宋金元明清曲辞通释》第553页（语文出版社，2002年）释元、明时期类似例中的“交”为“脚”，而我们认为这些例中“交”已经发生了引申，不宜释为“脚”。

与“交”的松散搭配，最初大体上都是这种用法。至迟在清代，“摔”与“交”的搭配就发展为指自己跌倒了，例如：

(14) 这里生地方，别绊着摔一交，叫他们笑话。(《红楼真梦》第十五回)

在松散用法的基础上，“摔交”逐渐凝固成词。我们所见最早“摔交”例为：

(15) 却说宝钗回至怡红院，秋纹碧痕等闻知薛姨妈没有摔着，都觉稀奇，说道：“上年纪的人最怕摔交，姨太太是有仙佛保佑，将来还有大福气呢。”(《红楼真梦》第五十一回)

从“摔交”组合的过程可以看出，“摔交”一词是在“摔”发展出“跌”的意义、“交”发展出“跟头”的意义基础之上凝固成词的，因而，该词的内部结构是“动作+结果”的动宾式，与“摔跟头”、“跌跤”、“跌跟头”、“栽跟头”同构同义。

4. “摔交”在文献中也有的写作“摔跤”。《玉篇·足部》：“跤，胫也。亦作骹。”《广韵·肴韵》：“跤，胫骨近足细处。”《集韵·爻韵》：“骹，《说文》：‘胫也。’或作跤。”可见，“跤”与“交”在指小腿或“胫骨近足细处”意义上相通。因此，“摔交”写作“摔跤”是很自然的事。其实，在“摔交”凝固成词之前，表示“跟头”义（身体失衡而摔倒）的“交”就可以写作“跤”。这种字形通用的情况，在明清文献中已不少见，甚至在同一部著作中也有“交”“跤”并用的情形，这里以善本《水浒传》为例：

(16) 杨志大怒，把牛二推了一交/跤。牛二扒将起来，钻入杨志怀里。(《水浒传》第十二回)

(17) 孩儿们正在后山伏路，只听得树林里铜铃响，原来这个牛子独自个背些包裹，撞了绳索，一跤绊翻，因此拿得来，献与大王做醒酒汤。(《水浒传》第三十二回)

(18) 石秀也不应他，让他走到巷口，一跤放翻，按住，喝

道："不要高则声！高则声便杀了你！只等我剥了衣服便罢。"(《水浒传》第四十五回)

(19) 李逵大怒，正待跳将起来，被那汉子肋罗里又只一脚，踢了一脚。(《水浒传》第六十七回)

以上四例，在明刻本《水浒传一百回》所存44卷中，(16)写作"交"，而(17)则写作"跤"；在清康熙五年石渠阁重修明刻本《忠义水浒传》中，(16)(17)(18)写作"跤"，而(19)则写作"交"。

同样的情况也出现在《红楼真梦》里，据我们查阅1940年本，所见第6回、15回、51回中共4例"一交/跤"，前两回均写作"交"，而第51回的2例则分别写作"交"和"跤"，即前面所举例(15)写作"交"，同回另一例却写作"跤"：

(20) 宝蟾道："太太早起到佛堂去烧香，被青苔滑了一跤，倒没摔着，在屋里玩骨牌呢。"(《红楼真梦》第五十一回)

不过，就我们调查的情况看，明清时期表示"跟头"义的仍以"交"为主要字形，"跤"则是并存的次要字形。

5. 尽管表示自摔的"摔交/跤"在晚清已经出现凝固形式，但从文献来看，那时仍以过渡的松散形式居多。例如：

(21) 这里生地方，别绊着摔一交，叫他们笑话。(《红楼真梦》第十五回)

(22) 姑娘跑三步，倒摔两个跤，张德寿看着又好看又好笑。(《三侠剑》第四回)

直至现代汉语，表示自摔的"摔交/跤"才得以广泛使用。如我们检索的《北京大学汉语语料库》1919-1949现代汉语语料中，"摔交"、"摔跤"均多于其松散结构："摔交"为16见，其松散形式为12见，"摔跤"为36见，其松散形式为14见。

6. 作为竞技意义的"摔交"(摔跤)一词出现也较晚。竞技的"摔交"最初叫"角抵"，盖依"以角抵人"的动作而命名，后来又有“相扑”等名称。根据我们对“摔交”成词过程的考察可以推知，现在常用的表示竞技项目义的“摔交”，当是从表示跌跟头意义的“摔交”引申而来的。因为相扑是为了把对手摔倒，有人摔倒也是判定胜负的标志，所以人们就以日常最常见、最直观的一般意义上的“摔交/跤”来转指相扑。我们所见最早用例在晚清：

（23）胜爷遂与闵士琼商议比赛二阵，第二阵有莲花湖的韩忠、韩勇、韩猛、韩孝，由西廊下出来，叫道：“总辖寨主，咱们跟他镖行摔跤赌输赢如何？”（《三侠剑》第三回）

（24）话言未了，就见后面答道：“我会摔跤，在台湾没人跟我摔，我净跟柏树摔。”（《三侠剑》第三回）

此外，元代无名氏《刘千病打独角牛》第一折：“这孩儿不肯做庄农生活，则待要刺枪弄棒，学拳摔交，时常里把人打伤了。”其中“摔交”一词，几乎被所有的辞书引作表示竞技项目意义的“摔交”的最早用例，但是非常可疑的。其一，就我们穷尽检索的数千种各类古籍来看，这是清代以前的唯一“摔交/跤”用例。很难让人相信，一个成熟的词只被使用过一次就休眠了，数百年之后才被捡起来使用。尤其是对于出现在名杂剧中的词而言，更令人不可思议；其二，即使这段文字传承上没有问题，从前后文看，也很难把这里的“摔交”确认为“相扑”的同义词。它应与“刺枪”、“弄棒”、“学拳”相类，大体指操练踢腿、打斗之类的行为，所谓“刺枪弄棒，学拳摔交”一起泛指搏击、格斗之类的武术，犹如《水浒传》第二十六回中所谓“使得好枪棒，拽拳飞脚”，该剧情也可以证明这一点。因此，我们并不认为此例“摔交”是指相扑。

7. “摔交/跤”除了以上两个义项之外，在现代汉语中又引申出较常见的比喻用法，即“比喻进程中受挫”，如：

（25）因为大都本源于求好，求好心太切，又缺少自信自知，

有时就不免适得其反。许多人在求好行为上摔跤，你亲眼看到，不作声，就称为忠厚。(沈从文《黑魇》)

(26) 一些官员摔跤落马，分析其原因与教训，不少与周围人的错误“宽容观”有关。(《人民日报》2005年11月8日第4版)

因此，《现代汉语词典》可为该词立三个义项。

8. 从整理异形词的角度看，该写作“摔交”，还是“摔跤”？从上述可知，“交”本是“骹”的初文，后引申出“跟头”义，而“交”字所承载的众多词义使得它表示“跟头”的词义最终分离出来，产生了新的彰显其相关词义的词形“跤”，所以表示自摔或摔别人跟头的“摔交”后来就多写作“摔跤”。而表示竞技项目的“摔交”是从表示一般摔倒义的摔交而来，其写法自然也以“摔跤”占多。从二者历时和共时的使用情况看，“摔交”数少，而“摔跤”为多，如在前面我们检索的《北京大学汉语语料库》中，1919－1949年的现代汉语语料中，“摔交”16见，“摔跤”36见；1995年《人民日报》语料中前者0见，后者33见（其中32见为体育竞技义）。根据规范的一般原则，结合“摔交”“摔跤”的演化历史及现代实际使用情况，我们主张“摔交”应该明确规范为“摔跤”。虽然有些词典已有这样的倾向，如新版《现代汉语词典》中只收“摔跤”，《现代汉语规范词典》的推荐词形也为“摔跤”，但我们未见在《第一批异形词整理表》中有明确规范，建议补入。

后　记

时光飞逝，似乎昨天还在申请进入首都师范大学文学院博士后流动站，今天就已经出站六年了。回想过去的这几年，我最大的感受还是幸运和幸福，因为我遇到了多么好的师长、同事、领导和朋友！

首先要感谢帮助我完成博士后工作的各位老师！衷心感谢合作导师周建设教授！衷心感谢参加出站答辩的各位老师，他们是：北京师范大学李运富教授、北京大学郭锐教授、首都师范大学张云秋教授、邹立志副教授等。还要衷心感谢武汉大学的各位师长！

第二，要感谢中央民族大学国际教育学院的领导和同事，特别是我们具有国际眼光和全球视野的吴应辉院长，他不仅具有管理者的睿智，而且拥有学者的风范。

第三，要感谢我的家人。我年迈的父母和婆婆这几年帮着带孩子，分担了我不少的烦扰。还有我的先生，在忙自己工作的同时，总是尽量抽时间照顾孩子和做家务。

最后要感谢编辑戴佩丽老师为本书出版付出的劳动，感谢本书的艺术设计师。

感谢之余，在此我要对本书做一点说明。本书是在我的同名博士后出站报告的基础上扩充形成的，算是我早前出版的《汉语人体词汇研究》的姊妹篇。正如本书绪论所说，以博士论文为基础的《汉语人体词汇研究》是试图从词汇、语义、语法、文化认知等几个方面做的一个全方位的探察，而本书则是试图专门着力于词汇语义一个方面的探察。

人生似乎总在遗憾中不断前行，本书也是如此。博士后出站的几年间，总想将报告结语中的后续工作再做一做，但这些年一直忙于国际汉语教学工作，相关的科研工作也只是断断续续。人类进步无止境，本书的研究也绝不是一个终点。希望感兴趣者能继续前行！

夜深了，宝贝喃喃细语喊妈妈，我的心肝就是这样粘人！

冯凌宇

2014 年 2 月于北京家中